JN200179

毛利正人［著］

公的組織への実効的内部統制の導入と展開

形骸化から脱するためのフレームワークと実践知

東京　白桃書房　神田

はじめに

近年「内部統制」という言葉は一般社会にずいぶん浸透した感があります。その背景として，今は企業のような民間組織か，独立行政法人や地方自治体のような公的機関なのかを問わず，多くの組織で何らかの形で内部統制に関して遵守すべきルールが身近にあるという点があげられます。詳しくは本文のなかで解説しますが，内部統制とは本来，組織が価値棄損を予防し，目標達成するために組織内に**自主的・自律的**に構築する仕組みです。一方「制度としての内部統制」は洋の東西を問わず，歴史的に社会を騒がせた大型の不正や不祥事が契機となって，その反省のもとに再発防止を目的として**強制的・他律的**に導入されてきたという経緯があります。しかし，我が国において内部統制制度が導入されてから約20年が経過した現在においてもなお，企業や公的機関の不正，不祥事は依然として発生しており，実態面では活動がまだ各組織に十分に根付いていないという印象があります。では，どのようにすれば組織内で実施している「**制度としての内部統制活動**」を単に報告目的のみならず実効性のあるものにできるかという点，そして価値棄損を予防し，目標達成するための仕組みとしての「**本来の内部統制**」とは具体的にどのような活動を意味するのかという点について論じたいとの思いから筆者は本書を執筆しました。したがって本書では，まず第1部で法制度としての内部統制，内部統制評価・報告制度について概説します。それは，その概念的フレームワークや制度導入の経緯，時代背景などの解説を通して，その本質を読者の方々に深く理解していただきたいという考えからです。そして，それにより培われた読者の方々と筆者との共通理解を踏まえ，どのようにすれば組織内の活動を実効性のあるものにできるかという点について，主として第2部で論じます。

筆者は，会計検査院が主催する「政府出資法人等内部監査業務講習会」において「内部統制のフレームワークとリスクマネジメントを活用した取り組み」，「内部監査の基本構造と整備」，「内部監査運用実例」などの科目を会計検査院の検査対象である法人，すなわち独立行政法人，国立大学法人，政府出資のある（特殊）法人など，さまざまなプロフィールの組織の内部統制推進部門や監査部門に所属する方々に対して，2017年より毎年講義しています。本研修会にご参加の方々の共通のニーズは，内部統制についてより深く理解し，組織内の日常業務や監査活動に活かしたいというものです。本書は，元々そのような公的機関に所属する方々のニーズにお応えするために執筆いたしました。また，国が補助金等の財政援助をしている地方自治体は会計検査院の検査対象ですが，地方自治法の改正（2020年4月施行）によって制度としての内部統制（報告）制度が導入されました。更に，私立学校についても，私立学校法改正（2025年4月施行）によって大学・短大・高専を設置する法人は内部統制の基本方針を決定する必要があります。そこで，自治体に勤務する役職員の方々，私立学校の関係者の方々にとっても参考となるような内容を心掛けました。

加えて，広く国民一般がユーザーとなるため，その事業活動が政府の規制下にある電力，ガス，通信，鉄道，バス，航空，郵便などの社会インフラを担う公共企業にお勤めの方々にも，ぜひお読みいただきたいと考えています。これらの組織は上場している場合も多く民間企業ですが，その事業活動の国民生活に与える影響が大きいという観点から「公共企業」とも呼ばれますが，病院などの医療機関，学校などの教育機関とともに「公共機関」の一部ともされています。そのため，万が一重大なミスや不正，不祥事が発生した場合には，他の営利企業の場合と比べ，国民からより強い批判を受けます。したがって，実効的な内部統制の導入と展開が必須であると考えます。

本書では，これらの「公的機関」，「公共機関」，その他の公益法人や社会福祉法人等の非営利の組織など，**何らかの形で公的使命を帯びている組織を広義の「公的組織」**として対象としました（【図表0-1】参照）。結果として，上場企業を含む広義の「公的組織」に関係する幅広い読者の方々に読んでいただける内容となったと考えます。しかし一方で，制度を概説する第1部においては，独立行政法人や地方自治体のような公的機関の関係者にとって直接影響しない例えば上場企業を対象とした評価・報告制度についてもカバーしています。また，逆に民間企業にお勤めの方々にとって直接関係しない公的機関の内部統制の制度についても本書で解説しています。したがって，本書の使い方として，第1部については，導入部分の第1章「内部統制とは何か」で基礎的な理解を得たあと，それ以降は読者の方が所属する，例えば独立行政法人，地方自治体，民間企業といったご自身の組織に関する箇所のみをお読みいただき，他の章をスキップして，すべての組織の方々にとって概ね共通の具体的な活動を論じている第2部に進んでいただいても結構です。しかしその場合，できれば第2部読了後に第1部に戻っていただき，スキップした章にも目を通していただければと思います。そうすることによって，内部統制についてのより深い理解につながります。

【図表 0-1】

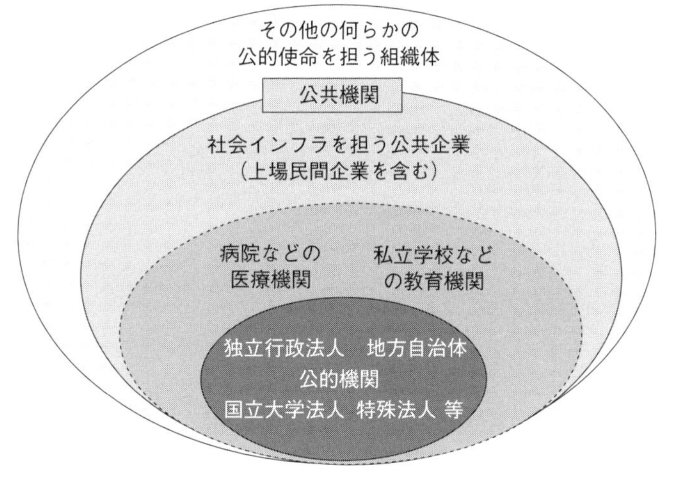

出典：筆者

以上のように，制度としての内部統制は所属する組織によって遵守すべきルールが異なります。しかし，本書全体を通したテーマである，組織が価値棄損を予防し，目標達成するために組織内に構築する仕組みとしての本来の内部統制は，組織形態の違いを超えた共通の根本原則があります。したがって，幅広い広義の「公的組織」の関係者の方々にぜひ本書をお読みいただき，多くの方々の日常の業務執行や，監査業務のお役に立つことができれば幸いです。

2024 年夏　毛利正人

目 次

第2部　実効的内部統制活動の展開

第1部

内部統制のフレームワーク

本書全体のテーマは，官民組織において既に導入している「制度としての内部統制活動」を，いかにして価値棄損を未然に予防し目標達成するための実効性のある仕組みとするかというものです。そのためにはまず，本第1部で制度導入の経緯，時代背景，内部統制の概念的フレームワークなどの解説を通して，内部統制の本質を理解していただきたいと思います。しかし具体的な活動内容に，より強い関心のある読者の方は，第1章「内部統制とは何か」で基礎的な理解を得たあとは，読者の方が所属する組織内部統制制度の箇所のみをお読みいただき，他の組織の箇所はスキップして，すべての組織の方々にとって共通の具体的な活動を論じている第2部に進んでいただいても結構です。そしてその後，更に理解を深めるために，第1部のスキップした箇所を読んでいただくという方法でも構いません。

第1章 内部統制とは何か

企業と公的機関への内部統制導入

一般に耳慣れなかった「内部統制」という用語が我が国の企業に意識されるようになった契機は，それまでの商法が再編成されるかたちで2005年に改正され2006年に施行された会社法でしょう。更に，翌年の2007年に施行された金融商品取引法，いわゆるJ-SOXの導入を機に，内部統制という概念が上場大企業を中心に広く我が国企業社会に定着していった感があります。しかし，制度導入後も2011年のオリンパス，そして2015年の東芝と大企業における大型の不正会計事案が発生しました。更に，その後も大企業やその子会社における品質データ偽装などの不祥事が次々と明るみになりました。これらの事案における第3者委員会などの調査によると，不適切な行為は突発的なものではなく組織的に隠蔽され長期間継続していたとのことです。したがってこれらの不正が明るみに出た際はいずれのケースでも，組織ぐるみの不正としてそれぞれの企業および企業グループにとって取り返しのつかないほど大きな信用の失墜を招いています。これら一連の不正・不祥事の結果，我が国企業の財務報告の信頼性や，これまで我が国の強みとされてきた製造業における製品品質に対する信頼が大きく揺らいだと言えます。その意味で，制度としての内部統制が導入されてから約20年が経過していますが，用語や概念はある程度一般化しているとしても，実態面では企業における活動がまだしっかりと根付いていないという印象があります。

更に過去には，民間企業のみならず独立行政法人や地方自治体などの公的機関[1)]においても不正・不祥事が相次いで明るみに出ています。特に，企業に対してJ-SOXが施行された2007年には，独立行政法人である緑資源機構における林道整備事業をめぐる官製談合事件が発覚し，その結果同機構は廃止されました。その後も，独立行政法人における無駄遣いや国立大学法人などの教育・研究機関における公的研究費の不正使用など，公的機関の不祥事が次々と発覚しました。その結果，独立行政法人が国民に対する説明責任を果たしつつ，そのミッションを最大限発揮できるように制度の見直しが行われました。具体的にはまず，2013 年に「独立行政法人改革等に関する基本的な方針」が閣議決定されました。その基本方針を受け 2014 年には法人運営の基本となる「独立行政法人通則法：以下，独法通則法」の一部が改正され，翌年の 2015 年に施行されました。この独法通則法とは，企業で言えば会社法にあたる独立法人の運営にとって最も基礎的かつ重要な法令です。この法令の一部改正により，独立行政法人においても内部統制に取り組むべきであるという点が明確に示されました。更に 2017 年には「地方自治法」の一部が改正され，都道府県や政令指定都市では内部統制の基本方針を定め，必要な体制を整備し，更にその有効性を評価し公表しなくてはならなくなりました（2020 年 4 月施行）。冒頭に述べた 2005 年会社法により企業に制度として内部統制整備が求められてから 10 年以上経過し，ようやく公的機関においても民間企業同様に内部統制への取組みが重要な責務となったことになります。更に，2023 年には私立学校法が改正され 2025 年 4 月から施行されます。これにより，大臣所轄学校法人[2]などでは「内部統制システム整備の基本方針」を策定し，理事会において決定することが求められています（【図表 1-1-1】参照）。組織形態として，公的機関，公共機関[3]，民間企業の違いはあれ，世間を騒がせた不正・不祥事の発覚が，その後の制度としての内部統制の導入の契機となったことは官・民共通で興味深い点です。ただ，この流れは偶然ではありません。この点については本書第 1 部第 2 章以降で，より詳しく解説します。

さて，内部統制は元々米国生まれの概念です。米国では「**Internal Control**」と表記されています。概念が日本に紹介された際に「内部統制」と訳されました。その意味するところは文字通り組織内部に構築（整備と運用）[4]するコントロール，すなわち組織制御の仕組みです。したがって，内部統制は本来法制度によって強制されるべきものではなく，前述のような法令違反や不祥事などが起きることを未然に防ぐために組織自ら取り組むべき組織内

【図表 1-1-1】

我が国の企業と公的機関などへの内部統制関連法令の導入

法令	法改正	施行	対象組織	統制の目的
（新）会社法	2005 年	2006 年	会社法上のすべての「大会社」、および「委員会設置会社」※	経営全般
会社法（2014 年改正）	2014 年	2015 年	新設の「監査等委員会設置会社」を追加	
金融商品取引法（いわゆる J-SOX）	2006 年	2007 年	すべての上場企業とその連結子会社	財務報告
独立行政法人通則法（改正）	2014 年	2015 年	独立行政法人	独立行政法人の運営
地方自治法（改正）	2017 年	2020 年	都道府県知事、指定都市市長	地方公共団体の事務処理および組織運営
私立学校法（改正）	2023 年	2025 年	大臣所轄学校法人等	学校法人の業務運営

出典：筆者

※「委員会設置会社」は 2014 年会社法改正により「指名委員会等設置会社」と改称された

部の仕組みであると言えます。その意味で，内部統制構築の最終的な責任者は組織トップ，企業であれば社長，独立行政法人や私立学校法人であれば理事長，地方自治体であれば首長である知事や市長です。そして，その最大の受益者もまた組織トップであると言えます。なぜなら，組織を揺るがすほどの大きな不正・不祥事が発生した場合に，最終的に責任をとり辞任しなくてはならないのは通常組織トップだからです。しかし，一方で内部統制は企業や独立行政法人などの組織の外側にいる利害関係者の権利を守るために，当該組織トップやその構成員にタガをはめるためのルールという側面もあります。このことから，単に法制度に義務的かつ受動的に対応している組織も少なくないと思われます。構築にお金も時間もかかる内部統制が，組織内で制度対応として形を整えるだけのものとなり，活動が形骸化しているとしたら大変勿体ないと言えます。うまく使いこなし活動に実効性が伴えば，組織の価値棄損を未然に予防し組織目標達成のための非常に優れた仕組みとなりうるからです。では，いったいどのようにすれば形骸化から脱し，実効性のある内部統制を組織内に確立できるのでしょうか。この官民共通の問いに対する答えが本書全体を通した大きなテーマです（【図表 1-1-2】参照）。組織目標達成のための内部統制とはいかにあるべきかという普遍的命題に関して，これから具体的に論を進めます。しかし，そのためにも，まずはベースとなる「内部統制」とは何かという基本的な問いから入りたいと思います。

【図表 1-1-2】

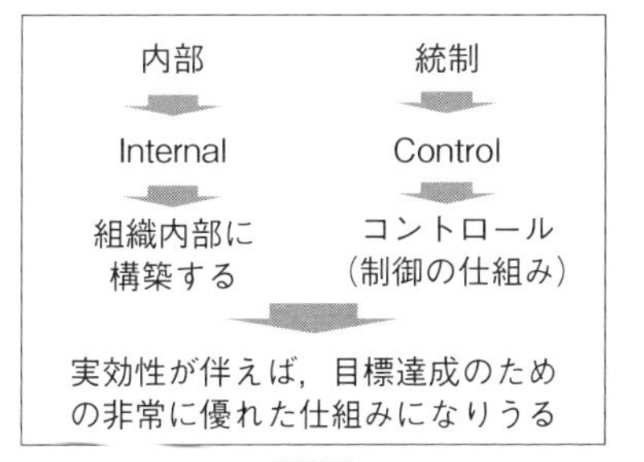

【本書全体の大きなテーマ】
形骸化から脱し，実効性のある内部統制を如何に組織内に構築するか？

出典：筆者

最初に，内部統制に関する読者の方々の理解度をご自身で確認していただく目的で，内部統制に関する以下の基本的な質問（理解度自己診断クイズ）を作成しました。この質問に対して，どちらが内部統制の性格をより適切に表現しているかを考えてみてください（【図表 1-1-3】参照）。いずれも内部統制に関するごく基礎的な質問ですが，なかには解答に迷われる質問もあると思います。正解はこの後にまず内部統制の定義を解説した後，お知らせします。

内部統制の定義

本書では，この後の第３章，第４章でいくつかの代表的な内部統制のフレームワーク（概念的枠組み）と各枠組みにおける定義を紹介します。各枠組みは共通の生い立ちで同根のため，本質的な意味において変わりません。しかし，時代が異なるとその時々の活動の重点も微妙に異なるため，いくつかのバリエーションが存在します。本書は，組織の価値棄損を予防し，組織目標達成のために組織内に構築する仕組みとしての実効性のある内部統制とは如何にあるべきかという命題を中心に据えています。この命題に照らし，

【図表 1-1-3】

質問 1. 内部統制活動の目的（1）
解答 A. 内部統制は，組織における目的の 1 つである
解答 B. 内部統制は，組織目的を達成するためのツールであって，それ自体は目的ではない

質問 2. 内部統制活動の目的（2）
解答 A. 内部統制の目的は，リスクやそれに対応する統制の状況をわかり易く文書化することである
解答 B. 内部統制の目的は，リスクに対応することであり，文書化や記録自体は目的ではない

質問 3. 内部統制活動の最終的な責任者
解答 A. 内部統制を組織内に整備し運用する最終的な責任者は組織の長である
解答 B. 内部統制を組織内に整備し運用する最終的な責任者はそれぞれの組織における全員である

質問 4. 内部統制活動の参加者
解答 A. 内部統制は，主に組織の長，管理者が参加すべきものである
解答 B. 内部統制は，組織のひとりひとり全員が参加すべきものであり，正しく運用する責任はそれぞれの組織における全員が担う

質問 5. 内部統制活動の仕組み
解答 A. 内部統制とは，規程や手続きを定めて組織の全員に遵守させる仕組みのことである
解答 B. 内部統制とは，規程や手続きなどの仕組みそのものではなく，仕組みがうまく機能するためのプロセスである

質問 6. 内部統制活動と組織
解答 A. 内部統制は，組織が変わっても基本的に同じ仕組になる
解答 B. 内部統制は，組織の形態や目的に応じてそれぞれ柔軟に構築すればよい

出典：筆者

海外および我が国で参照されている代表的な内部統制の概念的枠組み（フレームワーク）の記述をベースに筆者が一部を省略し，一般化した以下の表現が内部統制の性格を簡潔によく表していると考えます。したがって，以後は本書を通じて以下の定義を用います[5)]。

内部統制とは，組織運営上の目的が達成されているとの**合理的な保証**を得るために，業務に組み込まれ，組織内のすべての者によって遂行される**プロセス**である。

以上の定義だけではおそらく多くの方々は具体的な内容を想起できないと思います。そこで，「内部統制とは何か？」という問いに対し，筆者は企業などの組織を一隻の船舶に，そして，組織運営をその船舶の航行に例えると，その内容が具体的に理解し易いと考えています。したがって，筆者が実施する内部統制に関する講演などではいつもそのように解説しています。それは次のような理由からです。すなわち，あらゆる組織にはその組織が何のために存在するかという固有のミッション（使命）があります。それは例えば企業であれば会社設立時の理念です。更に具体的な事業の内容は会社定款に記載されています。公的機関，公共機関においても同様です。独立行政法人であれば，その法人設立の根拠となっている個別法に設立目的が記載されており，個々の法人の業務の方法についての基本的事項は業務方法書に記載されています。あるいは例えば私立大学組織であれば，建学の精神から綿々と続く基本的な価値観や人材養成目標を全学共通のミッションとしています。このように，民間企業，公的機関，教育機関などを含むすべての公的組織では，それぞれ固有のミッションがあります。そして，それはすなわちその組織固有の存在理由であり，基本的な価値観であり，永続的かつ究極的な組織目標であると言えます。これに加えて各組織においては，目的達成のための期限を区切った，より具体的な達成目標があります。企業であれば単年度の事業計画に加えて，多くが3年から5年程度の中期事業計画を策定しています。独立行政法人や大学においても同様に中期計画があります。これは，大切な乗客や貨物を載せ母港を出港し，目標日時のとおりに目的港に無事到着することをミッションとする船舶の航行にたいへん良く似ていると考えます。以上のような理由から，筆者は内部統制を船舶の航行に例えて説明することにしています（【図表1-1-4】参照)。

内部統制を上記の図のように船舶の航行に例えた場合，船舶（組織）が組

【図表 1-1-4】

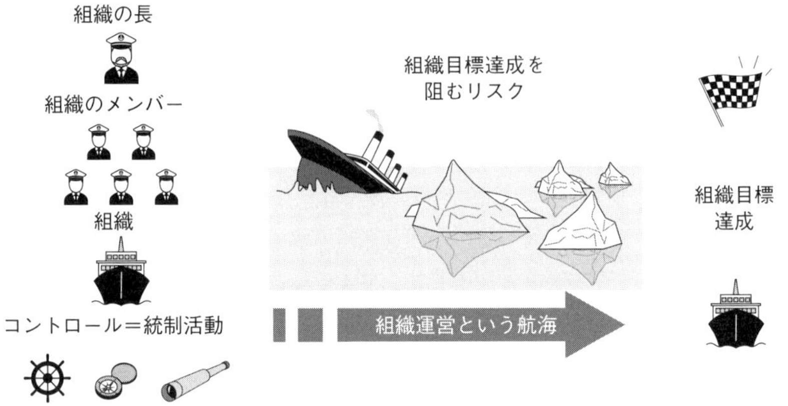

組織の長
組織のメンバー
組織
コントロール＝統制活動
組織目標達成を
阻むリスク
組織運営という航海
組織目標
達成

出典：筆者

織運営という航海において無事，到着予定日の予定時刻のとおり目的の港に到着（組織目標達成）するためには何が必要でしょうか。第一に避けなければならないのは，言うまでもなく船舶の沈没（組織の消滅）です。沈没というと，絶対に沈没しない「不沈船」として喧伝されていたにもかかわらず，20 世紀初頭に北大西洋上で氷山に接触し沈没した結果，千人以上の犠牲者を出した当時の最新鋭大型豪華客船タイタニック号の事故を思い出される方も多いでしょう。タイタニック号の沈没の原因は様々で複合的であったかもしれませんが，沈没の結果，乗客や乗員の尊い命が失われたのは紛れもない事実です。これを組織運営に例えると，企業などの組織がまず避けなければならないのは，例えば倒産や組織廃止のような組織消滅の事態です。また，沈没（組織消滅）には至らないが，例えば岩礁に乗り上げてしまい，航行不能（事業継続不能）に陥るといった事態も避けなければなりません。本章の冒頭でふれたように近年，不正会計（粉飾決算）や違法行為，不祥事により企業がレピュテーション上取り返しのつかないほど大きなダメージを受けた事例がみられました。同様に，独立行政法人などの公的機関や，大学などの非営利の組織においても，不祥事などによる大きなレピュテーション棄損の事例が複数ありました。その結果，私企業においては倒産，独立行政法人においては法人の解散・消滅，大学においては補助金の不交付といった深刻な事態となったことを記憶されている方も多いと思います。

さて，以上の説明をしたうえで，冒頭の内部統制に関する以下の基本的な質問（理解度自己診断クイズ）に対する正解について解説します。ここでもやはり，組織を一隻の船舶，そして組織運営をその船舶の航行に例えて解説を進めて行きたいと思います。（○が正解，×が不正解です）

質問 1 **内部統制活動の目的（1）**

×**解答 A.** 内部統制は，組織における**目的の１つ**である

○**解答 B.** 内部統制は，組織目的を**達成するためのツール**であって，それ自体は目的でない

解説 1 前述したとおり，組織における目的は，あくまでその組織固有の目的（目標）達成です。船舶の場合，航行の目的は無事到着予定日の予定時刻のとおり目的の港に到着することであり，航海術の巧拙はその達成手段にすぎません。同じように，組織においてはその組織固有のミッション達成が目的であって，内部統制はそのミッション達成のツール（手段）にすぎません。その意味で，ミッション達成という組織本来の大きな目標を見失い内部統制活動そのものが目的化することは，内部統制の形式面のみが重視され活動が形骸化する結果となりがちであると言えます。

質問 2 **内部統制活動の目的（2）**

×**解答 A.** 内部統制の目的は，リスクやそれに対応する**統制の状況を判りやすく文書化すること**である

○**解答 B.** 内部統制の目的は，**リスクに対応すること**であり，文書化や記録自体は目的ではない

解説 2 この質問項目は特に上場企業において，内部統制に関してよくある誤解の１つです。そして，組織内の実態として解答Ａの状態となっているケースが多く見られます。内部統制概念は本書で後述する法制度とし

ての金融商品取引法（いわゆる「J-SOX」）の導入を契機に我が国に一気に広まったという面があります。確かにこのJ-SOXの対象となる会社では，業務記述書・フローチャート・リスクコントロールマトリックスの「3点セット」と呼ばれる書類を法制度対応として作成することが一般的です。特に導入初年度である2008年度は，どこの企業においてもこのそれまで未経験であった文書化の負荷が高く，経営者や会計監査人に判り易く正確な文書類（3点セット）を作成することが活動の大半を占めたこともありました。しかし，この法令の本来の趣旨は各企業の財務報告の信頼性を担保するという大きな目標のなかで，船舶の航行に例えると沈没に匹敵するほど企業やその関係者にマイナスの影響を与える虚偽の財務報告（粉飾決算）を引き起こす重要リスク（船舶運航の例えでは氷山）に対応することです。3点セットに代表される文書化そのものが目的ではありません。

J-SOXの導入から長期間経過し制度対応が一段落している現在，新規上場のケースやM&Aにより未上場の大きな会社を取得したケースなど以外では，当初のように文書化作業に活動の大半を費やすといったことはないと思われます。しかし，逆に財務報告の信頼性を担保するという本来の大きな目的が忘れられ，制度対応と割り切って組織内の活動がルーティン化，形骸化していたとしたら，それは非常に危険なことと言えます。このような場合，内部統制（評価）報告制度の存在にもかかわらず，我が国で再度悪質な会計不正が起き，株主や債権者に大きな被害を及ぼす可能性があります。

質問3　内部統制活動の最終的な責任者

○解答 A.　内部統制を組織内に整備し運用する**最終的な責任者は組織の長**である

×解答 B.　内部統制を組織内に整備し運用する**最終的な責任者はそれぞれの組織における全員**である

解説3　この項目について講演会などで質問すると，正誤半々であることが多く，一般にまだ内部統制活動の本質が十分理解されていない面があると感じます。船舶の安全運航の**最終責任者**はたった一人，その船舶の船長です。同じように，各組織において有効な内部統制を整備し適切に運用する（構築する）最終的な責任者は組織運営・執行（船舶の航行に相当）の**最高責任者である組織トップ（例えば企業においては社長，独立行政法人においては理事長）**です。船舶が沈没した場合，その原因がどうあれ最終責任が船長にあるように，企業倒産，組織消滅，組織価値の棄損の際の責任は最終的に当該組織トップにあると言えます。不祥事等の発覚後の記者会見で「私は知らなかった」と発言する社長はこの責任を放棄していると言えます。その意味で，以前は多かった印象のあるこのような組織トップの聞き苦しい言い訳も，大企業を中心に内部統制概念がある程度浸透した昨今は，あまり聞かれなくなったのは良い変化と言えます。

日本企業の工場などにおける現場からのボトムアップ提案による効率化などの改善活動は，欧米においても「Kaizen」として日本企業の強みとなる優れた取り組みとして経営学の教科書などでも紹介されており有名です。その理由からか，我が国企業の経営者や組織のトップの方々と意見交換をすると，内部統制活動や広い意味でのリスクマネジメント活動もボトムアップであるべきと考えておられる方が時折いらっしゃいます。しかし，船舶の運航において船長がそうであるように，内部統制活動に関してはやはり組織トップによるリーダーシップが重要であり，トップダウンによる整備・運用が効率的かつ効果的であると言えます。その意味で，直前の質問2に関連する金融商品取引法（J-SOX）上の制度対応における内部統制の整備・運用の最終責任者は社長です。経理部長などの企業内の財務専門家はその有力な部下であり具体的な活動や責任の大きな部分を担っていることは事実ですが，財務報告の最終的な責任者ではありません。企業の財務報告が信頼に値すると，投資家や債権者などの社外に宣言し，最終的な責任を負うのは社長（あるいは代表取締役）だからです。また，このような財務報告目的の内部統制（J－SOX）以外の分野においても同様に，内部統制活動の最終責任者は組織トップ（社長ないし理事長等）になります。質問1.～3.の解答については【図表1-1-5】を参照して理解を確

【図表 1-1-5】

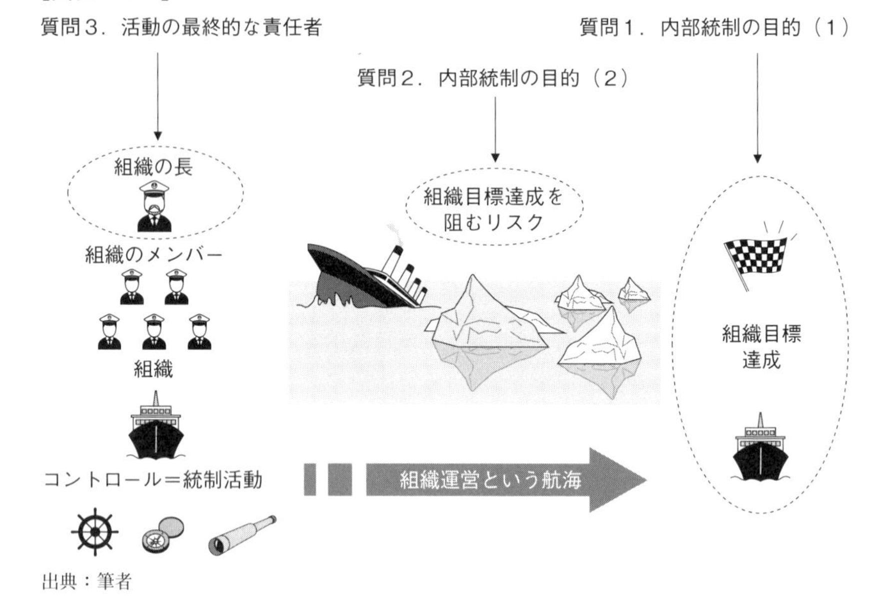

出典：筆者

認してみてください。

質問 4　内部統制活動の参加者

×**解答 A.** 内部統制は，**主に組織の長，管理者が参加すべき**ものである

○**解答 B.** 内部統制は，**組織のひとりひとり全員が参加すべき**ものであり，
正しく運用する責任はそれぞれの組織における全員が担う

解説 4 この質問に関しては，直前の質問 3 同様誤解が多いという印象があります。船舶の航行においては船長が最終責任を負いますが，船長一人で航行することはできません。大型船舶を航行しようとした場合，航海技術に関しては一等航海士やその他のスタッフが，エンジンなどの機関部分の運転に関しては機関長をはじめとする機関士が，その他にも無線やレーダーなどを運用する乗員などの専門的なスキルをもつ乗員がそれぞれの分野で船長を支えます。それは，あたかもオーケストラの指揮者が自らは楽

器をもたず演奏しませんが，指揮棒により全体を束ね個々の演奏家の最高のパフォーマンスを引き出すように，船長が一等航海士や機関長などのオフィサーを介して乗員全体を束ねたうえで，各乗員がそれぞれの役割を果たすことによってはじめて安全な航海ができます。

オーケストラにおいて，一人の演奏家が演奏全体を台無しにするリスクがあるように，航海においても乗員の一人でも役割を的確に果たさなければ沈没や座礁，航行の遅れなどのリスクが顕在化する怖れがあります。したがって，内部統制の運用はそれぞれの箇所で組織の構成員全員がその役割を果たしてはじめて成立するという面があります。その意味で組織運営においても，内部統制の整備・運用の最終責任は組織の長にありますが，各部署（または機能）における内部統制の運用責任は組織における全員が担う必要があります。

質問5 **内部統制活動の仕組み**

×**解答 A.** 内部統制とは，規程や手続きを定めて組織の全員に遵守させる**仕組み**のことである

○**解答 B.** 内部統制とは，規程や手続きなどの仕組みそのものではなく，仕組みがうまく機能するための**プロセス**である

解説5 この質問は直前の質問4と関係が深いのですが，内部統制の基本概念であり，本書において論を進めるにあたり読者のみなさんに完全に理解していただく必要があります。解説が少し長くなりますが，リスクの顕在化事例としてタイタニック号の沈没を再び例に用いて解説したいと思います。さて，タイタニック号は20世紀初頭に当時の最高技術を結集して建造され，複数の安全装置が装備されていたことから不沈艦と思われていた最新鋭豪華客船でした。当時既に商用化されていたモールス信号による無線通信の設備が設置され実運用されており，氷山の目撃情報は先行する他の船舶から無線で複数寄せられていました。しかし，無線通信が海運会社ではなく別組織の無線会社により運営されていたことも一因となり，この目撃情報のうち最も重要なリスク情報が船長に伝達されることなく，航

海において活かされませんでした。結果として，船舶自体の安全構造も，無線技術も，監視台にいた見張りも役に立たず，英国の港を出向し北大西洋の航海を経てニューヨークに向かったタイタニック号は，氷山を避けるため適切にコース変更することもなく，減速することもなく全速力で氷山に衝突し沈没したのです。

少し専門的になりますが，この場合沈没のリスクに対して，船舶の設計上の安全構造は沈没を防止するためのものであり，この仕組みは統制活動のうちの**予防的コントロール（統制）**と呼ばれるものです。また，航海において無線の担当や見張り役を決めて運用すること，それらを定めた運用ルールの存在は，氷山をいち早く発見する仕組みとしての**発見的コントロール（統制）**に相当します。しかしこれらの仕組みは，氷山との衝突を回避するための船舶のコース変更や減速といった仕組みである**是正的コントロール（統制）**には結びつきませんでした。したがって，想定されたリスクに対して，それに対応する手続きを定めて遵守させる仕組み（コントロール）の存在はリスク対応の必要条件ではありますが，それだけでは十分ではないのです。船長はじめ乗員各員**それぞれが役割と責任を担い有機的に連携し，その仕組み（各種の統制活動，ないしコントロール）がうまく機能するためのプロセス（手順）が備わって初めてリスクに対する必要かつ十分な内部統制といえる**のです。その意味で，個々の統制活動の仕組みと別けて表現するために，組織内の一連の体系的内部統制プロセスを**内部統制システム**と呼ぶ場合があります。

質問6 **内部統制活動と組織**

×**解答 A.** 内部統制は，組織が変わっても**基本的に同じ仕組**になる

○**解答 B.** 内部統制は，**組織の形態や目的に応じてそれぞれ柔軟に構築**すればよい

解説6 組織が変わっても，内部統制の構築にあたり留意すべき要素や原則（内部統制の基本的構成要素）は共通のものがあります。しかし各組織において実際に構築するにあたっては，その組織の形態や目的（ミッショ

ン）に応じてそれぞれ最も効果的かつ効率的な形で柔軟に構築することが賢明です。何千人，何万人の巨大組織に導入すべき内部統制と，わずか数十人の組織における内部統制の在り方は当然異なります。また，営利組織なのか，非営利組織なのかといった組織の性格や形態などに応じてリスクが異なります。内部統制もそれに応じて整備，運用することが求められます。それはあたかも，タイタニック号のような超大型客船と小型漁船の航行目的が異なるように，またその目的達成のための仕組みや，その仕組みをうまく機能させるプロセスが異なることに例えられます。このように，内部統制は，組織を超えて留意すべき共通の要素や原則はあるにせよ，組織の形態や目的に応じてそれぞれ柔軟に構築すればよいということになります。質問 4. ～6. の解答については【図表 1-1-6】にまとめましたので，図表を参照して理解を再確認してみてください。

【図表 1-1-6】

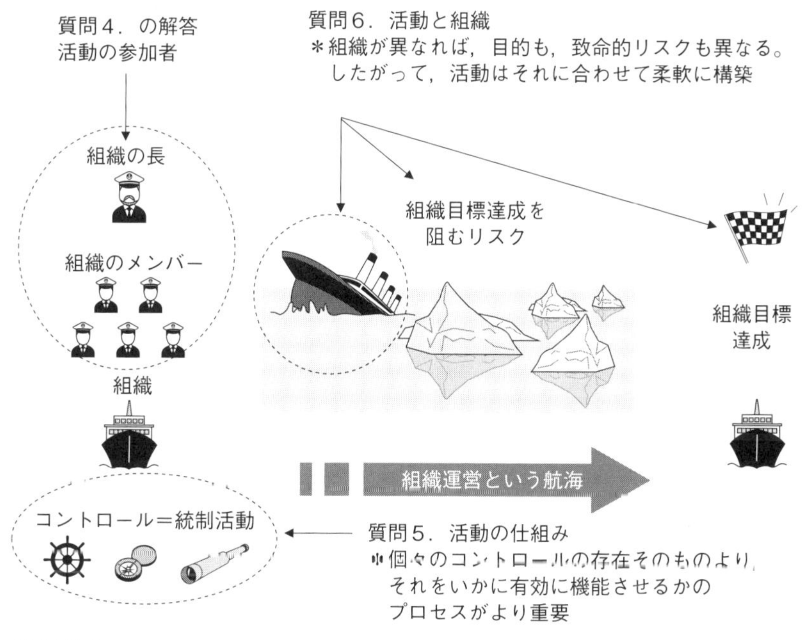

出典：筆者

内部統制の限界

如何だったでしょうか。クイズとその解説を通して，内部統制とは何かという点について少し具体的なイメージが湧いてきたと思います。したがって，再度ここで筆者が内部統制の性格を簡潔によく表していると考える定義を改めて以下に記します。

> 内部統制とは，組織運営上の目的が達成されているとの**合理的な保証**を得るために，業務に組み込まれ，組織内のすべての者によって遂行される**プロセス**である。

さて，上記の定義のうち筆者が重要と考えるため下線を引いた**「プロセス」**という概念については，質問5の解答を通じてご理解いただけたと思います。もう一箇所下線を引いた**「合理的な保証」**についてもここで解説しておきたいと思います。内部統制における合理的な保証とは，内部統制はどのような状況でも常に機能するわけではない，すなわち一定の限界があるという考え方に基づいています。換言すると，内部統制は組織運営上の目的達成に絶対的な保証を与えるものではなく，合理的な範囲での保証を与えるものであるということです。一般に内部統制の限界は以下の4つ（【図表 1-1-7】参照）であると言われています[6)]。

【図表 1-1-7】

(1) 内部統制は，**判断の誤り，不注意，複数の担当者による共謀**によって有効に機能しなくなる場合がある。
(2) 内部統制は，当初想定していなかった**組織内外の環境の変化や非定型的な取引等**には，必ずしも対応しない場合がある。
(3) 内部統制の整備及び運用に際しては，**費用と便益との比較衡量**が求められる。
(4) 経営者が不当な目的の為に内部統制を無視ないし無効ならしめることがある。
※いわゆる**マネジメント・オーバーライド**

出典：（金融庁）内部統制基準「Ⅰ．内部統制の基本的枠組み」中の「3．内部統制の限界」（8頁）を引用し，アンダーラインおよび※のコメントは筆者が付した

ここでも，内部統制を船舶の航行に例え，安全な航海を経て無事目的港に予定日時に到着するための仕組みがうまく機能するためのプロセスとして，内部統制の限界について説明します。

まず（1）**判断の誤り，不注意，複数の担当者による共謀**についてですが，例えばタイタニック号のように氷山と衝突するリスクのある北大西洋を航行する船舶では進路前方の氷山を発見するために，交代で乗員を見張り台に張り付けることになります。見張り役が前方に氷山らしきものを確認した際に，おそらく危険はないと勝手に誤った判断をし，規則どおりには報告しなかったような場合，あるいは見張り役から報告を受けた航海士が誤って危険はないと解釈をしてしまった場合，または見張り役が居眠りなどの不注意で氷山を見過ごしてしまった場合などには，この見張り番による発見的な統制活動（コントロール）はその設計思想どおりに機能しません。一人の見張り役ではそのようなリスクがあることから，必ず二人を別々に見張り台に張り付けたとした場合，運用コストはかかりますがより安全な統制になります。この場合，二人が同時に判断ミスや不注意を犯さない限りこの発見的統制が機能するからです。ところが，この2名が示し合わせて業務を意図的にサボタージュしたらどうでしょう。無論機能しません。このような組織内部の複数の者による共謀行為だけでなく，外部の者との共謀となると更に悪質行為の発見が困難になります。企業組織などにおいては，例えば社内の複数の担当者の共謀による横領や，購買担当者と外部の仕入れ先の担当者が共謀した場合，キックバックと言われる賄賂などは発見が困難です。内部統制の限界は，このような状況を想定しています。

次に（2）**組織内外の環境の変化や非定型的な取引等**についてですが，これは例えば，北大西洋を航海する際に沈没を起こしかねない氷山に備えて予防的あるいは発見的統制を整備し有効に運用したとしても，同じ船舶が氷山のない南の海を航海する場合には，この内部統制は無力であり無駄です。そこではむしろ座礁やその他の船舶の航行不能をもたらす別種のリスクを想定して統制活動を設計し運用し直さなければなりません。組織内外の環境の変化はこの例えに相当します。企業組織などにおける，組織内外の環境の変化の1つにIT化，オンライン化があります。組織にとって大切な機密情報やお客様や従業員の個人情報などの漏洩は氷山の衝突に匹敵するほどの悪影響があります。このリスクに対して，紙ベースの資料が大半でありITシステムもワープロのようにスタンドアロンで使われていた時代の内部統制は，デジタル化されたデータベースがオンラインで他システムと連携している現代の状況においては有効ではありません。同様に，業務の大半が組織内で完結しており終身雇用制を前提としたいわゆる正社員（正職員）のみで業務をまわすことができていた以前と異なり，現代ではコストダウンなどの目的で多くの業務を組織外に委託しています。したがって，組織内の長期固定的メンバーによる運用を前提とした内部統制は必ずしも有効とは言えません。更に，近年は世界的な新型コロナウィルスの流行（パンデミック）により，多くの組織においてこれまでの仕事のやり方を見直さざるを得ない状況になりました。これまでは，組織のほぼ全員が職場に定時に出勤し対面で業務を遂行することが前提でした。しかしパンデミックを契機に，例えば自宅からのリモートワークを導入し，そのためのITコミュニケーションツールを活用して業務遂行している，等の環境変化が各組織において起きました。このような変化に伴い，新たなリスクも出現しており，これらに対するコントロールを新たに導入する必要に迫られています。

このように組織内外の環境は，時に大きく変化します。新しい時代，新しい環境に合わせた内部統制を再設計して運用する必要があります。また，非定期的な取引における限界に関して航海に例えると，北の海にせよ南の海にせよ，定期航路であれば想定するリスク（例えば氷山や座礁）に備えた内部統制のプロセスを慎重に検討して整備，運用できます。しかし，これが非定期の一回限りの未知の領域の航海であればどうでしょう。想定外のリスクに有効に機能する内部統制を予め整備することは困難です。このように，組織においては非定期的（一回限り，またはインターバルが非常に長い）取引には内部統制が必ずしも機能しないことがあります。

更に，内部統制における（3）**費用と便益との比較衡量**という問題があります。船の航行においては例えば，絶対に起こしてはならない巨大氷山との衝突を未然に発見するための運用上の取組をする，万が一の衝突・沈没の際にも乗客・乗員の生命を守るために安全な船舶の構造とする，乗員乗客全員分の救命ボートを用意しておく，定期的に全乗務員対象に非常事態に備えた訓練を行うなどの内部統制は，大きな費用をかけるだけの価値があります。しかし，仮に衝突したとしても運行に影響のない小さな氷のかけらやその他の障害物にそのような大きなコストをかける必要はありません。実運用上は氷などの障害物の大きさや影響を十分慎重に評価する必要はありますが，大小すべての氷などの障害物に等しく対応する必要はありません。コストが莫大となってしまうからです。また，内部統制はあくまで組織運営上の仕組みであって，船舶運行の目的は航海の安全，そして最終的に船舶を所有し運行する会社の存続，繁栄という大きな目標を達成する手段に過ぎないからです。このように，組織内で有効に機能する内部統制システムを整備し運用するためにはそれなりの費用がかかります。一連の重要な業務を一人に任せるのではなく機能毎に別々の担当者を割り振ること，すなわち職務分離は内部統制の基本です。しかし，この運用は人件費が余計にかかります。例えば1億円の現金が入った金庫を守るために，出納（キャッシュマネジメント）と記帳（ブックキーピング）を原則どおり職務分離して社員を2名割り振ることは合理的です。しかし，10万円未満の小口現金を守るためだけにこの職務分離による統制を維持することは不合理です。このように，利潤を追求すべき組織では，あるいは，予算制約のある組織では，統制活動からもたらされる便益（リスク予防効果等）より大きな費用をかけて内部統制の整備・運用はできません。これは現実世界における内部統制の限界の1つです。

最後は（4）**経営者が不当な目的の為に内部統制を無視ないし無効ならしめること**（いわゆるマネジメント・オーバーライド）です。前述のように，内部統制の最終的な責任者は組織のトップ（社長，理事長等）です。責任が大きい分，組織内の権限も絶大です。船舶の例であれば，船長が運行に関する最終的な責任を負っているため，航海士，機関士などのすべての乗員が船長の命令に従います。したがって，船長がなんらかの意図をもって船舶の運航スピードを不必要にあげ到着を急いだり，逆に遅らせたり，船舶を別の港に向かわせたりといったことは潜在的に可能です。ベテラン船長として絶対的な権限を有している場合や，船内のその他の乗員が意見を言いにくい風土があれば船長が誤った方向に船舶を導くことはなおさら容易になります。企業などにおいて船舶の沈没にも匹敵するほどのインパクトのある不正とは一体何でしょうか。企業の財務状態を実態よりも良く見せようとする粉飾決算は間違いなく該当します。財務会計部門にいかに精緻な内部統制システムが整備されていようと，経営者はその統制を無視，無効化することができます。これをマネジメント・オーバーライドと言います。事実，国内国外を問わず，これまで明らかになっている大型の会計不正（粉飾決算）は例外なく経営者が主導しています。これも内部統制の大きな限界と言えます。

以上，4種類の内部統制の限界について，また内部統制の定義における「合理的な保証」（絶対的な保証ではない）の意味を船舶の航行に例えて解説しました。このように説明すると，読者の方々の中には，内部統制が固有の限界を内在しているシステムであるのなら苦労して整備・運用しても無駄ではないのか，という素朴な疑問をお持ちになる方がいらっしゃるかもしれません。しかし，そうではありません。確かに内部統制には一定の限界があり

【図表 1-1-8】

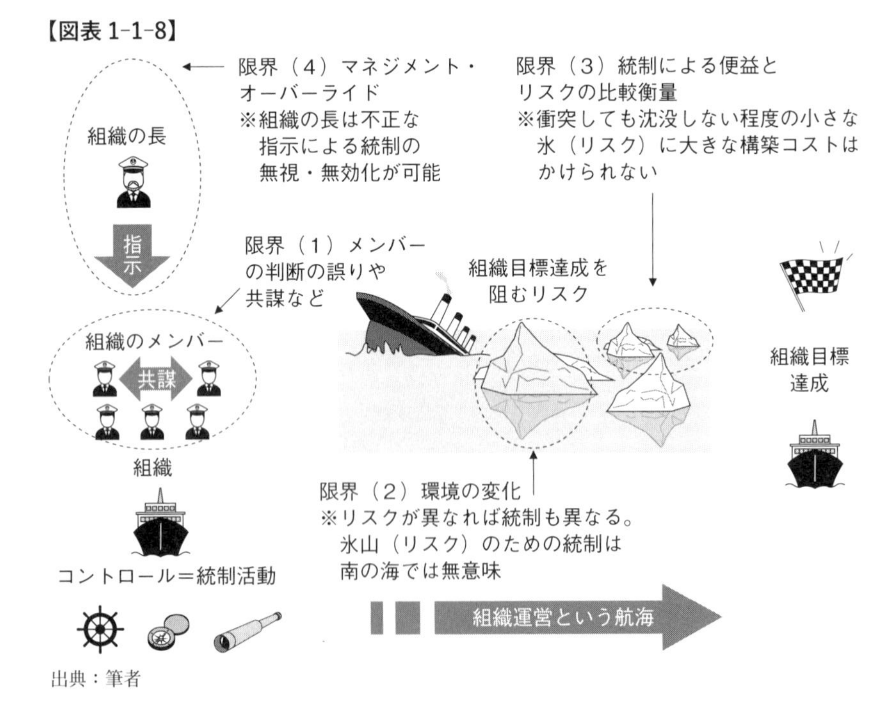

出典：筆者

絶対的なものではありません。したがって，内部統制の限界を意識して，それぞれの限界を補完する仕組みを取り入れて組織内で運用する必要があります。内部統制の限界の概念は非常に重要であるため，第1部の第2章と第3章でも再度，特にマネジメント・オーバーライドについて触れます。また，その他の限界も含めた全体像と，それらに対する回避策を本書の最終章である第2部第4章「内部統制の限界を超える補完的仕組みとガバナンス」の箇所で，本書全体のまとめとして提示します。したがってここではとりあえず，内部統制はどのような状況でも機能するわけではなく一定の限界がある，ということのみを憶えておいていただきたいと思います。4種類の内部統制の限界については【図表1-1-8】にまとめましたので，図表を参照して理解を再確認してみてください。

COLUMN ① リスク顕在化事例としてのタイタニック号と氷山

筆者は現在大学で教鞭をとっていますが，それ以前はグローバルなネットワークをもつ監査法人において，内部統制やERM（全社的リスクマネジメント）に関するアドバイザリー業務に従事していました。その際，米国のERM専門家と意見交換する機会を得たのですが，最も印象深い言葉はリスクマネジメントでは「まずは氷山のような巨大リスクに意識を集中し，細かい氷はあえて無視せよ」というものです。組織における内部統制やリスクマネジメント活動では，数多くのリスクに対応しようとするあまり，つい組織を破壊しかねない巨大リスクも，そうでない些細なリスクも等しく対応しようとしてしまうことがあります。これはリスクに対応する要員や時間が限られているという制約が現実にあることを考えると不合理かつ危険です。筆者はこの点を教訓として意識して業務にあたるようにしていました。このことから，内部統制に関する研修や講演ではこの重要な教訓を受講者の方々と共有するため，組織運営を船舶の航行に，沈没に匹敵するダメージをもたらしかねない巨大リスクを「氷山」や「岩礁」に例えています。その点，誰もが一度は聞いたことのあるタイタニック号の事例を用いて解説するようになりました。タイタニック号の事例は，当時世界最大最新鋭の客船であったこと，見張り番は役にたたなかったこと，無線通信という当時の最新設備が備わっていたにもかかわらず無線通信の運営が別会社であったことも一因となり，先行する船からの警告メッセージが船長にタイムリーに伝わらなかったこと，船舶の性能への過信のためか救命ボートは実際の乗員数の半分以下の人数分しかなかったこと，その結果多くの尊い命が失われたこと等，数多くの示唆に富む教訓を含んでいました。また，リスクとしての氷山は「氷山の一角」という言葉があるように，表面上見えている以上のリスクが実際には存在する例として判りやすいと感じました。このことから，筆者は最重要リスクにまず対応すること，そして内部統制はコントロールが有効に機能する「プロセス」が重要であることをこの事例を使って説明することにしています。

第１部　第１章注

1）本書における「公的機関」の範囲

一般に「公的機関」とは，行政機関や独立行政法人をさす場合が多い。本書において「公的機関」として定義し対象とする範囲は，地方自治体（地方公共団体），独立行政法人（国立大学法人等を含む）に加え，政府が出資し各省庁が所管する「特殊法人」（組織形態としては株式会社，銀行，公庫とさまざまである）を含むものとしている。この「公的機関」に加えて，本書における「公共機関」（下記注3）参照），およびその他の何らかの公的ミッションを担うすべての組織体を含む組織形態を，本書では広義の「公的組織」としている。これら各組織については本書の「はじめに」とその文中の【図表 0-1】を参照。

2）大臣所轄学校法人

文部科学省の定義によれば「文部科学大臣所轄学校法人とは，大学，短期大学及び高等専門学校を設置している学校法人をいう。」とされており，文部科学大臣が所轄庁である学校法人である。文部科学省のホームページに都道府県別にその一覧が掲載されている。

3）本書における「公共機関」の範囲

一般に「公共機関」とは上記注1）の「公的機関」と同義とされる場合もあるが，本書では，公共のために業務を行う機関・組織として定義し，上記注1）の公的機関（行政機関，独立行政法人，政府出資特殊法人等）よりも広い範囲としている。具体的には，病院などの医療機関，私立学校などの教育機関に加え，その事業活動が政府の規制下にある電力，ガス，通信，鉄道，バス，航空，郵便などの社会インフラを担う公共企業を指しており，上記注1）の「公的機関」よりも広い範囲としている。これら各組織については本書の「はじめに」とその文中の【図表 0-1】を参照。

4）内部統制の構築

本書内で「内部統制の構築」と記した場合は，基本的に「整備」（デザイン）と「運用」の両方の体制を導入・維持することを指している。

5）本書での内部統制の定義

本書で用いる内部統制の定義は，以下に引用するトレッドウェイ委員会組織委員会の「内部統制－統合的枠組み：いわゆる COSO レポート」における定義や，その後 COSO レポートをベースに我が国用に修正した，金融庁企業会計審議会「財務報告に係る内部統制の評価及び監査の基準（以後，「内部統制基準」)」，「Ⅰ．内部統制の基本的枠組み」における内部統制の定義を，筆者が「目的」と「構成要素」に関する記述を一部省略し一般化したものである。

【COSO レポートの定義】
内部統制は，以下の範疇に別けられる目的の達成に関して合理的な保証を提供することを意図した，事業体の取締役会，経営者およびその他の構成員によって遂行されるプロセスである。
・業務の有効性と効率性
・財務報告の信頼性
・関連法規の遵守（コンプライアンス）

【内部統制基準内，内部統制の基本的枠組みの定義】
内部統制とは，基本的に，業務の有効性及び効率性，財務報告の信頼性，事業活動に関わる法令等の遵守並びに資産の保全の 4 つの目的が達成されているとの合理的な保証を得るために，業務に組み込まれ，組織内のすべての者によって遂行されるプロセスをいい，統制環境，リスクの評価と対応，統制活動，情報と伝達，モニタリング（監視活動）及び IT（情報技術）への対応の 6 つの基本的要素から構成される。

以上の 2 つの定義を基に本書における内部統制の定義を簡略化・一般化した理由は，上記の 2 例からも判るように目的および構成要素，組織構成員の記述が，参照する内部統制のフレームワークや，そのバージョンによって微妙に異なるため，読者の方の混乱を避けるためである。ただし，内部統制の目的と構成要素の概念は非常に重要である。したがって，本書を通じて筆者によるこの簡素化した定義を用いるが，各フレームワークにおける目的および構成要素については，本書第 1 部の各章でそれぞれのフレームワークのバージョン別に解説を加える。また，本文中の下線も筆者によるものである。本文中の定義に下線を付した理由は，内部統制の本質理解に関わる「合理的な保証」および「プロセス」という概念を強調するためである。この点についても第 1 部および第 2 部の各章で解説を加える。

6 ）内部統制の限界

（金融庁）内部統制基準「Ⅰ．内部統制の基本的枠組み」中の「3. 内部統制の限界」（8 頁）を引用し，アンダーライン及び※のコメントは筆者が付した。内部統制の限界について，金融庁資料がベースとしているのは米国の COSO レポートである。その翻訳書である以下の文献にも内部統制の限界についての詳しい説明がある。原典の英文を和訳しているため，金融庁資料とは表現が異なるが，意味するところは同様である。

トレッドウェイ委員会組織委員会（鳥羽至英・八田進二・高田敏文訳）『内部統制の統合的枠組み（理論編）』，白桃書房，1996 年，第 7 章「内部統制の限界」131–138 頁が該当。

第2章
米国における内部統制の源流と発展

「内部牽制」から「内部統制」へ

前章で内部統制は米国生まれの概念であること，そして世間を騒がせた不正・不祥事の発覚が，その後の内部統制の義務化の契機となっていることに触れました。さて，ここで内部統制という概念を更に深く理解していただくため，米国においてどのような発展過程を経て現在の姿となったのかを振り返ってみたいと思います。そして組織目標達成のためのツールとしての内部統制の概念的フレームワーク（枠組み）がエンタープライズ・リスクマネジメント（Enterprise Risk Management：ERM）として，更なる拡張を遂げた背景や概念の進化を確認したいと思います。

現在，内部統制概念のいわばデファクト・スタンダードと言えるのは米国の「トレッドウェイ委員会組織委員会（Committee of Sponsoring Organizations of the Treadway Commission：以下，「COSO)」」が 1992 年に公表した，いわゆる COSO 報告書における定義（後述）でしょう。しかし，米国における「内部統制」という概念はこの COSO 報告書以前からあり，その登場は少なくとも 1930 年代まで遡ることができるようです。しかし，その内容は時代とともに変遷[1]してきました。COSO 以前の米国では，内部統制を構成する重要要素として**内部牽制（Internal Check）**が強調されていました。内部牽制とは内部統制より狭い概念で，もっぱら従業員による会社資産の横領などの不正や，不正確な会計記録の発生を予防・早期発見するための内部システムです。例えば，現金を記録する者と出納業務を行う者とを分離する職務分離（Segregation of Duties）や，上司による取引の承認（Authorization of Transactions），資産に対する物理的な統制（Physical Controls），会計システムにおけるデータ入力・出力チェック（Input and Output Controls）などがその例です（【図表 1-2-1】参照）。当時の内部統制概念では，従業員不正などから会社資産を守るため，そして会計記録の正確性を担保するために有効とされるこれらの内部牽制の仕組みを組織に正式に導入することや，その仕組みの有効性を企業自身で再検証する**内部監査（Internal Audit）**と組み合わせることが重要であるとされていました。

【図表 1-2-1】

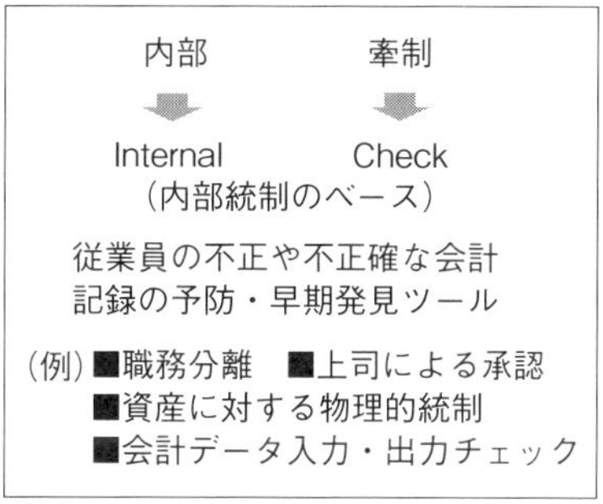

内部　　牽制
↓　　↓
Internal　　Check
（内部統制のベース）

従業員の不正や不正確な会計記録の予防・早期発見ツール

（例）■職務分離　■上司による承認
■資産に対する物理的統制
■会計データ入力・出力チェック

出典：筆者

その後，内部統制の概念は単に会計領域に留まらず企業業務全般にわたる，より広い概念としてとらえられるようになっていきました。そこでは，**会計統制（Accounting Control）**と**業務統制（Administrative Controls）**の２つをもって**内部統制**であると説明されています。このような考え方は筆者も会員として所属している米国公認会計士協会（American Institute of Certified Public Accountants：以下，「AICPA」）を中心に理論形成されました。というのも，公認会計士は財務諸表監査の過程で被監査会社（監査クライアント）の帳簿に記載されたすべてを精査することは時間的にもコスト的にも不可能なため，その一部のみをチェックする**試査（Sample Check）**により監査業務を行っており，チェック対象の範囲を決定するために対象企業の内部統制システムの信頼性を評価する必要があったからです。すなわち，会社自身が構築している内部統制システムの信頼性が高いと評価できれば監査人自ら直接チェックする範囲を縮小でき，信頼性が低いと評価されれば拡大すべきという考え方です。米国の財務諸表監査においては，会計士は伝統的に財務諸表作成における会計統制を評価すればよいとされていました。しかし，企業規模拡大，事業領域の拡張などにより，会計統制の評価のみでは監査対象会社の統制状況が十分把握できないおそれが高まってきたことから，紆余曲折を経ながらも，次第に業務（管理）統制も含めた内部統制の統合的な評価が重要であると認識されるようになってきました。

この背景には，1970 年代から 80 年代にかけて米国において連続して発生した大型企業不祥事の存在があります。まず1970年代には，時の大統領リチャード・ニクソン氏が辞任したいわゆるウォーターゲート事件の発覚に端を発して，外国政府高官への巨額の賄賂等数々の企業不祥事が次々と明るみに出ました。米国のこの一連の不祥事の余波は我が国にも及びました。航空機製造大手のロッキード社による旅客機の日本を含む各国の航空会社への売り込みをめぐって1976年に明るみに出た世界的な大規模汚職事件であるロッキード事件です。この事件では元首相の田中角栄氏が逮捕されており，我が国でも大騒動となったご記憶のある読者もいらっしゃるかと思います。また，80年代に入ると米国で貯蓄貸付組合（Saving and Loan：S&L）の経営破綻や会計不正（粉飾決算）などの企業不祥事が次々と明るみに出て，深刻な社会問題となった時代でした（【図表1-2-2】参照）。

これらの不祥事は結局のところ内部統制の機能不全に起因していたことから，それまで専ら公認会計士などの会計専門家を中心に財務諸表監査の文脈

【図表1-2-2】

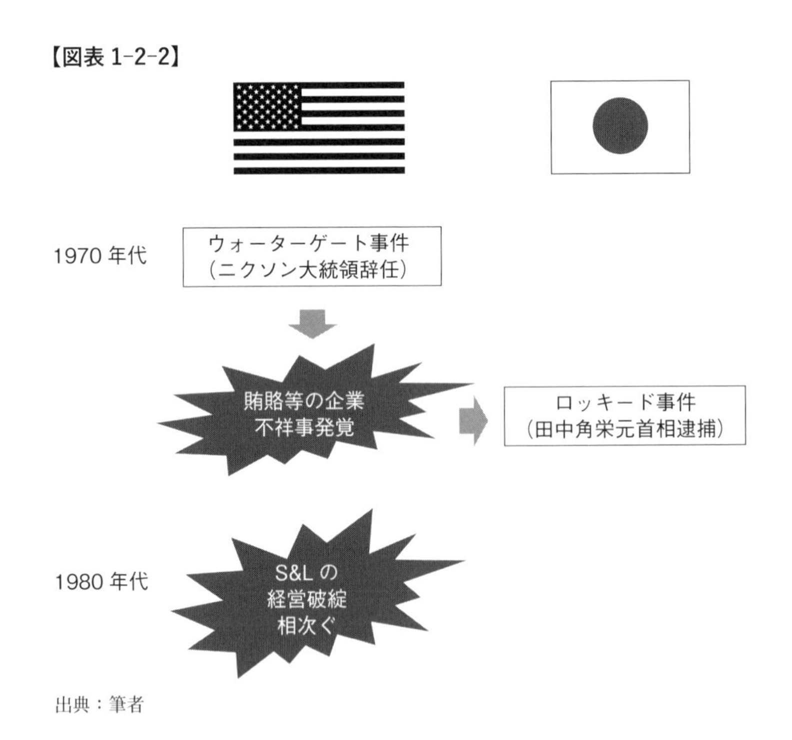

出典：筆者

のなかで専門的に議論されてきた内部統制がその枠を超え，企業をとりまくより広い関係者にその重要性が認識されるようになりました。また，会計不正は企業の財務状況を実態より良く見せようと意図するものであり，その動機は当該企業の経営者が一番強いと言えます。したがって，前述のように内部統制は元々主として従業員の不正を予防・早期発見するための内部管理システムとしての期待役割を有していましたが，更に経営者自身が行う不正にも対応するものとしてその内容が徐々に変質してきました。特に企業不祥事が頻発した1980年代を通じて，経営者不正対応という内部統制の新たな期待役割が重要視されるようになったと言えます（【図表1-2-3】参照）。

【図表1-2-3】

内部統制概念における期待役割の変遷

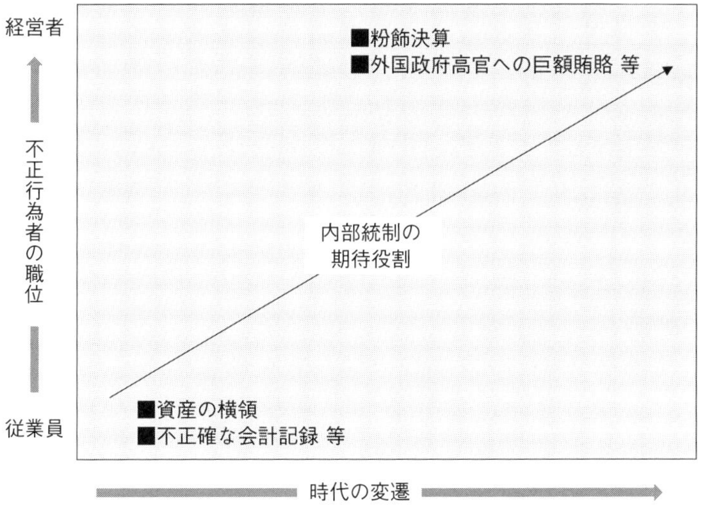

経営者
不正行為者の職位
従業員
■粉飾決算
■外国政府高官への巨額賄賂 等
内部統制の
期待役割
■資産の横領
■不正確な会計記録 等
時代の変遷

出典：筆者

米国における内部統制の法的展開-1（FCPA）

さて米国では，経営者主導の会計不正（粉飾決算）による虚偽の情報開示を取り締まり，証券市場の公正を確保する権限と責任を担っているのは証券取引委員会（Ssecurities and Eexchange Comission：以下，「SEC」）という連邦機関です。当然のことながら，SECは企業の内部統制に最大限の関心を払っています。米国は50の州と特別区（ワシントンDC）からなる合衆国ですが，多くの事柄が各州の自治に任されています。例えば，我が国には日本国の会社法があります。しかし，米国には米国会社法という国家レベルの法律は存在せず，代わりに各州が独自の会社法を制定しています。企業が最低限どのようなガバナンス形態をとるべきか，どのような経営管理システムを構築し維持すべきか，といった事項は各州会社法に委ねられている面があります。しかし，このSECという組織はニューヨーク州やカリフォルニア州など州レベルの組織ではなく連邦機関なので，アメリカ合衆国すなわち国家レベルで設置され，全州に及ぶ権限を有する機関です。前述の70年代に我が国を含む世界中を揺るがした大型贈収賄事件であるロッキード事件などの一連の企業不祥事に対する批判の高まりを背景に，SECは**1977年海外不正支払防止法（Foreign Corrupt Practices Act of 1977，以下「FCPA」）**のなかに企業の粉飾決算，虚偽の会計記録を防止することを目的とした規範を設けて対応しました。このFCPAという法律は元々米国企業に対して，外国政府公務員などへの賄賂を禁止するために制定された連邦法，すなわち国家レベルの法律です。FCPAは，賄賂禁止条項（Anti-Bribery Provision）と会計条項（Accounting Provision）という大きく2種類の規範から構成されています。更に会計条項は，会計処理条項（Books and Records Provision）と内部統制条項（Internal Controls Provision）の2つから構成されています。この会計条項により，米国で株式や債券を発行しているSECの登録企業は取引を正確に記録した帳簿を維持するとともに，一般に公正妥当と認められた会計原則（Generally Accepted Accounting Principles：GAAP，以下，「GAAP」）に準拠した財務諸表の作成を合理的に保証しうる内部統制の構築・維持を法的義務として求めています。この贈賄防止のためのFCPAという連邦法は，1980年代から90年代を通じて米国において企業がGAAPに準拠した財務諸表の作成，信頼できる財務情報開示，そして企業資産の保全を確保するための内部統制システムを企業内に構築し維持すべきという法的義務のよりどころとして機能したのです。この状態は，後述する今世紀初頭に発生した巨額粉飾決算事件に対応した米国企業改革法（いわゆる「SOX法」）が制定される2002年まで続きました。以上のような経緯を経て，米国においては内部統制の構築が公開企業[2)]の法的義務となったわけですが，一つ問題がありました。それは，それまでの内部統制概念をめぐる議論は企業の監査を担当する公認会計士の団体であるAICPAや，規制側のSECや弁護士などの専門家集団間の議論であったため，それ以外の企業社会における関係者が広く納得できる内部統制の定義やフレームワークが確立されていなかったことです。特にFCPAによって内部統制構築・維持の法的義務を負うことになった企業の経営者にとっては，内部統制システムの有効性をそれぞれの企業実務のなかでどのような基準で評価すべきか，という点が不明瞭でした。こうした状況のなか，不正な財務報告の発生原因の究明とその是正を勧告することを目的とした産学協同の研究組織である**「不正な財務報告に関する全米委員会（The National Commission on Fraudulent Financial Reporting：通称 トレッドウェイ委員会，以下，「トレッドウェイ委員会」）**から要請を受ける形で，本第2章の冒頭で紹介したCOSOがこの問題に取り組みました。COSOは元々トレッドウェイ委員会を財政的に支援（スポンサー）する団体で，前述のAICPAをはじめ内部監査人協会（The Institute of Internal Auditors：IIA），管理会計士協会The Institute of Management Accountants：IMA），財務管理者協会（Financial Executives International, FEI），アメリカ会計学会（The American Accounting Association：AAA）という米国を本拠とする4つの代表的な会計・監査・財務管理分野の専門職業団体および会計学会から構成されています。その正式名称は「トレッドウェイ委員会組織委員会（Committee of Sponsoring Organizations of the Treadway Commission）」とたいへん長いので，COSOという略称のほうが有名です。このCOSOが1992年に発表した**「内部統制－統合的枠組み（Internal Control－Integrated Framework：いわゆる「COSOレポート」）**は，それまでの内部統制とは何かという永年の議論に終止符を打つ画期的なものでした。この報告書内で提示されたフレームワークは実に明快でした。その後，時代にあわせて幾度か改定や概念的拡張というバージョンアップを経て現在に至りますが，内部統制の定義やその有効性を評価する指針としてのグローバル・デファクト・スタンダードの地位は，今日においても揺るぎないものとなっています（【図表1-2-4】参照)。その内容は，次章の第3章内の最初の節である「COSO内部統制のポイント」で解説します。本第2章では前述のFCPAに続き，この後もう少し今世紀初頭の米国における内部統制の法的展開として重要なSOX法および一連のコーポレートガバナンス改革（いずれも後述)，そしてその時代背景について解説します。これらの点は米国の話ではありますが，その直後に我が国にも飛び火し，本書の冒頭で述べた2005年以降の改正会社法や金融商品取引法による我が国の内部統制制度導入に強い影響を与えました。したがって，米国で内部統制という概念がどのように形成され今日に至るのか，それらが何故，そしてどのように我が国の法制度に関係しているのかという点を詳しく知ることによって，読者の方々がより深く我が国の内部統制制度を理解できると筆者は考えま

【図表1-2-4】

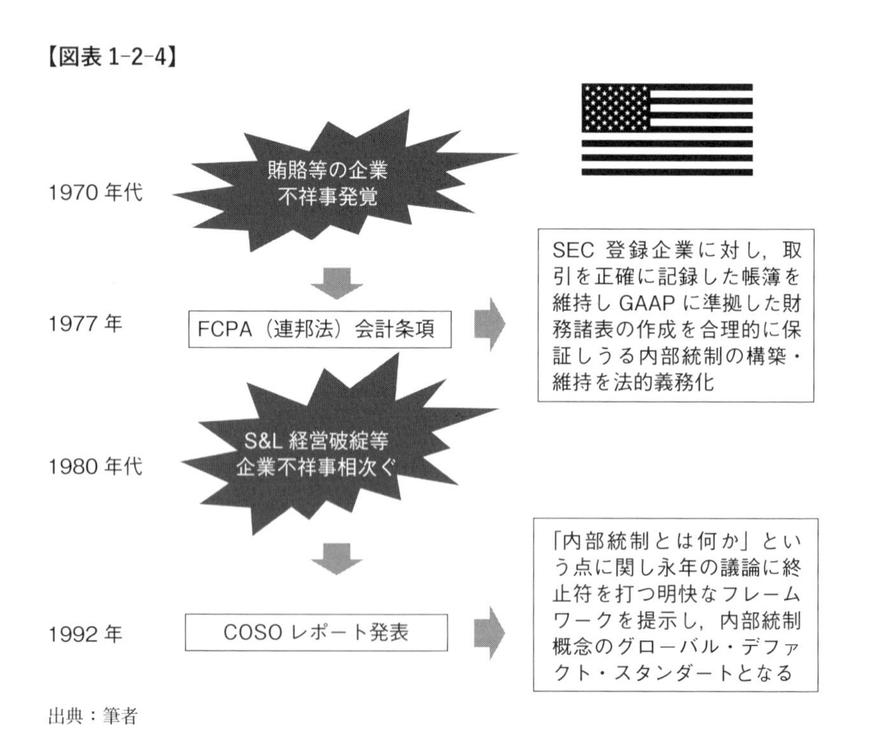

出典：筆者

す。特に，米国のコーポレートガバナンス改革に関しては，本書の最終章（まとめ）である第2部第4章で論じる「内部統制の限界を超える補完的仕組みとガバナンス」の本質的な議論の内容と，我が国において現在進行中のコーポレートガバナンス改革とも深くかかわってきますので，少し詳しく解説します。

米国における内部統制の法的展開-2（SOX法）

21世紀に入った直後の米国は規制緩和，金融工学，そしてIT技術の進展を背景とした「ニューエコノミー」が喧伝された時代でした。そのような時代に躍進した，時代の寵児ともいうべき2社の巨額倒産が発生しました。2001年のエンロン，そして2002年のワールドコムの倒産です[3)]。エンロンは，米国の著名な経済誌であるフォーチュン誌によって「全米で最も革新的な企業」に6年連続で選出されたほど世間にもてはやされていた企業でした。ワールドコムの場合は，それまでの米国経済史を塗り替える最大規模の粉飾および負債額となりました。両社の倒産により従業員は元より，年金基金をはじめとする投資家や債権者などの内外の関係者に大きな被害をもたらしました。2社ともエネルギー供給と電気通信という伝統的な規制産業に属しています。しかし，競合する業界の「オールドエコノミー」企業群をしり目に，野心的なCEO（最高経営責任者）によるM&Aを駆使した攻撃的な経営手法により，短期間に一躍成長企業となったという点に共通点がありました。また，両社とも急成長を支えるために高株価を維持することが絶対命題であり，そのために実態よりも損益計算書（PL）上の利益を多く，そして貸借対照表（BS）を健全に見せることにより，投資家に対し虚構の成長イメージを維持する必要がありました。ただエンロンの場合は，外部に特別目的事業体（Special Purpose Entity：SPE，以下「SPE」）を組成することによる簿外（オフ・バランス）取引や金融手法を駆使した複雑な会計不正を行っていました。これに対し，ワールドコムの場合は費用を無形資産に付け替えるというごく単純な手法であったという点で粉飾の手法は異なっていました。しかし野心的なCEOのプレッシャーの下，CFO（最高財務責任者）

が不正な会計操作を繰り返し継続的に虚偽の決算開示を行っていたという点では共通していました。更に，2社とも会計監査人が当時の世界5大会計事務所の一角であったアーサー・アンダーセンであったという点も共通でした[4)]。2001年から2002年にかけての米国企業の倒産事例ではこの2社が最も有名ですが，その他にもこの時期はちょうどITバブルの崩壊と重なっており，海底ケーブル敷設のグローバル・クロッシングなどの大手企業が不正会計がらみで次々と倒産し，証券市場のみならず社会的にもアメリカ産業界の信用が大きく損なわれた時代でした。前述のアーサー・アンダーセンはエンロンやワールドコムのみならず，このグローバル・クロッシングなど複数の破綻した企業の監査を担当していました。更に，同監査法人はエンロン破綻後に監査調書の大量破棄による司法妨害により起訴され信用が失墜し，解散・消滅しました。以後は世界4大会計事務所（Deloitte，PwC，EY，KPMG）の時代となり現在に至っています。

この事態を重くとらえた米国連邦議会は，企業の財務報告ひいては米国資本市場全体に対する信頼を回復するための抜本的な対策を打ち出しました。それが連邦法である**米国企業改革法**です。その正式な名称は**「Public Company Accounting Reform and Investor Protection Act of 2002：上場企業会計改革および投資家保護法」**です。法案を提出した上院議員ポール・サーベンス（Paul Sarbanes）氏と，下院議員マイケル・G・オクスリー氏（Michael G. Oxley）の名前を取った**「Sarbanes-Oxley act of 2002」（2002年サーベンス・オクスリー法）**とも呼ばれ，一般には略称である**SOX（以下，「SOX法」）**と表記されています。この法律は，財務報告の信頼性を回復するためには財務諸表そのものの正確性は無論のこと，更にそれを作成するプロセスがきちんとしている必要があり，そのプロセスが正しいかを外部から客観的に評価すべきである，という基本的な考え方に基づいています。より具体的には，米国公開企業の経営者（CEOおよびCFO）は，自らの責任の下に内部統制を構築し，自らその有効性を評価し，自らその結果を報告し，その内容に嘘がないことを公に宣誓し，更にその内容を会計監査人が独立的に監査して公表するということを義務付けるものです。更に，違反の際の禁固刑を含む罰則が厳しく設けられています。このSOX法に限らず米国の司法制度は会計不正や贈賄のような，いわゆるホワイトカラー・クライム（企業の役職員による犯罪）においても，主謀者個人に厳罰を下す傾向があります。事実エンロンおよびワールドコムのCEOにはいずれも10年以上の禁固刑が科されています。この点は，わが国の状況と大きく異なります。そのような社会背景のもと，このSOX法は企業経営者は無論のこと，公認会計士や証券アナリストを含む企業内外の関係者に対し，広く改革を求めるために必要なあらゆる規制が盛り込まれた抜本的かつ網羅的な内容の法律と言えます。このSOX法が，前述の2001年12月のエンロンの破綻からわずか8か月後の2002年7月（ワールドコム破綻の翌月）に驚異的なスピードで制定された背景には，企業が構築・維持すべき内部統制とは何かという具体的なイメージが1992年のCOSO報告書によって提示されてから10年の時を経ており，既に広く米国経済社会の関係者間で共通のフレームワークとして共有されていたことがあると言えます。

米国における内部統制の法的展開-3（コーポレートガバナンス改革）

さて，エンロンやワールドコムなどの一連の企業不正がらみの経営破綻は，前述のとおりCEOやCFOら執行経営幹部が主導したものです。しかし，それぞれの企業において経営執行陣を社内外から監督・監査すべき立場の者がいたはずです。資本主義の発達した米国のコーポレートガバナンス・システムは最も先進的な設計のはずで，何故これらのコーポレートガバナンス上の仕組みが機能しなかったのか，という素朴な疑問がわきます。この点については，外形上は独立会計監査人による会計監査，圧倒的多数の社外取締役による監督，取締役会内部の監査委員会による監査と，形式要件はすべて整っていたものの，内容は伴わずコーポレートガバナンスの仕組みが形骸化していたからであると言えます。例えば，アーサー・アンダーセンはエンロンの会計監査から得る報酬以上に同社からマネジメント・コンサルティングの報酬を得ていました。そのなかには利益操作スキームの中心となったSPE設立などに関するアドバイスも含まれており，独立的に監査すべき対象であるエンロン社からの独立性に重大な疑義（利益相反）がありました。また，破綻前のエンロン社の取締役会で執行取締役は会長と社長（CEO）の２名のみでその他のメンバーはすべて社外者により構成されており，米国のビジネス専門誌 Chief Executive 誌が 2001 年のベスト・ボードの第５位にランキングしていたほどの高評価を得ていました。しかし，社外取締役の中には取締役としての報酬とは別に多額のコンサルタント報酬を得ていた者，多額の寄付を受けていた団体の理事を兼任していた者などの利害が対立する立場の者も多く含まれており，やはり独立性に大いなる疑義がありました（【図表 1-2-5】参照）。

【図表 1-2-5】

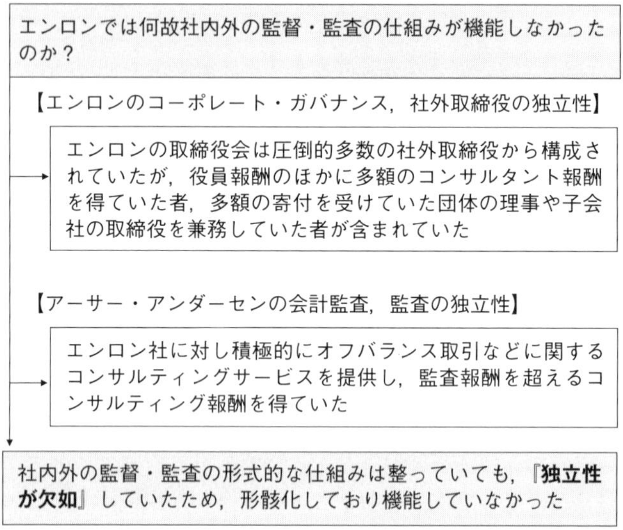

エンロンでは何故社内外の監督・監査の仕組みが機能しなかったのか？

【エンロンのコーポレート・ガバナンス，社外取締役の独立性】

→ エンロンの取締役会は圧倒的多数の社外取締役から構成されていたが，役員報酬のほかに多額のコンサルタント報酬を得ていた者，多額の寄付を受けていた団体の理事や子会社の取締役を兼務していた者が含まれていた

【アーサー・アンダーセンの会計監査，監査の独立性】

→ エンロン社に対し積極的にオフバランス取引などに関するコンサルティングサービスを提供し，監査報酬を超えるコンサルティング報酬を得ていた

↓

社内外の監督・監査の形式的な仕組みは整っていても，**『独立性が欠如』**していたため，形骸化しており機能していなかった

出典：筆者

これらのコーポレートガバナンスの機能不全に関しても，米国では一連の改革が迅速に行われました。エンロン等一連の企業不正事案の反省から，改革の鍵となったのは監査・監督機関の「独立性」の実効性をいかに確保するかという点です。まず，監査法人の独立性の問題に対しては SOX 法のなかで監査法人を検査・監督する**公開会社会計監視員会（Public Company Ac-**

counting Oversight Board：PCOAB，以下「PCOAB」）を創設し対応しました。更に，取締役の独立性に関しては，証券取引所の上場規則に関する承認権限をもつSECが**ニューヨーク証券取引所（New York Stock Exchange：NYSE，以下「NYSE」）**および**ナスダック（National Association of Securities Dealers Automated Quotations：NASDAQ，以下，「NASDAQ」）**の上場規則（上場会社マニュアル）の抜本的改定を通して対応しました。NYSEはニューヨーク市内マンハッタンのウォールストリートに物理的に所在する証券取引所です。一方，NASDAQのほうは物理的な取引所はなく電子市場です。近年の米国株式市場の時価総額の相当部分を占めるGAFA，すなわちグーグル，アマゾン，フェイスブック（現在の名称はMeta），アップルや，マイクロソフト，半導体生産のエヌビディアなどの巨大IT企業，電気自動車生産のテスラなどが上場しています。ちなみにこれらの株式は，黒澤明監督の名作映画「七人の侍」をリメイクし大ヒットした米国西部劇（邦題：荒野の七人）の原題である「マグニフィセント・セブン」と呼ばれています。両取引所の上場会社マニュアルの改訂により，両取引上に上場する企業の取締役会には，当該企業と経済的関係がなく近親者ではないなど独立性要件が厳密に定義された**「独立取締役（Independent Director）」**が過半数を占めることなどが要求されました。SOX法のように国家などによって制定され法的な拘束力のあるルールは**ハードロー**と呼ばれます。これに対し法的な強制力がないにもかかわらず，現実の経済社会において企業などが何らかの拘束感をもって従っている社会的規範は**ソフトロー**と呼ばれています。米国のNYSEやNASDAQの上場マニュアルはソフトローに分類されると考えますが，その実態はSOXや証券法という制定法の授権を受けたSEC規則によって承認された限りなくハードローに近いソフトローと言えるのではないかと思います[5)]。前章の「内部統制とはなにか」において，内部統制の限界のひとつにマネジメント・オーバーフイドがあると解説しました。いかに精緻な内部統制の仕組みを企業内の組織に構築・維持することを課したとしても，組織内の最高権力者である企業経営者はこれを簡単に無視ないし無効化できます。エンロン，ワールドコムなどの一連の企業不祥事から得た教訓を活かし，コーポレートガバナンスを充実させることにより企業内の内部統制を機能させるべく，米国政府はSOX法というハードローの制定，取引所上場マニュアルというソフトローの改訂という両面から整備したと言えます（【図表1-2-6】参照）。両者はハードロー，ソフトローの違いはありますが，マネジメント・オーバーライドという内部統制固有の限界を，コーポレートガバナンスの仕組みを通じて打破することを目的とした制度であるという点において共通点があります。以上，これまで解説した，コーポレートガバナンスを充実させることにより企業内（組織内）の内部統制を機能させる必要があるという思想は，米国のみならず我が国においてもあてはまります。したがって，本書の最終章である第2部第4章「内部統制の限界を超える補完的仕組みとガバナンス」の「両輪として機能する内部統制とガバナンス」に深く関わってきますので，単に米国の話と考えず，第2部読了後に必要に応じて再度本章を参照して理解を深めてください。

前述のSOX法によって規定されている財務報告に関する内部統制の有効

【図表1-2-6】

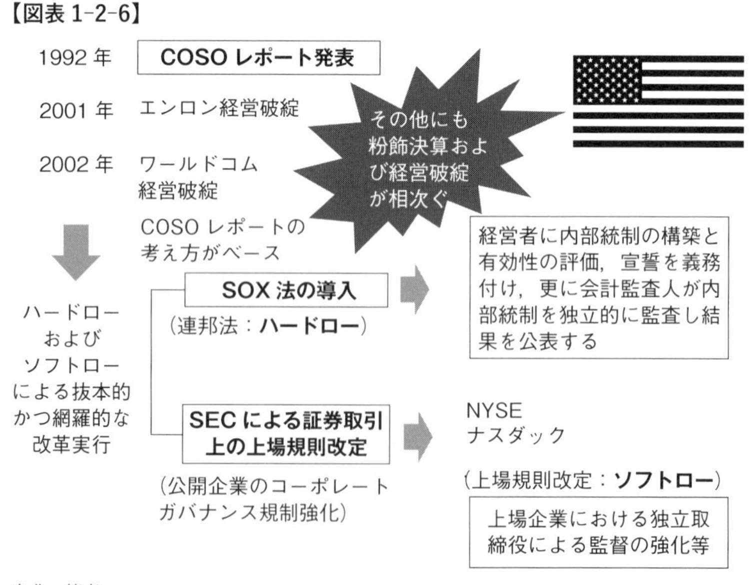

出典：筆者

性評価・報告の仕組みは**「内部統制報告制度」**と呼ばれます。本書の冒頭の「はじめに」や第1部第1章で述べたように，本来内部統制は，法令違反や不祥事などが起きることを未然に防ぐための制御装置であると同時に目標達成のための優れた仕組でもあります。したがって，経営者であればその善管注意義務の範囲内でこれを構築すべきものであり，本来わざわざ法律によって義務付けられなくともよいはずです。しかし，米国においては前述の一連の企業不正，粉飾決算がらみの経営破綻の多発から，一連の企業改革のなかの具体的方法論として財務報告にかかわる内部統制の有効性を正式に評価する方法と，外部への報告の具体的なプロセスを法律により詳細に定め公開企業に義務付けたわけです。

企業不正や粉飾決算は決して米国企業固有の病ではなく世界中で発生していることから，米国がSOX法制定により先鞭をつけたこの内部統制報告制度は，その後同種の企業不正が発生した，日本を含む世界各国に広まっていきました。重要なポイントとしては，この内部統制報告制度を遵守する活動がすなわち内部統制活動のすべてではない，イコールではないということです。しかし，両者は同根で多くの重複部分があります。したがって，組織内では必要な範囲において活動の連携を確保しつつも，実務上は対応するリス

【図表 1-2-7】

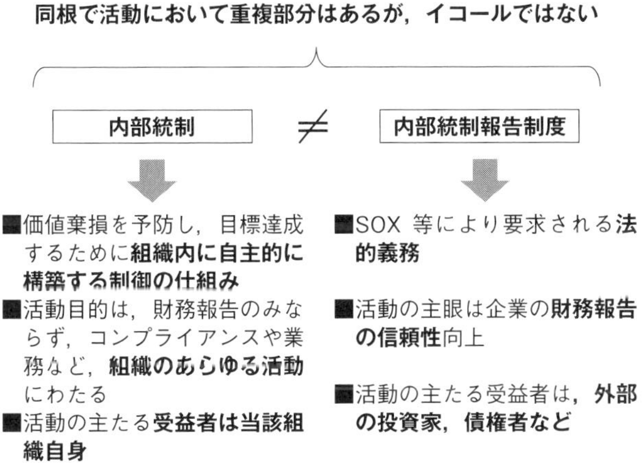

同根で活動において重複部分はあるが，イコールではない

内部統制	≠	内部統制報告制度
■価値棄損を予防し，目標達成するために**組織内に自主的に構築する制御の仕組み**		■SOX 等により要求される**法的義務**
■活動目的は，財務報告のみならず，コンプライアンスや業務など，**組織のあらゆる活動**にわたる		■活動の主眼は企業の**財務報告の信頼性**向上
■活動の主たる**受益者は当該組織自身**		■活動の主たる受益者は，**外部の投資家，債権者など**

出典：筆者

ク別に（財務報告とそれ以外というふうに）メリハリをつけて活動すればよいと筆者は考えます【図表 1-2-7】参照)。

本第 2 章では米国における内部統制の源流と，その法的な展開を概観しました。次の第 3 章では，SOX 法などの内部統制報告制度のベースとして大きな役割を果たした概念的枠組み（フレームワーク）であり，更にそれにとどまらず，健全な企業活動のための優れた仕組みとしての思想基盤として，グローバル・デファクト・スタンダードの地位を勝ち得ている COSO 内部統制のポイントを解説します。

COLUMN ② 1980 年代から 2000 年代にかけての米国における内部統制概念の変遷

筆者は 1980 年代前半に 1 度，そして 80 年代後半から 90 年代前半にかけて再度，米国の大学院において財務・会計分野を専攻しました。内部統制という用語は，その頃に使った懐かしい財務会計や監査論の教科書において既に触れられています。80 年代前半に使った教科書と 80 年代後半から 90 年代に使った教科書における内部統制に関する記述はこの短期間においても微妙に変化しています。その点で，内部統制概念の故郷である米国において，内部統制とは何かという問いに対する議論の変遷が伺え，振り返ってみると感慨深いものがあります。また，当時の米国大学院の講義のなかで，財務会計の教授から企業の賄賂防止のための法律である FCPA が，企業に正確な帳簿体系の維持を求める最も重要な法的根拠として紹介された際は違和感を覚えました。しかしその背景として，賄賂などの不正支出を賄賂として記録し開示する企業はないので，不正支出は粉飾決算につながる，逆に企業内の取引を正確に記録し公正な財務諸表を作成・開示することを合理的に保証する内部統制を企業内にきちんと構築すれば不正支出を防止できるという理屈を聞き，ようやく納得した憶えがあります。1970 年代に立法化された FCPA は 80 年代から 90 年代にかけて，本来の賄賂防止の役割に加えて，企業が正確な帳簿体系を維持し，それに基づく公正な財務情報の開示をしなければならないという法的義務の主たる根拠として機能していました。しかし，その後 1990 年代に公表された COSO レポート，そして 2000 年代初頭に発生したエンロン・ワールドコムの不正会計事件を契機とした SOX 法の導入，SEC 規則の改訂などの一連の改革後は，COSO 内部統制，SOX 法，ニューヨーク証券取引所やNASDAQの上場規則に，正確な会計記録維持の根拠という面の主役の座を譲った感があります。

第１部　第２章注

１）米国における内部統制概念の歴史的変遷

本章で記述した米国における内部統制概念の歴史的変遷は，以下の文献に網羅的な解説があり，筆者が米国の大学院で直接学んだ内容と併せ参考とした。

柿崎環『内部統制の法的研究』日本評論社，2005年，特に第1編「米国の内部統制概念の変遷－法と会計・監査の交錯」

鳥羽至英「内部統制の理論と制度―執行・監督・監査の視点から」国元書房，2007年，特に第1章「内部統制の展開―概観」

２）米国における「公開会社」概念

SEC（米国証券取引委員会）のホームページ（SEC.GOV）の説明によれば，米国における公開会社（Public Company）とは，証券取引所（NYSE，NASDAQ等）や店頭市場（Over-the-Counter Markets）などの公開市場で株式が取引され，一般外部者に対して会社のビジネスとその財務情報が定期的に公開されている（開示義務を負う）株式会社とされている。これに対する概念はPrivate Company（非公開の個人会社）である。

３）エンロン・ワールドコムの倒産

この2つの倒産事例は，米国における内部統制のいわば源流に関連する象徴的な事例であるために様々な解説があるが，特に以下の文献が参考となった。

丸山真弘「エンロン・ワールドコムの事例に学ぶ企業の内部統制とコーポレート・ガバナンス」安全工学（Vol.45 No.4），2006年

高巌「コンプライアンスの知識（第2版）」日本経済新聞出版社，2003年，特に61～68頁，「2　米国企業の腐敗と企業改革法」

４）アーサー・アンダーセン会計事務所

上記，エンロン・ワールドコムの倒産事案との関連で必ず言及されるのが，このアンサー・アンダーセンである。この当時の巨大会計事務所の解散・消滅事案についても，多くの解説があるが，特に以下の文献が参考となった。

千代田邦夫「アーサーアンダーセンの崩壊は何を教えているのか？」早稲田商学（第434号，2013年1月）

５）NYSE/NASDAQ上場マニュアルの法的位置づけ

藤田勉『日本企業のためのコーポレートガバナンス講座』（東洋経済新報社，2015年，第3章第1節「米国コーポレートガバナンス法制の特徴」87-92頁を参照した。

第3章 COSO内部統制のフレームワーク

COSO内部統制のポイント

COSO内部統制について，前章でその源流から発展の経緯を解説しました。本章ではその背景情報を踏まえ，健全な企業活動のためのフレームワークとしてポイントを絞って，その内容を具体的に解説したいと思います。前章で解説した時代背景のなかで，COSO内部統制のフレームワークが現在のグローバル・デファクト・スタンダードの地位を勝ち得た大きな理由として，その定義の明快さがありました。まずはじめに，以下のCOSOによる内部統制の定義を紹介します。

内部統制は，以下の範疇に別けられる目的の達成に関して合理的な保証を提供することを意図した，事業体の取締役会，経営者およびその他の構成員によって遂行されるプロセスである。

・業務の有効性と効率性

・財務報告の信頼性

・関連法規の遵守（コンプライアンス）

本書第1部第1章の最初に紹介し本書全体を通して使う内部統制の定義は，上記のCOSOの定義や，その後COSOレポートをベースに我が国用に修正した，金融庁企業会計審議会による内部統制の定義を，筆者が「目的」と「構成要素」を省略し一般化したものです。具体的には，まず目的の達成に関しては上記の3目的に留まらず，例えば組織固有の戦略目的達成も含めるべく「組織運営上の目的」としました。また「事業体の取締役会，経営者およびその他の構成員」に関しては，企業以外の組織である例えば独立行政法人や地方自治体などの公的機関，病院や大学などを含む公共機関など，幅広い（広義の）「公的組織」においても矛盾なく活用できるように「組織内のすべての者」とした結果，以下としました。

内部統制とは，組織運営上の目的が達成されているとの**合理的な保証**を得るために，業務に組み込まれ，組織内のすべての者によって遂行される**プロセス**である。

したがって，本書における内部統制の定義はCOSO内部統制の定義を踏襲しており，本質的な意味において何ら変わりはありません。COSOによるこの明快な定義に加えて，COSO内部統制フレームワークが言語や文化の壁を越え世界中に普及し，グローバル・デファクト・スタンダードの地位を勝ち得たもう1つの大きな理由について，筆者はCOSOレポートのなかで示された立方体図，いわゆるCOSOキューブの視覚的な説明力であったと考えています。このキューブは組織内における内部統制の目的と構成要素の関係，そして活動単位が3次元で一目瞭然に示されています。内部統制やその発展形であるエンタープライズ・リスクマネジメント（ERM）のフレームワークを活用した具体的な取り組みについては，第2部の各章で詳しく解説しますので，本章ではこのCOSOキューブを参照しながら以下でCOSO内部統制のフレームワークのポイントを簡単に解説するに留めます（【図表1-3-1】参照）。

まずキューブ状のマトリックスの水平軸は内部統制の以下の3つの目的が示されています。各目的のポイントを簡単に付記します。

■業務（の有効性と効率性）
・各組織の資源の有効かつ効率的な利用に関する目的

■財務報告（の信頼性）
・信頼しうる財務諸表の作成に関する目的

■コンプライアンス（関連法規の遵守）
・各組織に関連する法規の遵守に関する目的

【図表 1-3-1】

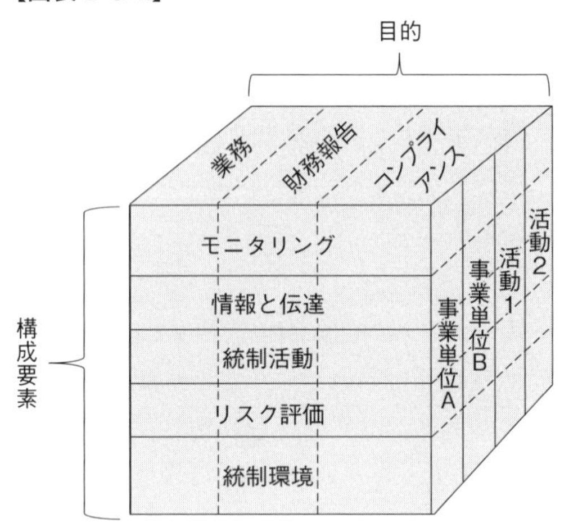

出典：COSO「Internal Control – Integrated Framework」1992年をベースに筆者が和訳，作図，目的・構成要素の説明を付記

以上，3つの目的が記されていますが，前章で解説したように，当時の米国の状況，そしてこのフレームワークが後のSOX法における内部統制概念のベースになっていることを考えると，内部統制の3つの目的のなかでは当時は特に財務報告が重視されていたと考えられます。

次にキューブの垂直軸ですが，これは各組織における事業運営上の，相互に関連する以下の5つの構成要素が示されています。それぞれの構成要素について筆者が重要と考えるポイントに関し，補足説明を付記します。

■統制環境

・各組織において，活動の核となるものはそこに属する人間です。組織の構成員の誠実性，倫理的価値観，能力などの個々人の属性が組織の気風を決め，他のすべての構成要素の基盤となります。

■リスク評価

・各組織は直面しているリスクを把握し，それに対処する必要があります。具体的にはリスクを識別し，分析し，適切に管理する仕組みを設ける必要があります。

■統制活動

・各組織の目的達成に伴う組織内外のリスクに対処するための効果的な方針と手続きを定め，実際に活動する必要があります。

■情報と伝達

・情報システムと伝達のシステムは，各組織における業務実施，管理，統制活動に大いに関係します。各組織の構成員はこれらのシステムを通じて必要な情報の獲得，共有を行います。

■モニタリング

・上記の４つの構成要素は常にモニタリングされ，状況の変化に応じて改善していく必要があります。

上記の５つの構成要素はそれぞれ独立的なものではなく相互に関連しています。また，組織の構成員である人間によって遂行されるマネジメントプロセスでもあります。このうち，統制環境はその他の４つの構成要素すべてに影響を与え，組織の基盤をなす要素という意味でキューブの一番下に位置づけられたと考えられます。そして下から上にPDCAのサイクルで，すなわちP（リスク評価）→D（統制活動）→C（情報と伝達およびモニタリング）→A（改善活動）とイメージすれば判り易いと思います。

最後にキューブの奥行にあたる活動単位ですが，これは内部統制活動が例えば企業におけるものであれば当該企業全体という単位のみならず，特定事業部門や部課，子会社などの組織単位別，更に購買，生産，販売といった事業活動単位別にも活動すべきことを示唆しています。例えば，統制環境ひとつとっても，企業全体の統制環境と異なる特定の事業部門の存在が考えられるからです。また，本社，地方支店，生産現場など，それぞれの組織単位でリスクの種類も対応すべき統制活動も異なる可能性があります。

以上がCOSO内部統制のフレームワークに関して筆者がポイントと考える点です。最後にこのフレームワークに関して，そのなかでも筆者が特に重要と考える特徴として，以下の２点を挙げたいと思います。

1）内部統制を人間が行為として実施するプロセスとして捉えている
2）内部統制は万能ではなく固有の限界を有するものとしている

まず特徴1）として，内部統制を組織の構成員である「人間の行為のプロセス」[1)]として位置付けていることです。内部統制とは，組織や制度，規程，手続きといった統制手段，仕組みそのものではなく，いわばその仕組みが有効に機能する状況をいかに組織内に設計し維持するかという点に焦点を当て，それをプロセスと表現しています。次に特徴2）としては，内部統制を万能なものではなく固有の限界，すなわち①判断の誤り，不注意，複数の担当者による共謀，②組織内外の環境の変化や非定型的な取引，③費用と便益との比較衡量，④マネジメント・オーバーライド，があることを合理的な保証という概念で示していることです。このプロセスと内部統制の限界という重要な2つの概念については，本章の最初（第1部第1章）で船の航行の例えを用いて，平易に解説していますので，必要に応じて再度確認して理解を深めてください。

「内部統制」から「ERM」へ

1992年にCOSO内部統制フレームワークが公表されてから10年以上経過した2004年，全社的リスクマネジメント（以下，「COSO ERM」）フレームワークが（公表されました。これはCOSO内部統制フレームワークを置き換えるものではありません。その基本的枠組みを継承しつつも企業の戦略的意思決定や戦略目的達成を支援できるよう，時代の要請に応え拡張・発展したものです[2)]。COSO ERMにおいても内部統制同様，キューブ状の図示化が図られています。ただ，構成要素の上下の配置は，COSO内部統制と反対に，内部環境，目的の設定が上位に配置されモニタリングが最低部に位置しています。活動のPDCAサイクルが上から下に流れるイメージとなり，筆者の個人的印象としては理解し易くなったと感じました。さて，COSO ERMと内部統制の図表とを更に見比べ，概念的拡張として追加された項目を具体的に見てみましょう（【図表1-3-2】参照）。

【図表 1-3-2】

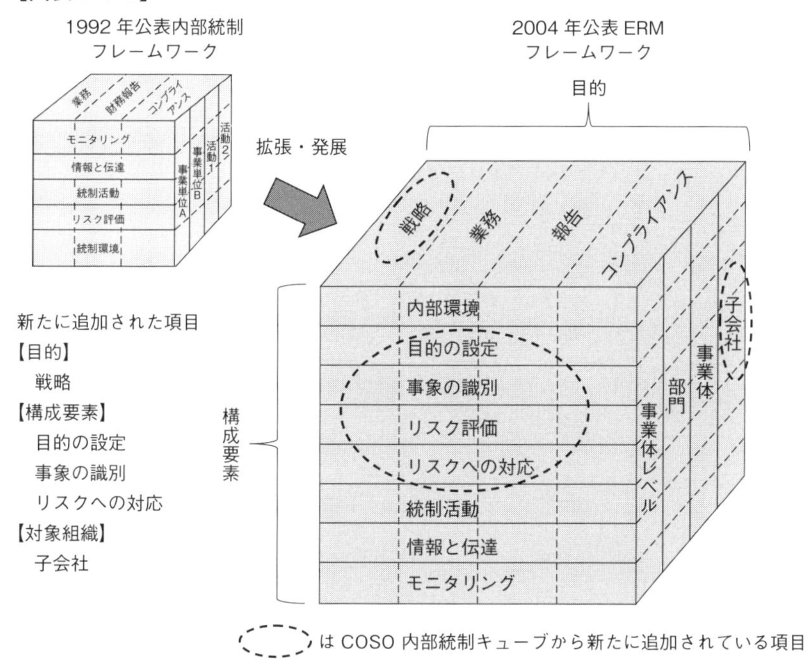

出典：COSO「Enterprise Risk Management – Integrated Framework」（2004 年）内の図表と記述内容をベースに筆者が作図，内部統制キューブからの追加項目について説明を付記

■目的の追加（戦略）

不確実な経営環境下においては，マイナスの影響をあたえる事象である「リスク」と，プラスの影響をもたらす「機会」が併存しており，この「不確実性」に適切に対処し，企業の戦略的意思決定や戦略目的達成を支援できるよう，活動の目的として新たに「戦略」が追加されています。

■構成要素の追加（目的の設定等の 3 項目）

新たな構成要素として ERM で追加された項目は「目的の設定」，「事象の識別」，「リスクへの対応」の 3 つです。まず企業としての戦略目的を設定（確認）し，そしてその目的達成を妨げる可能性のあるあらゆるリスク事象を識別・分析・評価します。そして，その対応策を策定したうえでその後の統制活動につなげるということを改めて示しています。

■組織単位の追加（子会社）

もう一点注目すべきはERMの対象として「子会社」が追加されていることです。これはグループ経営を行っている企業にとって親会社単体の決算があまり意味を持たず連結決算が重視されることと同様，親会社単体のリスクマネジメントでは不十分であるという考えからの追加です。近年は国境を越えて事業活動を行っている企業も多くなってきました。そのような企業においては，まず本社組織横断的に，次に国内グループ会社へと，更には海外子会社にまで内部統制ないしリスクマネジメント活動を拡張していく必要があります[3)]。

以上の解説から明らかなように，「内部統制」と「全社的リスクマネジメント（ERM)」は同根です。しかし，どちらかというと企業価値の棄損防止という「守り」の使命が強かった「COSO内部統制」に対し「COSO ERM」では，不確実性は事業体の価値を向上させる面もあるという観点から「攻め」の姿勢を併せもっています。前述のように米国で1970年代以降多発した企業不祥事を背景として生まれた「COSO内部統制」の概念は，SOX法対応として多くの米国企業の体制に取り入れられました。したがって，SOX法が施行された2004年には組織体の価値棄損防止のための概念的フレームワークという役割としては一区切りついた感があります。そのため，次のステップとしてもう一歩進んで，積極的に組織体の更なる価値向上を目指すという攻めの姿勢を併せもつ判り易いフレームワークが当時の米国企業社会に必要とされ，COSOがその社会的要請に応えたのであろうと筆者は考えます。この点について，原典であるCOSO報告書「Enterprise Risk Management-Integrated Framework（全社的リスクマネジメント フレームワーク篇)」における基本的考え方を以下に引用します。

「不確実性は，事業体の価値を喪失させたり，付加したりする可能性を持つのでリスクでもあり，事業機会でもある。ERM によって経営者は，不確実性とそれに付随するリスクや事業機会に有効に対応でき，そしてそれによって事業体の価値を創造する事業体の能力を向上させることができる。」

ちなみに，COSO ERM では「不確実性」，「リスク」，「機会」という言葉が使い分けられています。この点について迷われる読者も少なからずおられると思いますので，ここで簡単に解説しておきます。リスクマネジメントのグローバルなフレームワークとしては本書で解説する COSO ERM のほかに例えば，国際的な標準規格である ISO のなかにも ISO31000（リスクマネジメント規格）があります。また，日本国内の企画としても JISQ31000 があります。それぞれのフレームワークは多くの点で共通していますが，例えば「リスク」の定義など微妙に異なる点もあります。リスクをどうとらえるかは，概ね以下の 3 定義に大別されます（【図表 1-3-3】参照）。

【図表 1-3-3】

3 種類のリスク概念

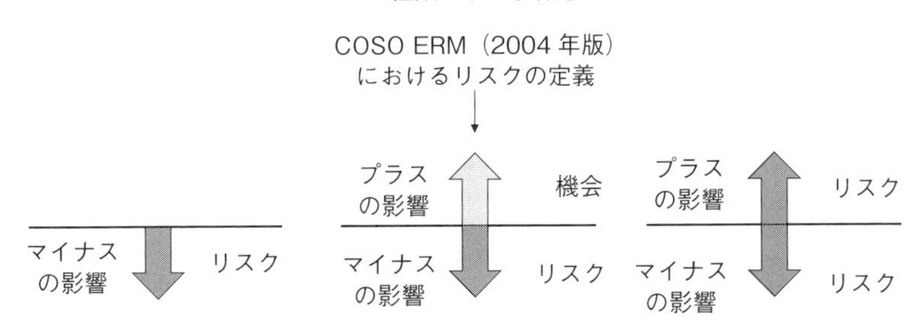

出典：経済産業省「先進企業から学ぶ事業リスクマネジメント　実践テキスト―企業価値の向上を目指して―」平成 17 年（2005 年），13 頁の図表をベースに筆者が加工

COSO ERM におけるリスクの定義は上記の図表の真ん中，すなわち組織体の目標達成に影響を及ぼすマイナスの可能性を「リスク」，プラスの可能性を「機会」としています。しかし，この後に紹介する COSO ERM のアップデート版である 2017 年版では，プラス，マイナスいずれの可能性も単に

「リスク」と定義しています。また，ISO31000においても同様にプラス，マイナスの影響を「リスク」としています。筆者としては，3種類の定義のいずれも違和感はありません。要は決めの問題です。筆者個人としては，**リスクを目標達成に影響を与える「不確実性」**ととらえ，プラスおよびマイナス両方の影響を及ぼす（上記図表の一番右側）と定義して差し支えないように思います。活動の目的によって，いずれの定義を採用しても構いませんが，組織内で活動推進する場合は，誤解や混乱が生じないよう組織における「リスク」の定義を最初にはっきりさせておく必要があります。本書においても，第2部「実効的内部統制活動の展開」第1章「リスクマネジメントを活用したとりくみ（その1)」「リスクの識別」でこの問題に再度触れ，具体的な活動推進を開始するにあたって「リスク」の定義を再度明確に示し，その先の活動に関する論を進める構成としています。

さて，ここまで米国生まれのグローバル・スタンダードであるCOSO内部統制とCOSO ERMという2つのフレームワークを紹介しました。前述のように両者は同根であり本質的な違いはないものの，表現方法や焦点の当て方が若干異なります。本書の目的は冒頭に記したように，如何に形骸化から脱し実効性のある内部統制を組織内に構築できるかという点を論じることです。組織内で活動推進する上でどちらのフレームワークを活動の枠組みとして使用するかについては，リスクの定義同様それぞれの組織における決めの問題で，いずれでも構わないと思います。更に，この後簡単に紹介する新しいバージョンでも，日本版の内部統制フレームワークでも良いと思います。ただ筆者の見解としては，組織目標達成のための仕組としての内部統制活動を具体的に推進しようとした場合，やはり当該組織固有の戦略目的や目的達成を阻害するリスクの識別から始めざるを得ないと考えています。この面で「目的の設定」，「事象の識別」，「リスクへの対応」が要素のなかに組み込まれているCOSO ERMのフレームワークは使いやすいというのが筆者の考えです。この点については，第2部の「内部統制の具体的取組み」において，より具体的に解説します。

その後のフレームワークの改訂

前述のように1992年にCOSO内部統制，2004年にCOSO ERMが公表されていますが，その後内部統制は2013年に，ERMは2017年にアップデート（改訂）されています。そのアップデートがどのようなものか，ここでそのポイントをごく簡単に紹介しておきます。

1）COSO内部統制（2013年版）[4]

内部統制の3つの目的，5つの構成要素という概念的枠組みは2013年版においてもオリジナル（1992年）版から変更がありません。ただ改訂版のCOSOキューブ（【図表1-3-4】参照）においては，統制環境からモニタリングに至る構成要素の上下が逆転しCOSO ERMに類似した配置になっています。このほかにも，いくつかの変更点が見てとれます。まず目的について「財務報告の信頼性」から「財務」と「信頼性」がとれ，単に「報告」とされています。これは組織外部に開示される財務報告のみならず企業活動にかかわる非財務情報（環境や社会への配慮などを含む），組織内部で生成・活用される財務・非財務情報（意思決定に必要な管理会計データ，製品品質，顧客や市場の状況，人材，等の経営情報を含む）すべての情報に関する報告が対象に含まれることを意味します。更に「信頼性」のみならず適時性や透明性も重要である点を再認識する必要があり，「信頼性」のみであると誤解を与えないように外されています。

次に構成要素については内容に大きな変更はありませんが，各構成要素の概念を体系的に整理し「17の

【図表1-3-4】

2013年版COSOキューブ

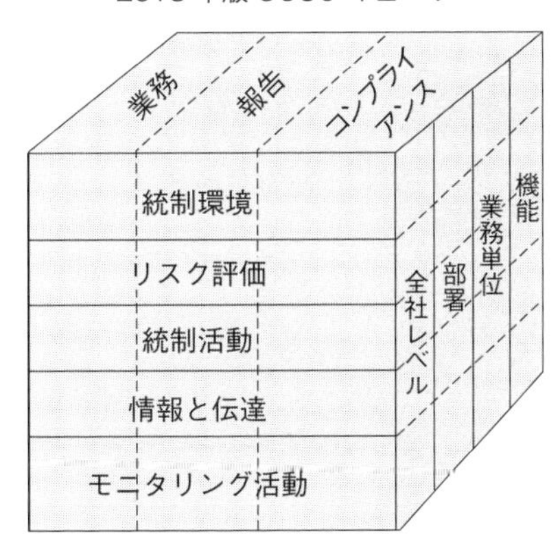

出典：COSOホームページに公開されている資料「COSO Internal Control Integrated Framework – Executive Summary–May 2013」内の図表と記述内容（英文）をベースに筆者が和訳，作図

【図表 1-3-5】

【COSO 内部統制 2013 年版 17 原則の要旨】

構成要素	原則
統制環境	①誠実性と倫理観へのコミットメント
	②取締役会による経営者からの独立，内部統制の有効性に関する監視
	③取締役会の監督の下での経営執行者による，目的達成のための組織，レポーティングライン，適切な権限と責任の確立
	④目的達成のための人材の確保，育成，維持へのコミットメント
	⑤目的達成にあたっての組織内各個人への内部統制責任の付与
リスク評価	⑥目的達成に関するリスクの識別・評価を実施するにための（前提条件としての）組織目的の明確化
	⑦目的達成に関するリスクの組織横断的な識別と，適切なリスク管理方法決定のためのリスク内容の分析
	⑧目的達成に関するリスク評価に際しての潜在的な不正の考慮
	⑨内部統制システムに重要な影響を与える変化の識別と評価
統制活動	⑩目的達成に関するリスクを許容可能なレベルまでに低減するための統制活動の選択と構築
	⑪目的達成を支援する情報技術に関する全般的統制活動の選択と構築
	⑫期待されるべき事柄を明確にした規程類と，規程の内容を（具体的に）実行するための諸手続きを通じた統制活動の展開
情報と伝達	⑬内部統制を機能させるために適切かつ良質な情報の獲得・生成と利用
	⑭内部統制が機能するために必要な内部統制の目的や責任などに関する組織内情報伝達
	⑮内部統制が機能することに影響を与える事項に関する外部関係者への情報伝達
モニタリング活動	⑯内部統制の構成要素が実在し機能していることを確認するための日常的または独立的評価手段の選択，構築，実施
	⑰内部統制の不備に関する評価および，上級経営者，取締役会などの是正措置をとるべき責任者への適時の結果報告

出典：ラリー・E・リッテンバーグ（八田進二監訳，堺咲子訳）『COSO 内部統制の統合的フレームワーク―内部監査に活かす原則主義的実践ガイド―』，一般財団法人日本内部監査協会，2014 年，19〜29 頁の内容をベースに筆者が要約し作図

原則」として明示されました。内部統制が有効に機能するためにはこれらの原則がすべて満たされる必要があります（【図表 1-3-5】参照）。紙幅の関係でここでは記載しませんが，各原則に関する 87 の着眼点も提示されています。17 の原則のうち筆者が特に注目するのは「取締役会による経営者からの独立，内部統制の有効性に関する監視」（第 2 原則）です。この経営者からの独立性は過去のエンロン・ワールドコム事件の教訓という意味でも，また昨今の我が国のコーポレートガバナンス改革において重視されている社外独立役員の役割という点でも非常に重要なポイントと考えます。そのほかに筆者が注目するポイントは，潜在的な不正の考慮（第 8 原則）です。どのような組織であっても SOX が主たる対象とする会計不正のみならず，潜在的に贈収賄や横領といった職業的不正のリスクが存在します。これらは組織トップが関与した場合，影響額が巨額となる傾向にあります。また，いったんこのような不祥事が明るみに出ると組織のレピュテーションが著しく棄損されます。したがって，どのような組織においても健全な組織運営のためには，常にこの点を忘れてはならないということです。上記の 2 点は，本書で既に何度かふれた内部統制の限界の 1 つであるマネジメント・オーバーライド，そしてその限界打破の方法としてのコーポレートガバナンスに関係するものです。

2）COSO ERM（2017 年版）[5)]

前述のように COSO 内部統制がオリジナルの 1992 年版から 2013 年版にアップデートされた際，ビジュアル面ではキューブ状のまま大きな変化がありませんでした。一方，COSO ERM のほうは 2004 年版から 2017 年版にアップデートされた際，これまでのキューブ状の概念図を排し，矢羽根図，および人間の遺伝子の基本設計図である DNA の 2 重らせん構造を模して図示されます。ビジュアル面でのこの大きな変更は何を意味するのでしょうか。この問いへの解としては，COSO ERM のオリジナル版が 2004 年に公表されてから改訂版が公表された 2017 年までの時代背景を考える必要があります[6)]。この期間において，米国発そして瞬時に世界中に広がった事象に 2008 年の世界金融危機があります。特に米国大手証券会社のリーマン・ブラザーズの破綻は「リーマン・ショック」と呼ばれ，国際的な信用不安をもたらし世界経済は深刻な危機に直面しました。この危機に対応するため，今世紀初頭のエンロン事件発生後迅速に対応策を打ち出したSECが再び動きました。特に2010年には上場企業等SEC登録企業の取締役会がリスクマネジメント・プロセス（リスクに対する監督）に対して果たす役割を開示するよう規則が改訂されました。このような時代背景のもとリスクマネジメントに関する関心と期待が大きく高まったため，COSOはこれまでとは一線を画した斬新なフレームワークを打ち出す必要があったものと思われます。COSO ERM（2017年版）ではERMを以下のように定義しています。

「組織が価値を創造し，維持し，および実現する過程において，リスクを管理するために依拠する，戦略策定ならびにパフォーマンスと統合されたカルチャー，能力，実務。」

以上の考えはすなわち，それぞれの組織には固有のミッション，ビジョンおよびコアバリューがあり，これらは，カルチャーすなわち組織文化（企業の場合は企業文化）と密接な関係があります。この組織文化の下すぐれた能力をもった人材を集め，戦略と不確実性がもたらすリスクを考慮し，業績（パフォーマンス）の向上を目指すためのフレームワークがERMであるというものです。ここでの「リスク」は前述のように，オリジナルのCOSO ERMの定義と異なり，不確実性からもたらされるプラスとマイナス両方の影響としています（【図表1-3-3】参照）。その点で，リスクマネジメントのもう一つの有力なグローバル・フレームワークであるISO31000のリスクの定義と同様になりました。

更にCOSO ERM（2017年版）では，組織におけるミッション，ビジョンおよびコアバリューを前提に，戦略の策定，事業目標の体系化，実践により，業績（パフォーマンス）を通じて，最終的に組織の価値向上を実現するというプロセスをキューブ（立方体）ではなく，人間の遺伝子の基本設計図であるDNAの2重らせん構造を模して図示しています。筆者はこの点について，我々人間（自然人：Natural Person）と，企業（法人：Legal Person

または Judicial Person）などの組織体とは，その人格は異なる（自然人格 対 法人格）ものの，共通点があると感じました。すなわち，我々人間ひとりひとりの DNA 構造はユニークですが，人生の目標を定め，工夫し，不断の努力を通じて能力の向上や自己実現，ひいては豊かな人生を達成することができます。同様に，個々の組織体におけるミッション，ビジョンおよびコアバリューはそれぞれ異なるものの，組織体の価値の向上を目指すことが，重要な使命であるという点で共通であると筆者は解釈しました。そして，この DNA 模式図において価値向上を目指すために必要な構成要素として，①ガバナンスと組織文化，②戦略と目標設定，③業績，④評価と改善，⑤情報と伝達および報告，という 5 つの構成要素，そしてそれぞれの構成要素のなかに合計 20 の原則が明示されています。この建付けは COSO 内部統制（2013 年版）における 5 つの構成要素と 17 の原則と類似しています。ただし，2 つのフレームワークが焦点を当てている目的が異なるため，ERM の原則は内部統制のそれとは異なったものとなっています（【図表 1-3-6】

【図表 1-3-6】

リスクマネジメントの原則と構成要素（COSO ERM 2017 年版）

<table>
<tr><th colspan="2">ガバナンスと組織文化</th><th colspan="2">戦略と目標設定</th><th colspan="2">業績</th><th colspan="2">評価と改善</th><th colspan="2">情報，伝達および報告</th></tr>
<tr><td>1</td><td>取締役会による戦略とリスクに関する監督，組織目標達成に関する経営者への支援</td><td>6</td><td>リスクが潜在的に事業の状況に与える影響の分析</td><td>10</td><td>戦略実行と目標達成に関するリスクの識別</td><td>15</td><td>戦略と目標達成に影響を与えうる重大な変化の識別と評価</td><td>18</td><td>全社的リスクマネジメントを支援する情報とテクノロジーの活用</td></tr>
<tr><td>2</td><td>戦略と目標達成に必要な業務組織の確立</td><td>7</td><td>組織価値の創造，保全に関係するリスク選好の定義づけ</td><td>11</td><td>リスクの重要性評価</td><td rowspan="2">16</td><td rowspan="2">組織の業績評価を通して全社的リスクマネジメントの構成要素が有効に機能しているか考察</td><td>19</td><td>リスク情報を伝達するための組織内伝達経路の利用</td></tr>
<tr><td>3</td><td>組織内の望ましい行動様式と組織文化の定義づけ</td><td>8</td><td>代替戦略案とその結果生ずる潜在的なリスクの影響評価</td><td>12</td><td>対応すべきリスクの優先順位づけ</td><td rowspan="3">20</td><td rowspan="3">組織内の各部署・各階層へのリスク，組織文化，業績に関する報告</td></tr>
<tr><td>4</td><td>組織のコアバリューに対するコミットメント表明</td><td rowspan="2">9</td><td rowspan="2">戦略に沿った事業目標の策定とリスクの考察</td><td>13</td><td>選択した優先的リスクへの対応実施</td><td rowspan="2">17</td><td rowspan="2">全社的リスクマネジメントの継続的改善</td></tr>
<tr><td>5</td><td>組織の戦略と目標達成にとって有能な人材の採用，育成，維持</td><td>14</td><td>組織が保有するリスク・ポートフォリオの把握</td></tr>
</table>

出典：COSO ホームページに公開されている資料「COSO Enterprise Risk Management Integrating with Strategy and Performance – Executive Summary– June 2017」内の原則とその構成要素に関する図表と，資料中に文章で示された原則構成要素の記述（英文）を筆者が和訳し，両者を整理・統合し，図表化

参照)。

この2つのフレームワーク，すなわちCOSO内部統制（2013年版）とCOSO ERM（2017年版）はその焦点が異なるものの同根であるため，関連付けが可能な原則もあります。筆者が特に注目するのは，COSO ERM（2017年版）の第1の構成要素である「ガバナンスと組織文化」における「取締役会による戦略とリスクに関する監督，組織目標達成に関する経営者への支援」（第1原則）です。この原則は，COSO内部統制（2013年版）の「統制環境」に分類される第2原則（取締役会の監督責任の遂行）すなわち「取締役会は，経営者から独立していることを表明し，かつ，内部統制の整備および運用状況について監督をおこなう。」と関連しています。要は，社外独立役員は内部統制の有効性ならびに識別された重要リスクを監視し，経営者を監督すべきだということです。これらの原則は，コーポレートガバナンスコードの導入など我が国における昨今のコーポレートガバナンス改革において，非執行の社外役員は経営者が企業価値を向上するための健全なリスクテイクを支援し，リスクをボード（取締役会）レベルでモニタリングすべきであるという原則に通じるものがあります。これらの考え方が，昨今我が国で喧伝されているいわゆる「攻め」と「守り」のコーポレートガバナンスの最重要部分ではないかと筆者は考えます。また，ERMの第3原則の「組織内の望ましい行動様式と組織文化の定義づけ」に関しては，内部統制における第一原則の「誠実性と倫理観に対するコミットメントの表明」に紐づけられます。この原則は，リスクマネジメントや内部統制は仕組みを整備すれば機能するというものではなく，組織の構成員たる人間がその意義を納得して，それぞれの役割を果たすことによってはじめて機能するプロセスであるという，COSOによるそもそもの内部統制の定義を考えるとよく理解できます。成文化されている企業理念や，必ずしも成文化されていなくともその組織に脈々と流れる健全な企業文化，そしてそのような良い組織文化を積極的・意図的に醸成しようとするトップの姿勢こそが統制環境の基盤をなすからです。この要素を軽視しては，まさに「仏作って魂いれず」のリスクマネジメント，内部統制活動となってしまいます。この点については，非常に重要なので，本書第2部第3章の「近時多発している品質不正問題についての

【図 1-3-7】

全社的リスクマネジメント（COSO 全社的リスクマネジメント―戦略およびパフォーマンスとの統合―，2017 年 9 月公表）	
構成要素	原　　則
構成要素 1 ガバナンスとカルチャー	1. 取締役会によるリスク監視を行う
	2. 業務構造を確立する
	3. 望ましいカルチャーを定義づける
	4. コアバリューに対するコミットメントを表明する
	5. 有能な人材を惹きつけ，育成し，保持する
構成要素 2 戦略と 目標設定	6. 事業環境を分析する
	7. リスク選好を定義する
	8. 代替戦略を評価する
	9. 事業目標を組み立てる
構成要素 3 パフォーマンス	10. リスクを識別する
	11. リスクの重大度を評価する
	12. リスクの優先順位づけをする
	13. リスク対応を実施する
	14. ポートフォリオの視点を策定する
構成要素 4 レビューと 修正	15. 重大な変化を評価する
	16. リスクとパフォーマンスをレビューする
	17. 全社的リスクマネジメントの改善を追求する
構成要素 5 情報，伝達 および報告	18. 情報とテクノロジーを有効活用する
	19. リスク情報を伝達する
	20. リスク，カルチャーおよびパフォーマンスについて報告する

内部統制（COSO 内部統制の統合的フレームワーク，2013 年 5 月公表）	
構成要素	原　　則
構成要素 1 統制環境	監督責任の遂行（原則 2）
	組織構造，権限・責任の確立（原則 3）
	誠実性と倫理観に対するコミットメントの表明（原則 1）
	説明責任の履行（原則 5）
	業務遂行能力に対するコミットメントの表明（原則 4）
	※対応すると思われる内部統制の構成要素はない
構成要素 2 リスク評価	適合性のある目的の特定（原則 6）
	リスクの識別と分析（原則 7）
	不正リスクの評価（原則 8）
	重大な変化の識別と分析（原則 9）
構成要素 3 統制活動	統制活動の選択と整備（原則 10）
	テクノロジーに関する全般的統制活動の選択と整備（原則 11）
	方針と手続を通じた展開（原則 12）
構成要素 5 モニタリング活動	日常的評価および／または独立的評価の実施（原則 16）
	不備の評価と伝達（原則 17）
構成要素 4 情報と伝達	関連性のある情報の利用（原則 13）
	組織内における情報伝達（原則 14）
	組織外部との情報伝達（原則 15）

出典：「改訂版 COSO・全社的リスクマネジメントの内部監査での活用事例」における「(2) 全社的リスクマネジメントと内部統制とのおおよその関係（参考）」の図表，『月刊監査研究』2020 年 4 月号（23 頁），一般財団日本内部監査協会

考察」の節で再びとりあげ，より実務に即して考察します。

COSO ERM（2017年版）とCOSO内部統制（2013年版）の構成要素別の原則に関するより網羅的な関連付けについては，筆者も会員である日本内部監査協会が発行している「月刊 監査研究」（2020年4月号）における「改訂版COSO・全社的リスクマネジメントの内部監査での活用事例」という文献のなかで整理が試みられています。これは，内部監査の専門資格であるCIA保有者の自発的研究会であるCIAフォーラムERM研究会によるもので，上記文献内で「全社的リスクマネジメントと内部統制とのおおよその関係（参考）」として発表されています。当該フォーラムの研究成果に感謝しつつ，本書においても参考として掲載させていただきます（【図1-3-7】参照）。なおこの図表は基本的に，直前の筆者作図【図表1-3-6】（COSO ERM 2017年版の20の原則）と，【図表1-3-5】（COSO内部統制2013年版の17の原則）の比較対照，関連付けを試みた資料です。いずれの図表も，同じCOSO資料（原典は英文）をベースとしていますので，その意味するところは同じですが，英文からの和訳，要約の過程で和文表現が若干異なっています。

COLUMN ③　内部統制，リスクマネジメント，コンプライアンスの関係

内部統制やリスクマネジメントに類似する活動に「コンプライアンス」があります。組織によっては，この3つの活動をそれぞれ独立の活動として同組織内の別部署で有機的な連携なしに対応していることがあります。例えば，次の第4章で論じる金融商品取引法（J-SOX）遵守のための内部統制活動は経理財務部で，会社法遵守のための内部統制活動は総務部などで，別々に対応している場合も多いと思います。そして「法令ないし組織内ルール遵守」の意味のある「コンプライアンス」は法令という観点から法務部で，または活動が役職員の意識や行動を対象とするという観点から，人事部や研修部署で対応している場合が多いでしょう。しかし，まず内部統制とリスクマネジメントは第3章で論じたようにフレームワークは同根です。誕生の経緯から内部統制が比較的組織の価値棄損に対する「守り」の要素が強く，更に法制度として強制的に対応しなくてはならない面があるのに対し，内部統制の概念的拡張版である全社的リスクマネジメント（ERM）は，組織目標を達成す

るための自主的に構築する「攻守」の仕組みといえます。その意味で，（制度対応のためでない）本来の内部統制とリスクマネジメントは同じものと考えて差し支えないでしょう。事実，本書の第２部の「実効的内部統制活動の展開」では，リスクマネジメントの仕組みを活用することを基本としています。同様に「コンプライアンス」も広い意味でのリスクマネジメント活動といって構わないでしょう。リスクマネジメント活動が，第２部第１章で解説する天災などの外的要因のリスクと，組織内部の内的要因の両方のリスクを対象とするのに対し，コンプライアンスは専ら組織内の役職員の意識と行動などの内的要因を対象とするという違いがあるにすぎません。この点は，第３章で解説したCOSO ERMフレームワークの目的の１つに「コンプライアンス」があることをみても明らかです。したがって，内部統制，リスクマネジメント，コンプライアンスの活動を３種類の別々の活動としてではなく，大枠では極力共通の取り組みとして推進することが効率的です。また，組織内の活動推進部署が複数ある場合は，全体統括を担う機能・部署を設置し，その部署で一連の組織内推進活動を俯瞰することにより無駄や重複を排することができます。更に，活動推進部署間でも水平的に相互に情報共有しながら効率的に活動に取り組んでいくことが重要です。

第１部　第３章注

１）「人間の行為のプロセス」

鳥羽至英『内部統制の理論と制度―執行・監督・監査の視点から―』国元書房，2007年，第３章「2　COSOフレームワークの特徴」（64頁）を参照した。これに限らず，本書は内部統制概念の整理に関し，執行・監督・監査の視点から，また法律，会計，マネジメントの角度から，多くの論点を網羅的にカバーしており，たいへん参考になる。

２）COSO ERMフレームワークについて

COSO, Enterprise Risk Management – Integrated Framework – Executive Summary and Framework, 2004の原文，および，その翻訳書である以下を参照した。

COSO（八田進二監訳，中央青山監査法人訳）『全社的リスクマネジメント フレームワーク篇』東洋経済新報社，2004年

３）海外子会社への内部統制，リスクマネジメント活動の拡張

海外子会社などの海外拠点に対し，如何にガバナンスを構築し，内部統制，リスクマネジメント体制を導入するかという点については，以下の拙著に解説しているので，必要に応じて参照願いたい。

毛利正人『図解　海外子会社マネジメント入門―ガバナンス，リスクマネジメント，コンプライアンスから内部監査まで―』東洋経済新報社，2004年

４）COSO内部統制2013年版

COSO, Internal Control Integrated Framework - Executive Summary-May 2013 の原文，および，その翻訳書である以下を参照した。

ラリー・E・リッテンバーグ（八田進二監訳，堺咲子訳）『COSO 内部統制の統合的フレームワーク―内部監査に活かす原則主義的実践ガイド―』一般財団法人日本内部監査協会，2014 年

5）COSO ERM 内部統制 2017 年版

The Committee of Sponsoring Organizations of the Treadway Commission (COSO), "Enterprise Risk Management - Integrating with Strategy and Performance", Executive Summary, June 2017 の原文と，その翻訳書である以下を参照した。

COSO（一般社団法人日本内部監査協会，八田進二，橋本尚，堀江正之，神林比洋雄監訳，日本内部統制研究学会 COSO-EEM 研究会訳）『COSO 全社的リスクマネジメント―戦略およびパフォーマンスとの統合―』同文舘出版，2018 年
ポール・J・CIA，QIAL，CRMA（八田進二監訳，堺咲子訳）『「COSO」新 ERM フレームワークの活用』一般財団法人日本内部監査協会，2018 年

6）COSO ERM 内部統制改訂における時代背景

COSO ERM が 2017 年に改訂された米国における時代背景についてはいくつかの文献で紹介されているが，神林比洋雄『今さらきけない内部統制と ERM』同文舘出版，2020 年，106-107 頁の記述が簡潔に要点をまとめており特に参考となった。これに限らず，本書は内部統制およびその概念的拡張版である ERM について，その経緯やポイントを実務専門家の視点から丁寧に解説しており，たいへん参考になる。

第4章
我が国の企業への内部統制の導入

金融商品取引法（J-SOX）

本書第1部第2章で，米国における内部統制の発展過程について記した際，内部統制概念は不正や不祥事に対応するために誕生し，新たな不正・不祥事が起きる度に，それに対応するための概念の更なる明確化や，予防のためのより強固な法制度導入が行われてきたことについて解説しました。特に2001年から2002年にかけてのエンロンやワールドコムの会計不正を伴う破綻や，当時世界最大手の一角であった会計事務所のアーサー・アンダーセンの解散・消滅を契機として，投資家保護の目的で内部統制報告制度であるSOX法が導入されたことを解説しました。米国に約3年遅れ，ほぼ同様の事象が我が国でも発生し，いわば日本版のSOX法が導入されるに至りました[1)]。我が国にも内部統制報告制度が導入される契機となった事案は，2004年に発覚した西武鉄道の有価証券報告書への虚偽記載でした。同社は東京証券取引所における上場を維持する目的で，関連する西武グループ各社が法人保有する自社の株式を永年個人名義（いわゆる「名義株」）としていました。有価証券報告書の大株主の状況において，この名義株を実質的な保有者の持ち株数として表示していなかったことが発覚し，西武鉄道は同年上場廃止となりました。

この状況を受けて，金融庁が有価証券報告書等の一斉点検を求めた結果，実に5百社以上から訂正報告書が提出されるという異常事態となりました。更に翌年の2005年にはカネボウによる過去数年間におよぶ巨額の粉飾決算も明らかになりました。米国のエンロン事件では，外部に特別目的事業体（SPE）を組成することによって巨額赤字を隠していました。我が国のカネボウでも同様に，実態はグループ全体で巨額赤字であるにもかかわらず子会社の連結外しや，資産の過大評価などのスキームによって黒字を装って投資家に虚偽の財務報告をしていたため，同社は上場廃止となりました。更に，このカネボウの監査を担当していた中央青山監査法人所属の公認会計士が粉飾のスキーム作りに関与していた嫌疑で証券取引法違反の罪で起訴されました。この中央青山監査法人は当時我が国最大手の一角であった監査法人でした。2005年に利益水増しによる粉飾決算が発覚した日興コーディアルグループなど複数の粉飾等不祥事発覚企業の監査を担当していたため信用が失墜し，2007年に解散しています。この点においても，当時世界最大手の一角であった会計事務所のアーサー・アンダーセンがいくつもの粉飾決算企業の監査を担当しており，更に一部の会社の粉飾決算スキームに加担していたため信用失墜し，解散・消滅した経緯と非常に良く似ています（【図表1-4-1】参照）。

さて，有価証券報告書の虚偽記載や，その後の自主点検の結果による極めて多数の訂正報告書の提出，粉飾決算による複数の上場廃止などの異常事態

【図表1-4-1】

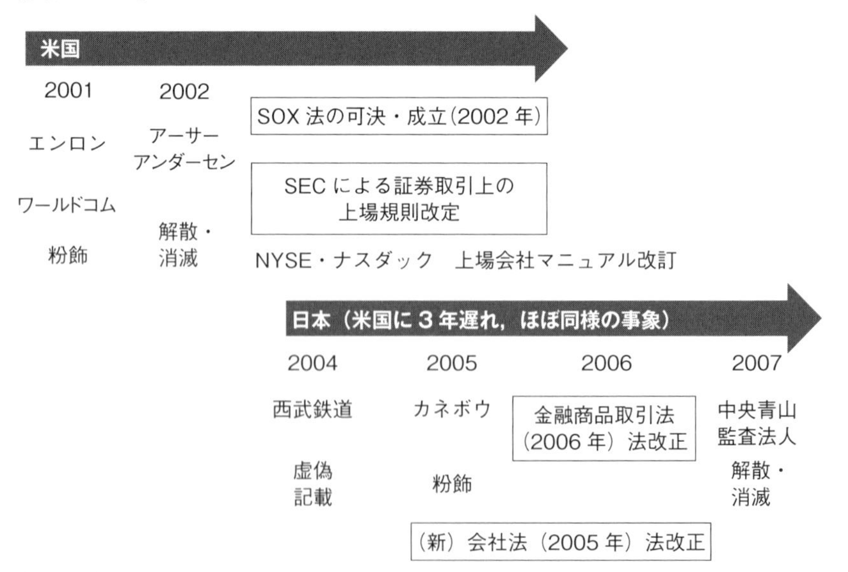

出典：筆者

を金融庁は重く受け止めました。そして，ディスクロージャー制度の信頼を取り戻すため，2005 年に企業会計審議会内に内部統制部会を設置し，財務報告に関わる内部統制の検討を進めました。その検討の成果として 2006 年に従来の証券取引法が一部改正され 2007 年に施行された金融商品取引法の中に，内部統制に関する報告義務を盛りこみました。この部分が米国の SOX 法との類似から，日本版 SOX（J–SOX）法と一般に称されるようになりました。この結果，我が国におけるすべての上場企業にとって 2008 年 4 月開始の決算期，すなわち 2009 年 3 月期から内部統制報告制度が義務化されることになったのです。

我が国の法制度としての J–SOX の義務化に伴い，経営者は自組織の内部統制をどのように評価すべきかという評価基準が明確にされ，求められる対策が具体的に示されました。「財務報告に係る内部統制の評価及び監査の基準並びに財務報告に係る内部統制の評価及び監査に関する実施基準の設定について（意見書），企業会計審議会，2007 年 2 月 15 日」という大変長い名称の文書がそれにあたります。したがって，本書では以下，この文書を「内部統制基準」と呼ぶことにします。このような概念的枠組み（フレームワーク）や具体的な実施基準の存在が，米国同様に我が国においても，法の施行にあたっては必要不可欠でした。この基準のなかでは，前半でまず「内部統制とは何か」という点に関するわが国独自の概念的・基本的枠組みが提示されています。2007 年に公表され，その後 2011 年，2020 年，2024 年と，社会情勢の変化にあわせ改訂がなされていますが，ここでは我が国独自の基準として最初の 2007 年版をベースに，米国版との違いなどを解説します。この基準は以下の 3 部構成となっています。

Ⅰ　内部統制の基本的枠組み
Ⅱ　財務報告に係る内部統制の評価および報告
Ⅲ　財務報告に係る内部統制の監査

内部統制基準のなかで，我が国の内部統制の基本的考え方を示しているのが，上記の「Ⅰ　内部統制の基本的枠組み」になりますが，このパートについては，前文で以下のような説明がなされています。

「本基準においては，国際的な内部統制議論がCOSO報告書をベースとしていることにかんがみ，COSO報告書の枠組みを基本的に踏襲しつつも，我が国の実情を反映し，COSO報告書の3つの目的と5つの構成要素にそれぞれ1つずつ加え，4つの目的と6つの基本的要素としている。」

本基準の本文のなかで示されている以下の内部統制の定義は，上述のとおりCOSOのそれと極めて類似している次のようなものです。

「内部統制とは，基本的に，業務の有効性及び効率性，財務報告の信頼性，事業活動に関わる法令等の遵守並びに資産の保全の4つの目的が達成されているとの合理的な保証を得るために，業務に組み込まれ，組織内のすべての者によって遂行されるプロセスをいい，統制環境，リスクの評価と対応，統制活動，情報と伝達，モニタリング（監視活動）及びIT（情報技術）への対応の6つの基本的要素から構成される。」

この我が国の内部統制基準のなかでは，米国のCOSO報告書内では図示されていた立方体図（COSOキューブ）は提示されていませんが，「COSO報告書の枠組みを基本的に踏襲」とありますので，いわば日本版の内部統制キューブを作成し，追加部分を図示した場合には，【図表1-4-2】のようになると思います。

さて，米国版から新たに追加された項目の今日的意味について，筆者の見解をここで示したいと思います。まず，統制目的に追加された「資産の保全」ですが，他の3つの目的範疇と関連するためオリジナルの米国版ではあえて独立した目的として明示されなかったと考えられます。しかし，組織の保有する財産の保全は本来組織運営上当然の目的であり重要です。ここでいう「資産」とは，現金や売掛金のような流動資産は無論のこと，土地・建物や機械などの有形固定資産に加え，特許権，ソフトウエアといった無形固定資産が含まれます。近年のデジタルエコノミーの進展に伴い，このような無

【図表 1-4-2】

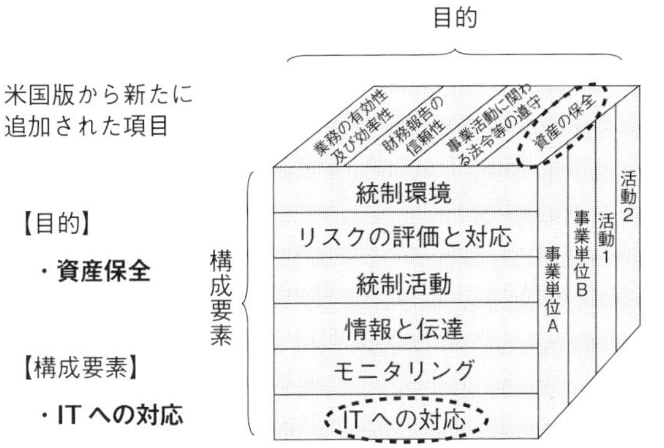

目的

米国版から新たに
追加された項目

【目的】
・資産保全

【構成要素】
・ITへの対応

業務の有効性及び効率性
財務報告の信頼性
事業活動に関わる法令等の遵守
資産の保全

構成要素

統制環境
リスクの評価と対応
統制活動
情報と伝達
モニタリング
ITへの対応

事業単位A
事業単位B
活動1
活動2

出典：金融庁　企業会計審議会「財務報告に係る内部統制の評価及び監査の基準並びに財務報告に係る内部統制の評価及び監査に関する実施基準の設定について（意見書），2007年」内の「Ⅰ．内部統制の基本的枠組み」に記載されている内容を基に筆者が作図

※目的範疇の「財務報告の信頼性」は，2024年改訂版では「財務」がとれ，単に「**報告の信頼性**」となり，内部統制の目的は「財務報告」に限定されていない

形固定資産が益々重要性を増しています。更に，財務諸表には載らないブランド価値，組織のレピュテーション，優秀な人材，健全な組織風土といった目に見えない資産価値も今日の経営では極めて重要になってきています。これらを念頭に置くと，日本版で「資産保全」を4つ目の独立した目的としたことは十分今日的意味があると考えます。また，構成要素における「ITへの対応」も同様に，デジタル・トランスフォーメーション（DX）が今日の組織運営における「業務の有効性・効率性」の鍵となっているという観点からの追加と考えられます。更に「財務報告の信頼性」や「法令等の遵守」の目的達成においても極めて重要な要素になっていること，逆にITインフラのデザインや運用を誤れば組織体にとって大きなリスクにもなり得る両刃の剣であることを踏まえると，この「ITへの対応」を6つ目の構成要素として独立させたことも大きな今日的意味をもつと考えます。

なお，この我が国の内部統制基準は前述したように，その後2011年，

2020年，2024年と3度にわたり改訂されています。2024年に改訂された，本書執筆時点で最新の基準では，前章で述べた米国COSO内部統制の2013年の改訂などを参考に，いくつかの変更がなされています。そのうち，本書の趣旨に鑑み，筆者が特に重要と考えるのは以下の点です。

① 内部統制の目的の1つである「財務報告の信頼性」を，外部に開示する財務情報のみならず非財務情報も，また組織内部における情報も含め，これらすべてに関する報告の重要性の高まりに鑑み，単に**「報告の信頼性」**としている。
② 内部統制の基本的要素の1つである「リスクの評価と対応」について，**不正に関するリスクもあわせて考慮する重要性**が示されている。
③ 同じく内部統制の基本的要素の1つである「ITへの対応」において，**ITの委託業務に係る統制や，情報セキュリティの確保の重要性**が強調されている。
④ 内部統制の限界の1つである**経営者による内部統制の無効化**に関して，**取締役会，監査役（会）等，会計監査人，内部監査人の連携**などの対策が例示されている。
⑤ **内部監査人の役割の重要性の高まり**に応じて，あるべき内部監査人の職責と報告経路などが示されている。
⑥ 内部統制と**ガバナンス及び全組織的なリスク管理（ERM）の一体的な整備及び運用の重要性**が新たに示されている。

これらの改訂内容は，元々筆者が本書を通じて強調したいポイントと完全に一致しています。そこで，本書第2部では，この内部統制基準2024年版で示されている，最新の我が国独自の枠組み（フレームワーク）の考え方を念頭に入れながら，実務上の留意点や具体的な取り組みについて解説していきます。したがって，ここではこれ以上の解説は行いません。同様に，以上の内部統制基準（枠組み：フレームワーク）のみならず，金融商品取引法（法律本体）も2024年には一部改正されており，四半期報告制度の廃止などが盛り込まれましたが，本書が焦点とするスコープ外ですので，解説は割愛します。

会社法内部統制

本書ではこれまで，世間を騒がせた不祥事や会計不正が，米国のSOX法や我が国の金融商品取引法（いわゆるJ-SOX）による内部統制報告制度導入の引き金となっていることを解説しました。2006年に従来の証券取引法が改正され誕生した金融商品取引法（2007年施行）に先立ち，2005年にそれまでの数度にわたる商法改正の歴史の集大成とも言うべき大改正が行われ，2006年に施行された（新）会社法に関してもこの点は同じです。金融商品取引法による内部統制報告制度導入の直接の契機となったとされる重要事案は，先に紹介した西武鉄道やカネボウなどの財務報告がらみの事案でした。他方，この時期には財務報告とは直接関係のない，企業の法令コンプライアンス体制の不備が露呈して世間を騒がせた事案も多く発生しています。企業に内部統制の基本方針決定を求める会社法改正の契機となったと思われる当時の象徴的な不正・不祥事の事案[2)]としては，例えば2000年の雪印乳業集団食中毒事件があります。この事案は，大阪市保健所などの調査によれば，同社の大阪工場が製品の牛乳を製造する過程でバルブ洗浄を長期間怠ったことなどから菌が増殖し，毒素が発生したことが直接の原因です。同社の対応と事実公表の遅れから大阪市において食中毒被害者が1万人以上に上る国内過去最大級の大規模食中毒事件となってしまいました。その後，同社大阪工場が返品された製品を再利用しており，再利用された製品のなかに品質保持期間切れ製品が混じっていた等のずさんな管理実態が次々と明らかになっていきました。最初は大阪工場という地区・現場レベルの問題でしたが，他の地区の工場でも衛生管理体制の不備がみつかりました。更に，記者会見席上での同社代表取締役の極めて不適切な会見内容や発言が大きく報道されたこともあり，企業全体，そして経営トップの衛生管理や危機管理に対する意識そのものが問われる全社的な問題に発展しました。そのため，雪印乳業に対する消費者の信頼が大きく失われる結果となりました。なお，この事案は大阪府警が食中毒の公表の遅れによる被害拡大の責任を求め業務上過失致死，傷害等の刑事事件に発展しています。その後，同社が信頼回復のための体制づくりを進めようとした矢先の2001年，同グループの上場子会社である雪印食品でBSE（いわゆる狂牛病）対策として国が国産牛肉を買い取る制度を悪用し，豪州産牛肉を国産牛肉と偽装・申請する偽装牛肉事件が発生しました。その結果，食品企業グループとしての雪印の信頼は大きく傷つき，子会社の雪印食品が経営破綻・消滅したのみならず，雪印グループ全体が事実上解体・再編を余儀なくされました。この事案は，広く浸透した優良ブランドであっても，あるいはそうであればあるほど，経営トップが重要リスク（この場合，食品会社にとっての衛生管理）を認識し，それに対する有効な内部統制および危機管理体制を構築しなければ，一夜にしてブランドは崩壊することを示唆しています。そして，親会社における内部統制がまず重要であることは言うまでもありませんが，子会社とブランドを共有している場合には親会社単体の活動では不十分で，グループ全体にわたる「企業集団の内部統制」（後述）がいかに重要であるかということを示唆しています。

この時期の象徴的な企業不祥事としては，上記雪印の事案と同じ2000年に発覚した三菱自動車工業株式会社（以下，「三菱自工」）の乗用車部門とトラック・バス部門による大規模なリコール隠し事件があります。同社の社員の内部告発の情報に基づいた運輸省による立ち入り検査で明らかになった内容は，リコール制度が存在するにもかかわらず，同社が20年以上の長期にわたり乗用車，トラックに関する数々の重要不具合（欠陥）情報を届け出ず社内に隠蔽し，リコールを実施せずにユーザーに個別に連絡して欠陥部分を修理する等の対処を行っていたというものです。リコール隠しにより欠陥車を放置した結果，人身事故が発生し当時の社長が引責辞任をしています。これを契機に同社は販売台数が激減し深刻な経営危機に至り，欧米の自動車業界最大手の一角であるダイムラー・クライスラー社との提携を強化し乗り切ろうとしました。しかしその後，2002年にブレーキが利かなくなりトラック運転手が死亡する事故が発生，更に大型ドラックの前輪が外れ母子3人が死亡する痛ましい事故が起きています。同社は2003年にトラック・バスの商用部門を乗用車部門から分離・独立して三菱ふそうトラック・バス株式会社を設立しましたが2004年にはそこで，2000年度の規模を上回るグループとしては2度目の大規模リコール隠しが発覚し再度深刻な経営危機を迎えました。同年，三菱自工の業績不振を受けダイムラー・クライスラー社は経営支援を打ち切りましたが，一方でリコール隠しは発覚したものの利益率が比較的高いこの商用車部門を2005年に三菱自工から買い取り，子会社化しています。逆に，グループの稼ぎ頭を失い相対的に利益率の低い乗用車部門のみとなった三菱自工はますます苦境に陥り，三菱グループ企業の大規模支援を受け日産自動車との提携により再生を図りました。しかし2016年，日産に供給していた軽自動車に関し，納入先の日産から燃費データ計測の不正を指摘され国土交通省の立ち入り検査を受け，3度目の品質関連不祥事が発覚しました。この結果同社の乗用車の販売数は激減しました。事ここに至って三菱グループからの支援も限界に達したため，事件発覚の半年後には，日産自動車の子会社となっています。以上のように，同社は3度にわたり本業の乗用車やトラック製造および品質管理で隠蔽・偽装などの不正・不祥事を起こしています。発覚の契機はいずれも内部告発，立ち入り検査，納入先からの指摘と外部によるもので，内部監査等の会社内部の自浄機能によるものではありません。また，それ以前にも1996年にはアメリカ子会社でセクハラ訴訟事件，1997年には総会屋への利益供与事件等，生産部門の外でも不祥事が発生しており，同社のコンプライアンス意識，ガバナンス体制の脆弱性がたびたび指摘されていました。

以上，2005年法改正によって誕生した（新）会社法に影響を与えたと思われる当時の象徴的な企業不正・不祥事を2件紹介しました。これらの企業不祥事の最終的な責任は無論組織トップである社長にあります。しかし，紹介した事例の不正がトップ主導というわけでもなく，中間層を含むいわば組織全体のコンプライアンス意識の欠如によるものです。また，動機は個人の金銭的利益ではありません。むしろ組織防衛，厳密な品質管理やリコール対応にかかる費用による採算悪化を懸念し，会社のために黙っているほうが良いという誤った会社への忠誠心，職場の仲間意識による閉鎖的な企業風土が組織全体の隠蔽につながっていたと思われます。この後本書第2部第3章「近時多発している品質不正問題についての考察」の節でもとりあげますが，これらの品質管理上の隠蔽・偽装などの不正・不祥事は，20年後の我が国で再度次々と発覚しています。この点で，前章の「その後のフレームワークの改訂」の節で紹介したCOSO ERM（2017年版）の第一の構成要素である「ガバナンスと組織文化」は米国のみならず日本における内部統制・リスクマネジメントの要諦としても，まさに正鵠を得ていると筆者は考えます。

2005年改正の（新）会社法前に発生した非財務分野のこれら2件の象徴的企業不祥事は，我が国の内部統制基準における内部統制の4つの目的のうち，主として「事業活動に関わる法令等の遵守」（コンプライアンス）に関係する事案でした。それより少し前の1990年代には「資産保全」目的に関係する不祥事も多く発生しています。前述2件のような本業分野ではなく，余裕資金運用（いわゆる財テク）におけるデリバティブ取引がらみの大損失です。例えば，1996年住友商事においては当時の非鉄金属部長による銅不正簿外取引により2千億円以上の損失が発生しています。1998年にはヤクルトの当時の財務担当副社長による取引によって同社は5百億円以上の損失を計上しています。また，海外に目を転じると1995年に英国のシティ（ロンドンの金融街）の名門銀行であるベアリングス銀行で，シンガポール支店の若手トレーダーが，やはりデリバティブ取引により同銀行の自己資本をはるかに超える1千億円以上の損失を与え同行は経営破綻，200年以上の名門銀行の歴史に幕を閉じ事実上消滅しています。これらの事件はいずれも特定の個人が，はじめはそれほど巨額ではなかった取引による損失を取り返そうとしてデリバティブのポジションを拡大し，桁違いの大損失を抱えるという構図において共通しています。そして，取り返しのつかない事態に至ってようやく組織内で発覚したという点でも共通しています。更に，組織の存在を脅かすほどの大きなリスクをとっているのにもかかわらず，社内には当事者以外に取引内容とそのリスクを正確に理解している者がおらず，内部統制がまったく機能していなかったという点も共通しています。このような場合，本書の冒頭で巨大氷山に衝突した当時の最新鋭豪華客船タイタニック号の沈没の例をとり解説したように，発覚した時には時すでに遅く，どのような優良会社・組織においても資産保全どころか瞬時に消滅の事態に至ることを示しています。

この時期のデリバティブがらみの事件で忘れてならないのは1995年に発覚した大和銀行ニューヨーク支店における巨額損失事件およびそれに伴う株

主代表訴訟事案です。その理由は，本訴訟の判決文において「内部統制システム」という表現が用いられ，役員の内部統制に係る法的責任が明示的に示されたからです。この事件の発端は前述の他の巨額デリバティブ事件と概ね同じです。大和銀行ニューヨーク支店の現地採用嘱託行員が取引で損失を出し，損失を取り戻そうとして12年間にわたり無断かつ簿外で米国国債の取引を行い，書類を偽造して利益が出ているように装い最終的に11億ドルの巨額損失を同行にもたらしました。1995年に当該行員の告白により損失が発覚した後，大和銀行は当時の監督官庁である大蔵省には報告したものの，米国金融当局（準備制度理事会：FRB）には報告しませんでした。しかし，後日FRBの知るところとなり3億4千万ドルの罰金を支払うことになり，更に米国からの撤退を余儀なくされました。この損失に対し同行の株式を所有していた株主が，同行の元役員を相手取り，損失および当局に支払った罰金に弁護士報酬1千万ドルを加えた合計14億5千万ドル（1,551億円）の賠償を求める株主代表訴訟を起こしました。この裁判は，同行の役員がニューヨーク支店の行員の巨額損失を見抜けなかったことに関して，役員の「善管注意義務」または「忠実義務」を問うものでした。2000年に大阪地裁が下した判決では，前述のように「内部統制システム」構築義務という表現を用い，代表取締役および担当取締役の「内部統制構築義務」ならびにその他の取締役，監査役の「監視義務」を認めました。こうして，「内部統制」は判例上の概念として我が国の法的認知をうけることになり，この後にその内容を簡単に紹介する2005年改正（2006年施行）の会社法による立法化に至ります（【図表1-4-3】参照）。

以上のような「事業活動に関わる法令等の遵守」や「資産保全」に係る大型の不正・不祥事を契機に，2005年法改正，2006年施行の会社法で大会社における内部統制システムの基本方針の決定義務が立法化されるに至りました。会社法上の「大会社」とは資本金5億円以上または負債総額200億円以上の株式会社のことを指します。ただ，それ以前に我が国に内部統制システムに係る法律が無かったわけではありません。まず商法が2005年に会社法として再編成される前の商法・商法特例法時代に，コーポレートガバナンス上の設計思想が米国の公開会社と極めて類似した「委員会等設置会社」の制

【図表 1-4-3】

2005 年会社法以前の象徴的不祥事事案

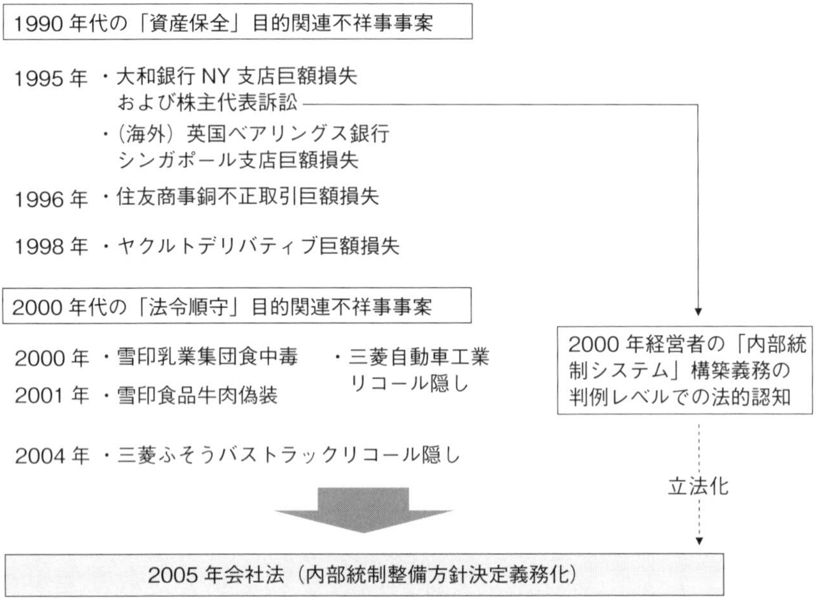

1990 年代の「資産保全」目的関連不祥事事案

1995 年 ・大和銀行 NY 支店巨額損失
および株主代表訴訟
・(海外) 英国ベアリングス銀行
シンガポール支店巨額損失

1996 年 ・住友商事銅不正取引巨額損失

1998 年 ・ヤクルトデリバティブ巨額損失

2000 年経営者の「内部統制システム」構築義務の判例レベルでの法的認知

2000 年代の「法令順守」目的関連不祥事事案

2000 年 ・雪印乳業集団食中毒

2001 年 ・雪印食品牛肉偽装

・三菱自動車工業
リコール隠し

2004 年 ・三菱ふそうバストラックリコール隠し

立法化

2005 年会社法（内部統制整備方針決定義務化）

出典：筆者

度が我が国において新設されました。この会社形態は，2005 年会社法で「委員会設置会社」(「等」を削除) に名称変更され，更にその後 2014 年の会社法改正で「指名委員会等設置会社」と名称変更されています。この制度を採用した会社に対し，内部統制システムの構築の基本方針に関する取締役会決議が求められました。そして 2005 年法改正により新たに誕生した会社法においては，会社の機関設計が委員会設置会社である会社のみならず，すべての大会社において同様の取締役会決議（ただし取締役会非設置会社の場合取締役の過半数による決定）が求められるようになりました。したがって，当時我が国において圧倒的多数であった監査役会設置会社・監査役設置会社の大会社も対象となりました。何故委員会等設置会社と大会社のみ義務化されたかという点においては，委員会等設置会社および大会社の企業規模が大きくその活動が社会・経済に与える影響が大きいと考えられたためと思われます。会社法はそれまでの数度にわたる商法改正の歴史の集大成とも言うべき大改正の内容をもって2005年に新しく誕生した法律ですが，その後も外部環境の変化にあわせ，時代の要請に応える形で改正が続いています。2014年改正（2015年施行）の会社法では，我が国における新たな会社機関の形態として「監査等委員会設置会社」が導入され，この形態をとる会社も内部統制基本方針決定の義務を負うことになりました。同時にこれまでの委員会等設置会社は「指名委員会等設置会社」と改称されました。2005年の会社法誕生により内部統制システムの整備方針決定の義務を負うことになった会社の形態を，後に行われる改正を補足情報として織り込み【図表1-4-4】に，とりまとめて図表化してみましたので参考としてください。

【図表1-4-4】

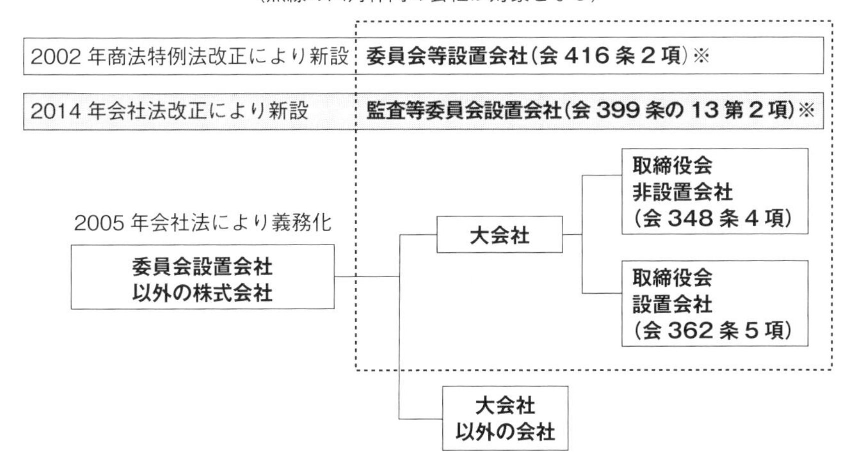

※カッコ内は会社機関ごとの会社法の該当条文。なお「委員会等設置会社」は2005年会社法により「委員会設置会社」に，更に2014年改正会社法で「指名委員会等設置会社」に改称

出典：筆者

ここで留意したいポイントとして，会社法が法の対象となる会社に義務付けているのは，内部統制システム整備に係る基本方針を決定することであって，その内容は各企業の経営判断に委ねられているという点です。また，会

社法では金融商品取引法（J-SOX）と異なり「内部統制」という表現は使われていません。会社法では内部統制システムの構築について法の対象となる会社機関ごとにそれぞれ定めています。例えば取締役会設置会社の場合，会社法第362条4項6号において定められています（【図表1-4-5】参照）。しかし会社機関の別を問わず，すべてに共通的に**「取締役の職務の執行が法令及び定款に適合することを確保するための体制その他株式会社の業務の適正**

【図表1-4-5】

2005年会社法内部統制システムの概要

取締役会設置会社の場合

2005年会社法（平成17年7月26日法律第86号）

（業務の執行）第362条 第4項および第5項

第4項　取締役会は，次に掲げる事項その他の重要な業務執行の決定を取締役に委任することができない。

一～五号（省略）

六　取締役の職務の遂行が法令及び定款に適合することを確保するための体制その他**株式会社の業務の適性を確保するために必要なもの**※として**法務省令で定める体制の設備**

第5項　大会社である取締役会設置会社においては，取締役会は，**前項第6号に掲げる事項を決定**しなければならない。

※会社法固有の「内部統制」の表現

会社法施行規則（法務省令）

会社法施行規則第4節（取締役会）

第100条 （業務の適性を確保するための体制） ← 会社法上の**内部統制システム**の内容

1. 法第362条第4項第6号に規定する法務省令で定める体制は，次に掲げる体制とする。

一　取締役の職務の遂行に係る**情報の保存及び管理**に関する体制

二　**損失の危険の管理**に関する規程その他の体制

三　取締役の**職務の執行が効率的に行われること**を確保するための体制

四　使用人の職務の**執行が法令及び定款に適合すること**を確保するための体制

五　当該株式会社並びにその親会社及び子会社から成る**企業集団における業務の適性を確保する**ための体制

出典：筆者

を確保するために必要なものとして法務省令で定める体制の整備と規定しています（ただし，指名委員会等設置会社の場合は「取締役の職務の執行」は「執行役の職務の執行」となる）。**これが会社法固有の「内部統制システム」の表現**になります。第4項1号の「取締役に委任することができない。」および第5項の「取締役会は（中略）決定しなければならない。」という表現は少し判りにくいですが，要するに代表取締役等の特定の取締役個人にその決定を委ねるのではなく，取締役会全体で決定しなければならないということです。そして，この「法務省令で定める体制」は，会社法施行規則（第100条1項）に具体的に規定されています。会社法施行規則とは，会社法の施行についての細則を定めた法務省令です。**「業務の適正を確保するために必要なもの」**が法律本文ではなく法務省令レベルで定められているのは，今後の社会情勢の変化に対応するための機動的な改正を可能とするためと思われます。

我が国における2つの内部統制制度の比較対照

さて，本章ではこれまで我が国の企業に適用される2つの内部統制制度およびその根拠法などを紹介しました。両者は異なる法体系なので，この2つの間に直接の関係はありません。しかし，内部統制という広い意味での共通の文脈のなかで，両者間の関連性を考察することは，組織内の活動をどう効率的・効果的に展開するかという点を検討する目的において意味があると考えます。したがって，まず内部統制基準の基本的枠組み（金融庁ベース）の内部統制の目的の側から，会社法の内部統制システムとの比較対照を試みました。筆者は両者間を次のように整理できると考えています。

■内部統制の目的の「業務の有効性及び効率性」は，会社法内部統制システムの「取締役の職務の執行が効率的に行われることを確保するための体制（第3号）と関連する

■「事業活動に関わる法令等の遵守」は，「使用人の職務の執行が法令及

び定款に適合することを確保するための体制（第4号）」と関連する

■「資産の保全」は,「損失の危険の管理に関する規程その他の体制（第2号）」と関連する

内部統制の目的範疇における残りの目的「(財務）報告の信頼性」[3)]に関しては，会社法の内部統制システムにピタリとあてはまるものがありません。その理由ですが，例えば上場企業およびその連結子会社は金融商品取引法(いわゆるJ-SOX：2006年に施行された会社法の翌年に施行された）を遵守する必要があります。この点において，企業は法令に基づいた財務諸表の作成とその元データとなる帳簿類の適切な保存・管理が求められます。したがって「(財務）報告の信頼性」は,「使用人の職務の執行が法令及び定款に適合することを確保するための体制（第4号)」および「取締役の職務の執行に係る情報の保存及び管理に関する体制（第1号)」に関連付けられると筆者は考えます。また上場企業以外（非上場）の大会社においても，その事業報告に伴い会社法上の「計算書類」，すなわち決算書を作成・開示することが義務付けられていますから，財務報告という観点からは，上場企業同様に内部統制の基本要素とほぼ同様の関連性が成立すると筆者は考えます。

次に今度は逆に，会社法上の内部統制システムの側から内部統制の基本的枠組みにおける目的と構成要素に紐づけた場合は，どのような結果になるでしょうか。筆者は以下のように整理しました（【図表1-4-6】参照)。

以上のように，会社法内部統制システムと内部統制の基本的枠組みとの間の双方向の関連付け照合により，会社法内部統制，すなわち「取締役（指名委員会等設置会社の場合は執行役）の職務の執行が法令及び定款に適合することを確保するための体制その他株式会社の業務の適正を確保するために必要なものとして法務省令で定める体制」が内部統制の基本的枠組みに概ね矛盾なく収まると筆者は考えます。

ただ，会社法内部統制システムの5番目の「当該株式会社並びにその親会社及び子会社から成る企業集団における業務の適正を確保するための体制」については，内部統制の基本的枠組みのなかに関連する項目が見当たりませ

【図表 1-4-6】

会社法上内部統制システムと内部統制の目的・構成要素との関連性

会社法上の内部統制システム（会社法施行規則第 100 条第 1 項）		内部統制の基本的枠組み	
		内部統制の目的	内部統制の基本的構成要素
1	取締役の職務の執行に係る情報の保存及び管理に関する体制	（財務報告の信頼性）	情報と伝達
2	損失の危険の管理に関する規程その他の体制	資産の保全	リスクの評価と対応
3	取締役の職務の執行が効率的に行われることを確保するための体制	業務の有効性及び効率性	（IT への対応）
4	使用人の職務の執行が法令及び定款に適合することを確保するための体制	事業活動に関わる法令等の遵守（財務報告の信頼性）	
5	当該株式会社並びにその親会社及び子会社から成る企業集団における業務の適正を確保するための体制		

出典：筆者
※（　）は直接的ではなく，間接的に関連すると考えられる項目

ん。この点については，この項目が内部統制の目的あるいは構成要素というよりは，適用される範囲を示しているからだと考えます。そしてこの「企業集団における業務の適正を確保するための体制」，すなわち「企業集団の内部統制」の問題は近年益々重要性を増しており，会社法においても強化される傾向にあります。前述のように，会社法はそれまでの数度にわたる商法改正の歴史の集大成とも言うべき大改正の内容をもって 2005 年に新しく誕生した法律です。しかし，その後も外部環境の変化にあわせ，時代の要請に答える形で改正が続いています。この会社法施行規則第 100 条第 1 項第 5 号による「企業集団における業務の適正を確保するための体制」（すなわち「企業集団における内部統制」）は 2014 年（平成 26 年）の会社法改正（2015 年施行）により会社法第 362 条第 4 項に明示されました。会社法施行規則という法務省令レベルから，会社法本体にいわば格上げされていることが注目されます（【図表 1-4-7】参照）。

【図表 1-4-7】

「企業集団の業務の適性を確保するために必要な体制の整備」に係る法改正

2014 年（平成 26 年）改正会社法

従来の会社法では施行規則（法務省令）に規定されていたものが，以下のように会社法本体に直接記載され，格上げされた。

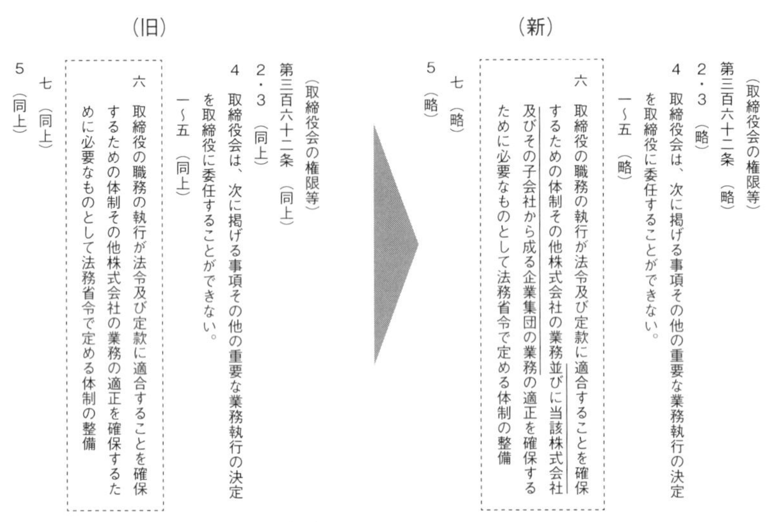

（旧）

（取締役会の権限等）
第三百六十二条　（同上）
2・3　（同上）
4　取締役会は、次に掲げる事項その他の重要な業務執行の決定を取締役に委任することができない。
一～五　（同上）
六　取締役の職務の執行が法令及び定款に適合することを確保するための体制その他株式会社の業務の適正を確保するために必要なものとして法務省令で定める体制の整備
七　（同上）
5　（同上）

（新）

（取締役会の権限等）
第三百六十二条　（略）
2・3　（略）
4　取締役会は、次に掲げる事項その他の重要な業務執行の決定を取締役に委任することができない。
一～五　（略）
六　取締役の職務の執行が法令及び定款に適合することを確保するための体制その他株式会社の業務並びに当該株式会社及びその子会社から成る企業集団の業務の適正を確保するために必要なものとして法務省令で定める体制の整備
七　（略）
5　（略）

出典：法務省掲載情報をベースに筆者が加工

この法改正においても実質は変わらないという意見の方もいらっしゃると思います。しかし筆者は，この改正によって「企業集団の内部統制」に関する法的位置づけ[4]が強化されたと考えるべきだと思います。この点については，本章の前半で2005年改正（新）会社法により，企業に内部統制方針決定を求める契機となったと思われる企業不祥事として紹介した雪印および三菱自工において，親会社レベルの不祥事のあとに発生した子会社レベルの不祥事がグループ全体の存続の危機をもたらした点を見ても理解できます。またその後も多くの企業グループで子会社の不祥事が後を絶たず，親会社の経営およびレピュテーションに多大な悪影響を与えている事実に鑑みても納得がいきます。更に近年，純粋持ち株会社形態によるグループ経営を指向する会社も増えてきているため[5]，尚更親会社単体レベルの内部統制では不十分になってきています。この形態をとる企業集団では，事業活動のリスクは管

【図表 1-4-8】

我が国において企業に内部統制を求める２つの法令

比較項目		法　令	
		会社法	金融商品取引法（J-SOX）
1	根拠法令	**会社法** ※会社機関によって該当する条文が異なる 第 348 条（取締役会非設置会社） 第 362 条（取締役会設置会社） 第 399 条（監査等委員会設置会社） 第 416 条（指名委員会等設置会社）	**金融商品取引法** 第 24 条（4 の 4）
		会社法施行規則 第 98 条（取締役非設置会社） 第 100 条（取締役会設置会社） 第 110 条（監査等委員会設置会社） 第 112 条（指名委員会等設置会社）	
2	対象となる会社	会社法上のすべての「大会社」 「指名委員会等設置会社」 「監査等委員会設置会社」	すべての上場企業とその連結子会社
3	対象者	取締役会	経営者（会社）
4	要求事項	取締役会による株式会社の業務の適正を確保するための基本方針の決定	経営者による財務報告に係る内部統制の評価
5	内部統制の目的	以下の内容の業務の適性 ・法令遵守 （財務報告の信頼性を含む） ・業務の有効性・効率性 ・資産の保全 等	・財務報告の信頼性
5	具体的基準（指針）	なし（経営判断）	・内部統制基準 ・内部統制実施基準
6	開示	事業報告	内部統制報告書
7	監査主体	監査役等による監査	監査法人等による外部監査
8	監査報告	監査報告書	内部統制監査報告書
9	違反の際の罰則	なし	有り（5 年以下の懲役または 500 万円以下の罰金）

出典：筆者

理業務を行う親会社である純粋持ち株会社側ではなく，むしろ実際に事業活動を行う子会社側に多く存在するからです。したがって，会社法内部統制システムが，元々連結グループを対象としていた金融商品取引法（J-SOX）と同様に，益々企業集団を想定したものに傾斜してきていると言えます。最後に，読者の方々に本書のこれまでの解説を消化して頂き，関連する知識を整理・統合して頂く目的で，我が国において企業に内部統制を求める根拠となっている2つの法令，すなわち会社法と金融商品取引法（J-SOX）について比較表【図表1-4-8】を作成してみましたので，参考にしていただければと思います。

COLUMN ④ 「企業集団の内部統制」構築の困難性

本章の会社法内部統制の節で「企業集団の内部統制」の重要性が増しており，法改正で会社法本文に格上げされたという点について述べました。この点は，そもそも会社法による内部統制導入の契機となった当時の象徴的企業不祥事案が子会社がらみであったこと，また近時においても企業価値を大きく棄損した深刻な不正・不祥事の多くがグループ内の子会社発であったことからも納得がいきます。しかし，この企業集団の内部統制，すなわちグループ経営における内部統制構築は，例えば以下の点から非常に難しい面があります。

- 子会社，関係会社といえども別の法人格であり，自主性を尊重すべきであるという側面がある
- 100%子会社であればよいが，そうでない場合，少数株主を尊重すべきであり，親会社のみの思いで自由にコントロールはできない（すべきでない）
- たとえ，100%子会社であっても，設立の経緯，親会社と子会社の力関係（親会社・子会社トップ間の人的力関係）などによってガバナンスが効きづらい場合がある
- 子会社が親会社のコアビジネス以外の事業領域である場合，企業文化が異なる場合，物理的所在地が遠隔地である場合（特に海外子会社の場合）など，ガバナンスが効きづらい場合がある

以上の困難性があるため，グループ全体への実効的内部統制の導入は，企業（親会社）単体の内部統制以上に困難であると言えます。とはいえ，一旦不祥事や不正事案が起きた場合，親会社のみならずグループ全体の企業価値を一瞬で大きく棄損してしまうため，極めて重要です。

また企業集団ではありませんが，公的機関などでは人的リソースの不足や内製できない専門性の高い業務（IT など）の外部への委託が増えています。この場合，委託先で例えば処理を委託した利用者の情報漏洩などの不正や事故があったようなケースでは，委託した側の組織におけるその利用者への責任は回避できません。業務は外部委託として外出しできても，業務上の責任は委託元の組織に残るということです。その点で，重要リスクについては委託先の内部統制の状況を確認し，不十分であれば躊躇なく是正を求めるなどの措置が重要です。官民いずれの組織においても，本体組織単体の内部統制では不十分な時代になってきていると言えます。

第1部　第4章注

1）日本版 SOX 法導入時の経緯，時代背景

日本版 SOX 法が導入された経緯，その時代の背景については多くの文献で紹介されているが，特に以下の 2 つの文献が参考となった。

Diamond ハーバード・ビジネスレビュー 2005 年 10 月号『内部統制の時代「日本版 SOX 法」の衝撃』ダイヤモンド社，2005 年

『季刊　企業と法創造』第 3 巻第 3 号（2006 年 12 月）「特集・内部統制」，早稲田大学 21 世紀 COE《企業法制と法創造》総合研究所，2006 年

2）会社法改正の契機となった不正事案，時代背景

2005 年改正の（新）会社法が導入された際に，企業に内部統制の基本方針決定を求める内容が盛り込まれた契機となったと思われる，当時の象徴的な不正・不祥事の事案や，事態背景については多くの文献で紹介されているが，特に以下の文献が参考となった。

伊藤真『会社コンプライアンス―内部統制の条件―』講談社，2007 年，特に 49-91 頁「第 2 章　企業の不祥事，企業の改革―新会社法や JSOX 法で「内部統制が注目される理由」

齊藤憲監修『企業不祥事事典―ケーススタディ 150―』紀伊国屋書店，2007 年

竹内朗，上谷佳宏，笹本雄司郎『企業不祥事インデクス』商事法務，2015 年

安岡孝司『企業不正の研究　リスクマネジメントがなぜ機能しないのか？』日経 BP 社，2018 年

鈴木芳治「戦後日本の内部統制の制度導入に関する考察―内部統制と会社財務不正事件を中心に―」（埼玉大学）『経済科学論究』（第 10 号　2013.4）

河合正二「グループ経営における内部統制システムの構築と運用（Ⅰ）―内部統制システムの法的性質を中心として―」『金沢星稜大学論集』第 43 巻第 1 号（2011 年 8

月）

3）（財務）報告の信頼性

我が国の内部統制基準における「財務報告の信頼性」は，2024 年改訂版では「財務」がとれ，単に「報告の信頼性」となり，内部統制の目的は「財務報告」に限定されておらず，組織内外で用いるための財務・非財務に関する幅広い報告の信頼性を目的としている。例えば，外部向け非財務情報としては，地球温暖化防止等に関する ESG 関連の開示情報や，品質検査データなどを含む。また内部向け非財務情報としては，経営戦略の基礎となる市場予測や顧客分析情報，技術情報などである。そのためここでは「財務」をかっこ書きとし「(財務）報告の信頼性」としている。

4）企業集団における内部統制に関する法的位置づけ

企業集団の内部統制に関しては，会社法理解の観点のみならず，実務上の観点からも以下の文献が参考となった。

高橋均『企業集団の内部統制 実効的システム構築・運用の手法』学陽書房，2008 年
高橋均『グループ会社リスク管理の法務　第 2 版』中央経済社，2015 年
弥永真生（編著）『企業集団における内部統制』同文舘出版，2016 年

5）純粋持ち株株会社形態によるグループ経営

経済産業省ホームページ（統計→純粋持株会社実態調査）によれば，「平成 9 年（1997 年）6 月に，「私的独占の禁止及び公正取引の確保に関する法律（独占禁止法）」により禁止されていた「持株会社」が解禁され，平成 14 年度（2002 年度）には連結納税制度も導入されたこともあり，**主たる事業を持たず株式の所有を通じて他の会社の事業活動を支配することを目的とした「純粋持株会社」という形態をとる企業が増加してきている**」。大和総研の集計（下記文献参照）では，解禁から四半世紀が経った 2023 年 9 月末時点で 670 社以上の上場企業が持株会社として存在しているとのことである。純粋持株会社については以下の文献が参考となった。

下谷政弘『持株会社解禁　独禁法第 9 条と日本経済』中公新書，1996 年
下谷政弘『持株会社の時代　日本の企業結合』有斐閣，2006 年
下谷政弘『持株会社と日本経済』岩波新書，2009 年
發知敏雄，箱田順哉，大谷隼夫著『持株会社の実務（第 9 版）ホールディングカンパニーの経営・法務・税務・会計』東洋経済新報社，2021 年
(大和総研)『ディスクロージャー & IR』(2023/11 Vol.27)「持株会社化の近時動向」

第5章
我が国の公的機関等への内部統制の導入

前章まで，米国をその源流とした内部統制が米国同様に我が国においても，企業の不正・不祥事を契機として法制度化された経緯や，契機となった個別の象徴的事案を解説しました。米国と日本，国が違うにもかかわらず類似点が多いことに驚かれたと思います。さて，本第5章では企業のような民間組織ではなく，独立行政法人や地方自治体等の公的機関の内部統制について解説します。企業と公的機関では組織形態やその根拠法は違いますが不正・不祥事を契機として，組織内に内部統制システムの導入が求められるようになったという経緯はまったく同じです。

独立行政法人への導入

本書は，公的機関にお勤めの方以外の，例えば何らかの公的ミッションを有するその他の組織（公共企業，公共機関）の方々も読者層として想定しています[1)]。したがって，まず「独立行政法人」（または略して「独法」）とはどのような組織かという点を簡単におさらいしたいと思います。独立行政法人は，2001年4月に制定された独立行政法人通則法という法律を根拠に発足しました。そこでの定義は以下のようになっています。

独立行政法人通則法（平成11年法律103号）（抄）
第2条
　この法律において「独立行政法人」とは，国民生活及び社会経済の安定等の公共上の見地から確実に実施されることが必要な事務及び事業であって，国が自ら主体となって直接に実施する必要のないもののうち，民間の主体に委ねた場合には必ずしも実施されないおそれがあるもの又は一の主体に独占して行わせることが必要であるもの（以下この条において「公共上の事務等」という。）を効果的かつ効率的に行わせるため，中期目標管理法人，国立研究開発法人又は行政執行法人として，この法律及び個別法の定めるところにより設立される法人をいう。

また，独立行政法人を主管する総務省のホームページには以下の説明がなされています。

【独立行政法人とは？】
独立行政法人制度とは，各府省の行政活動から政策の実施部門のうち一定の事務・事業を分離し，これを担当する機関に独立の法人格を与えて，業務の質の向上や活性化，効率性の向上，自律的な運営，透明性の向上を図ることを目的とする制度です。（筆者が部分を引用）

独立行政法人は，独立した法人格があるとは言え省庁から完全に独立しているわけではなく，主務大臣・省庁が独立行政法人の自律的業務運営を尊重しつつも，目標管理・評価等に一定程度かかわり業務運営をチェックするしくみとなっています（【図表 1-5-1】参照）。この点については，本章の最終章である「内部統制の限界を超える補完的仕組みとガバナンス」で再度，独法をチェックする仕組みについて解説します。また，2004 年 4 月に制定された国立大学法人法により法人化された国立大学法人も，一般に広義の独立行政法人とみなされています。独立行政法人，国立大学法人はいずれも，他の政府関係機関と同じように，その会計・決算が会計検査院の検査対象となっています。

本書の冒頭でも述べましたが，企業に対して J-SOX が施行された 2007 年，独立行政法人の 1 つである緑資源機構における林道整備事業をめぐる官製談合事件が発覚し，その結果同機構は廃止されました。その後も，独立行政法人における無駄遣いや国立大学法人などの教育・研究機関における公的研究費の不正使用など，非営利組織における不祥事が次々と発覚しました。その結果，独立行政法人が国民に対する説明責任を果たしつつ，そのミッションを最大限発揮できるように大きく制度の見直しが行われることになり

【図表 1-5-1】

独立行政法人のしくみ

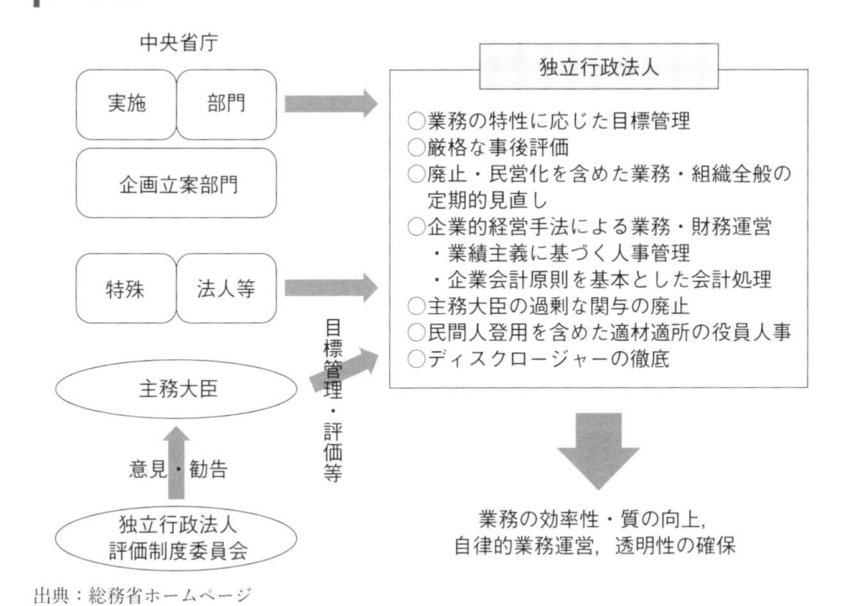

出典：総務省ホームページ

ました。具体的には，まず2013年に「独立行政法人改革等に関する基本的な方針」が閣議決定されました。その基本方針を受け，2014年には法人運営の基本となる「独立行政法人通則法」の一部が改正され，翌年の2015年に施行されました。この独立行政法人通則法とは，前述のように法人設立の根拠法であり，企業で言えば会社法にあたる，独立行政法人の運営にとって最も基礎的かつ重要な法令です。この法令の一部改正により，独立行政法人においても内部統制に取り組むべきであるという点が明確に示されたのです[2)]。

さて，前章までに米国や日本で内部統制が法制度化された際，法制度化に先立ち対象の組織が取り組むべき内部統制とは何か，という点について明快な解を提供した研究会があったため関係者の理解が深まり，その後の法制度運用がスムースになったことを解説しました。米国においてはSOX法の概念的支柱となったCOSOレポートであり，我が国においては金融商品取引法（いわゆるJ-SOX）の指針となった内部統制基準が該当します。独立行政法人への内部統制導入に関しても同様の動きがみられました。まず，前述の不正事案が発生した2007年には独立行政法人整理合理化計画（2007年12月24日閣議決定）において「内部統制の在り方について，第三者の専門的知見も活用し，検討を行う。」と明記され，それを受け2009年7月，総務省に「独立行政法人における内部統制と評価に関する研究会」が設置されました。その成果として，2010年3月に研究会での検討の集大成である「独立行政法人における内部統制と評価について（以下，独法内部統制報告書）」が公表されました（【図表1-5-2】参照）。

【図表1-5-2】

独立行政法人への内部統制の充実・強化の背景

■平成19年（2007年）5月に独立行政法人緑資源機構における林道整備事業をめぐる官製談合事件が発覚

■その後も関連公益法人等との随意契約や研究費の不正使用，無駄遣いなどの問題も発覚

↓

■独立行政法人整理合理化計画（平成19年12月24日閣議決定）において，「内部統制の在り方について，第三者の専門的知見も活用し，検討を行う。」と明記された

■平成21年（2009年）7月，総務省に「独立行政法人における内部統制と評価に関する研究会」が設置され，平成22年（2010年）3月に研究会での検討結果「独立行政法人における内部統制と評価について」が公表された

■これにより独立行政法人の内部統制について，初めて概念が整理された

出典：筆者

これにより，独立行政法人の内部統制とは何かという点について，初めて概念が整理されたのです（【図表1-5-3】参照）。

独立行政法人に内部統制が導入された経緯，制度の概要は以上のとおりです。独立行政法人における内部統制についてより深く理解するためには，前章まで解説してきた民間のものと同じなのか，異なるのかなどの点を理解する必要があります。特に独立行政法人にお勤めの方々は，ご自身の理解度を確認する目的で，内部統制に関する以下【図表1-5-4】の基本的な質問（理解度自己診断クイズ）に対して，どちらが独立行政法人の内部統制の性格をより適切に表現しているか，クイズにチャレンジしてみてください。

【図表 1-5-3】

報告書の全体像

内部統制は適切なマネジメントを可能とするための重要なツール

独立行政法人に国民の厳しい目が向けられている中，制度等のの見直しも重要であるが，法人自体におけるマネジメント改革が不可欠

質の高い行政サービス
（国民からの信頼）

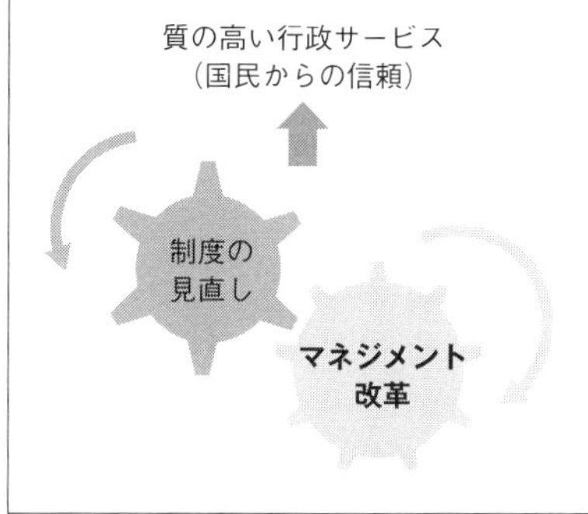

内部統制は独立行政法人評価にとっても重要な視点の一つ
（「独立行政法人の業務の実績に関する評価の視点」（平成 21 年 3 月 30 日政策評価・独立行政法人評価委員会決定））

ただし，独立行政法人の内部統制とは何か，明らかにされていなかった

（平成 21 年 7 月から　9 回にわたる検討）

【研究会報告書の構成】
（以下，「(p○)」は，研究会報告書における該当ページを示す。）

1　独立行政法人における内部統制の意義等（p2）
2　独立行政法人における内部統制の具体的取組（p15）
3　独立行政法人における内部統制に対する監査及び評価の視点（p25）
4　独立行政法人における内部統制の整備・運用上の課題（p26）

出典：総務省　報道資料（平成 22 年 3 月 23 日）「独立行政法人における内部統制と評価について―「独立行政法人における内部統制と評価に関する研究報告書の公表―」1 頁を転写。

【図表 1-5-4】

質問 1．独立行政法人の内部統制の枠組み
解答 A．基本的な枠組み，仕組みは民間と同じである
解答 B．基本的な枠組み，仕組みは民間と異なる

質問 2．独立行政法人組織のリスク傾向
解答 A．民間組織のリスクの傾向と基本的には同じである
解答 B．民間組織のリスクの傾向と基本的に異なる

質問 3．独立行政法人の内部統制の主たる目的・重点的取組課題
解答 A．主たる目的・重点的取組課題は民間と同じである
解答 B．主たる目的・重点的取組課題は民間と異なる

如何でしたでしょうか。解答に迷われた質問はありませんでしたか。読者の方々の独立行政法人の内部統制に対する理解を深めていただく目的で，以下にて質問（理解度自己診断クイズ）に対する正解を，前述の独法内部統制報告書（「独立行政法人における内部統制と評価について」）[3)]を参照しながら解説します（○が正解，×が不正解です）。

質問１ **独立行政法人の内部統制の枠組み**

○**解答 A.** 基本的な枠組み，仕組みは民間と**同じである**

×**解答 B.** 基本的な枠組み，仕組みは民間と**異なる**

独法内部統制報告書には，「(3) 独立行政法人における内部統制の目的及び基本的要素」という箇所があり，そこで示されている考え方は，第１部第４章で紹介した民間企業のための内部統制基準の考え方と同じで，内部統制の４つの目的，各構成要素に関しては両者まったく同一です（【図表 1-5-5】参照）。

質問２ **独立行政法人組織のリスク傾向**

×**解答 A.** 民間組織のリスクの傾向と基本的には**同じである**

○**解答 B.** 民間組織のリスクの傾向と基本的に**異なる**

質問１に対する解答で示したように，独立行政法人の内部統制の基本的枠組みは民間と同一ですが，リスク傾向は大きく異なります。この点は独法内部統制報告書の「イ 独立行政法人と民間企業とのリスクに対する考え方の相違と内部統制（p.3）」において考え方が示されています。また，総務省が独法内部統制報告書を発表した際の報道資料である概要資料（以下，独法内部統制報告書概要資料）にも考え方が図示されています（【図表 1-5-6】参照）。

一般に，民間企業におけるリスクとはすなわち，行き過ぎた利潤追求による不法行為，あるいは財務状況を実際よりも良く見せようとする粉飾決算などです。この点については第１部第２章（米国）および第４章（我が国）に

【図表 1-5-5】

枠組み（フレームワーク）は，内部統制の目的，基本的要素ともに基本的に共通

金融庁企業会計審議会『財務報告に係る内部統制の評価及び監査の基準』「Ⅰ．内部統制の基本的枠組み」

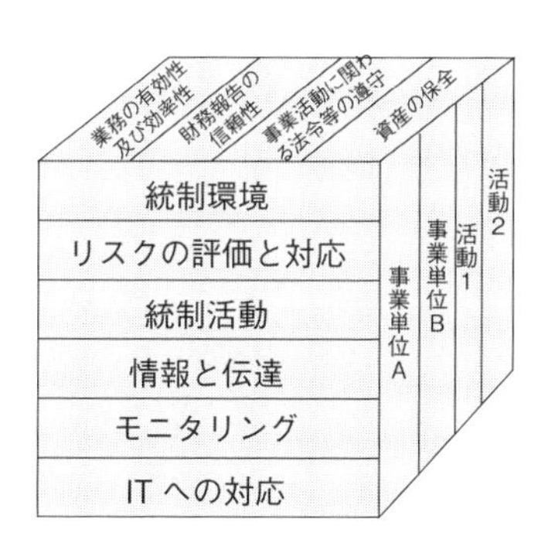

出典　金融庁企業会計審議会『財務報告に係る内部統制の評価及び監査の基準』「Ⅰ．内部統制の基本的枠組み」（2007年）に記載されている内容を基に筆者が作図

(p.6)
図表２　独立行政法人における内部統制の目的及び基本的要素

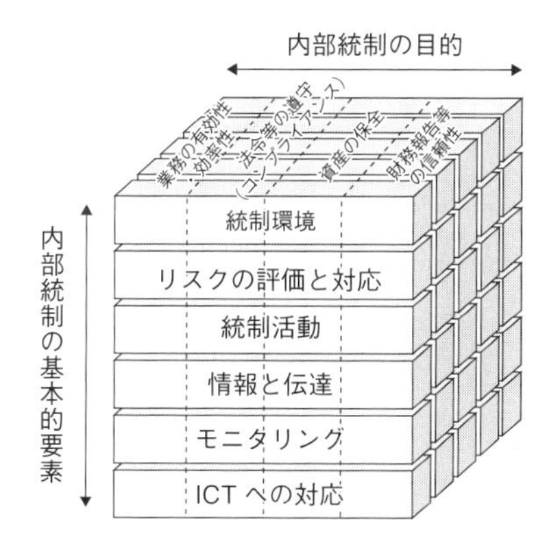

出典　総務省報道資料（平成22年3月23日）「独立行政法人における内部統制と評価について－「独立行政法人における内部統制と評価に関する研究会報告書の公表－」1頁を転写

出典：上記図中に記載
※目的範疇の「財務報告の信頼性」は2024年版の基準では「報告の信頼性」と変更になり，目的は財務報告に限定されない

おいて紹介した，民間企業に内部統制制度が導入される契機となった不正・不祥事案を振り返れば明らかです。一方で，独立行政法人にあっては，ミッションを果たすという目的が抽象的となりがちであり，目標設定や計画達成への意欲，責任の所在が曖昧になりがちです。この点が，企業の所有者である株主からの厳しい要求のある民間とは異なる点です。

質問３　独立行政法人の内部統制の主たる目的・重点的取組課題

×解答 A.　主たる目的・重点的取組課題は民間と**同じである**

○解答 B.　主たる目的・重点的取組課題は民間と**異なる**

【図表 1-5-6】

独立行政法人におけるリスク（p.3）

	民間企業	独立行政法人
目的	利潤の獲得 →目的が明確	ミッションを果たすこと →目的が抽象的
内部統制の位置付け	企業と構成員の利害は直結。構成員はおのずから利潤拡大に向けた行動を取る。 このため，**企業は行き過ぎた利潤追求**によって**社会的信用を失わないようにする**ことが重要。	独立行政法人制度では，中期的な目標管理に政府が関与することが法律上組み込まれている。独立行政法人は**法律に定められたミッション**を果たすことが重要。 このため，**複雑で多種多様な目標・計画を効果的かつ効率的に達成**することが重要。
対応すべき主なリスク	●法令違反のリスク ●**不適正な財務報告のリスク**	民間企業において対応すべきリスクだけでなく，以下のリスク対応が重要 ●**目標・計画の達成を容易するためにあえて高い水準の目標・計画を設定しないリスク** ●**責任を不明確にするために目標・計画をあいまいにするリスク** ●**高い目標・計画を設定してもそれらを効果的かつ効率的に達成することを阻害するリスク**

出典：総務省　報道資料（平成 22 年 3 月 23 日）「独立行政法人における内部統制と評価について―「独立行政法人における内部統制と評価に関する研究報告書の公表―」2 頁を転写

質問 2 に対する解答で示したように，独立行政法人のリスクが民間と異なることから，リスクに対応し組織目標達成するための仕組みとしての性格を有する内部統制の，それぞれの組織における主たる目的・重点的取組課題も異なってきます。この点については,独法内部統制報告書の「ア　目的（6-7 頁)」の箇所において次のように記されています。「独立行政法人制度の意義に鑑みれば，①業務の有効性及び効率性を最も重要な目的として位置付けることが重要である。」そして，「業務の有効性とは，中期目標等に基づき業務を行いつつ，独立行政法人のミッションを果たすことをいう。また，業務の効率性とは，より効率的に業務を遂行することをいう。」と記されています。この考えは独法内部統制報告書概要資料においても明確に示されています（【図表 1-5-7】参照)。

ただ，この点について筆者は解説が必要であると感じています。確かに利潤を追求するあまり，不法行為や粉飾決算を起こしてしまいがちな民間企業

【図表 1-5-7】

独立行政法人における内部統制とは

独立行政法人における内部統制とは（p.5）

中期目標に基づき法令等を遵守しつつ業務を行い，独立行政法人のミッションを有効かつ効率的に果たすため，法人の長が法人の組織内に整備・運用する仕組み
（法人の長は，制度上予定されている目標による管理及び法令等の遵守にとどまらず，法人のミッションを果たすことまでを念頭に組織を整備・運用すべきであり，また，そうしていることを想定）

内部統制の必要性（p.5）

●**戦略的なマネジメントに有効**
内部統制はミッションを果たすための課題（リスク）に対し組織一丸となって対応する仕組み。

●**目標・計画の複雑性**
独立行政法人の目標・実績は複雑で多種多様であり，それを達成するためには，高度なマネジメントが必要。

●**職員のインセンティブ向上の視点**
内部統制の取組を通じ，職員自ら職務等の重要性について認識するとともに，参加意識が高まる。

内部統制の目的と基本的要素（p.6）

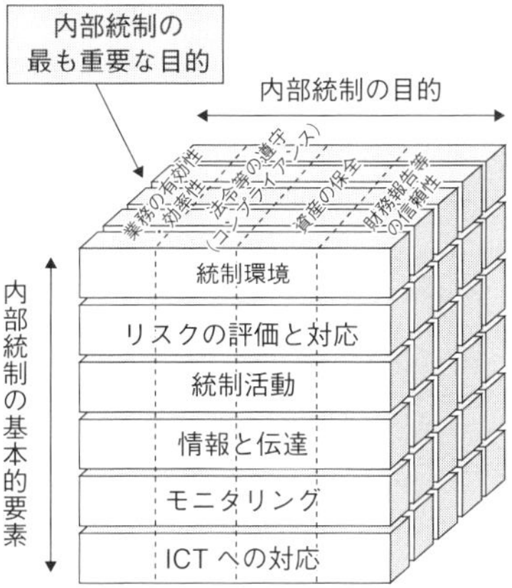

内部統制の
最も重要な目的

内部統制の目的

業務の有効性・効率性
法令等の遵守（コンプライアンス）
資産の保全
財務報告等の信頼性

内部統制の基本的要素

統制環境
リスクの評価と対応
統制活動
情報と伝達
モニタリング
ICT への対応

内部統制の目的及び基本的要素について，COSO（米国トレッドウェイ委員会支援組織委員会）のフレームワークを基本的に踏襲しつつ，独立行政法人の特性を考慮して整理。

出典：総務省　報道資料（平成 22 年 3 月 23 日）「独立行政法人における内部統制と評価について―「独立行政法人における内部統制と評価に関する研究会報告書の公表―」3 頁を転写

と異なり，規則を遵守することに重きを置き有効性・効率性が後回しになりがちな公的機関において，業務の有効性・効率性を内部統制の活動目的の最重要なものと位置付ける必要性は理解できます。しかし，忘れてならないのは，洋の東西を問わず，また組織体が民間企業か公的機関かを問わず，内部統制制度は不正や不祥事の発生後その反省のもとに導入されてきたという点です。したがって，その他の 3 つの目的，すなわち「法令の遵守（コンプライアンス)，「資産の保全」，「財務報告の信頼性」が業務の有効性・効率性に比べて重要性が低いということでは決してありません。独立行政法人のような公的機関にあっては，これらはむしろ達成されて当然の最低限の目的，すなわち組織運営における前提条件と位置付けるべきものだと筆者は考えます。

以上，質問（理解度自己診断クイズ）に対する解答を通じて，独立行政法人の内部統制に関する民間と同じ部分，異なる部分を解説しました。それでは次に，改正された「独立行政法人通則法（以下，独法通則法）」において，どのような内容が求められているのかを少し具体的に見て行きましょう。改正された独法通則法の第 3 章（業務運営），第 1 章（通則），（業務方法書）第 28 条の以下の部分が該当します（アンダーライン箇所が改正箇所，太字は筆者による）。

第二十八条　独立行政法人は，業務開始の際，業務方法第二十八条独立行政法人は，業務開始の際，**業務方法書**を作成し，主務大臣の認可を受けなければならない書を作成し，主務大臣の認可を受けなければならない。これを変更しようとするときも，同様とする。

2　前項の業務方法書には，役員（監事を除く。）の職務の執行がこの法律，個別法又は他の法令に適合することを確保するための体制その他**独立行政法人の業務の適正を確保するための体制**」の整備に関する事項その他主務省令で定める事項を記載しなければならない。

上記の「**独立行政法人の業務の適正を確保するための体制**」が独法通則法固有の内部統制システムの表現となります。この表現は会社法と類似しており，2005 年に制定（2006 年施行）された会社法上の内部統制の影響がうかがえます。「監事を除く」とあるのは，独立行政法人の幹事は理事長や理事，職員による職務執行が法令に適合しているかを監督・監査する立場にあり，職務執行者ではないからです。また，前述の独法内部統制報告書では，独立行政法人の内部統制について，より具体的に以下のように定義しています。

独立行政法人における内部統制とは，「中期目標に基づき法令等を遵守しつつ業務を行い，独立行政法人のミッション※を有効かつ効率的に果たすため，法人の長が法人の組織内に整備・運用する仕組み」

※ミッションについては，個別法により規定されている当該法人の設置目的（使命）を想定している。

この法令に従い各独立行政法人は，まずそれぞれの業務方法書[4]に自組織に導入・整備する内部統制の体制を記載することから始めることになりました。しかし，2005年の会社法改正により内部統制整備の面で約10年間先行する民間企業に比べて参考文献や取り組み実績が少ない状況にありました。したがって，各法人は独法内部統制報告書に記載された基本的な考え方を踏まえ，民間企業の会社法遵守のための体制整備の実務などを参考に取り組むしかなかったと思います。具体的には，各組織における内部統制システムの整備に関する事項をまず業務方法書に記載し，関連する規程を改訂・整備す

【図表 1-5-8】

独立行政法人における内部統制システムの整備・運用

改正後の独立行政法人通則法第28条第2項において，「業務方法書には，役員（監事を除く）の職務の執行がこの法律，個別法又は他の法令に適合することを確保するための体制その他**独立行政法人の業務の適正を確保するための体制**の整備に関する事項その他主務省令で定める事項を記載しなければならない」と，規定されている

・業務方法書の変更 ⇒ 「研究会報告書」に記載された基本的考え方を踏まえ，民間企業の会社法遵守のための体制整備の実務を参考に，各組織における内部統制システムの整備に関する事項を業務方法書に記載する
・内部統制システムに関する各種規程類を整備

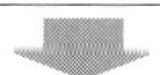

各独立行政法人において，2015年（平成27年）4月より内部統制システムをスタート

～会社法（2005年）による民間企業への導入の10年後～

出典：筆者

るなどの文書化を中心とした法対応から始めたという実態であったと思います（【図表 1-5-8】参照）。今後は更に，実効的な内部統制活動とするためにはどうすべきかという点について，組織ごとのミッションや組織文化などを踏まえ，各法人で工夫して実効性のある体制を構築していくことが望まれます。この点において，各法人の取組姿勢が問われるものと考えますので，本書第 2 部で解説する具体的な仕組み，そして仕組み活用のための実践知を参考として活動の実行性を高めていただきたいと思います。

地方自治体への導入

独立行政法人に続き 2017 年（平成 29 年）4 月には，地方自治法が改正され地方自治体にも内部統制制度が導入されることになりました[5)]。自治体の内部統制とは，端的に言うと，都道府県知事と政令指定都市の市長などの自治体の首長が内部統制システムを整備・運用し，その結果を自ら評価して内部統制報告書にまとめ監査委員の審査を受けることを，地方自治法改正により新設された第 150 条（2020 年 4 月 1 日施行）によって義務付ける制度です。ただし，この第 150 条には会社法と同様に「内部統制」という文言は出てきません。本条第 1 項では，「都道府県知事及び指定都市の市長は，その担任する事務のうち**次に掲げるものの管理及び執行が法令に適合し，かつ，適正に行われることを確保するための方針を定め，及びこれに基づき必要な体制を整備しなければならない**」と定められています。これが地方自治法固有の内部統制の表現になります。会社法固有の表現に類似していることにお気づきと思います。ここでの「次に掲げるもの」は以下の 2 点になります。

1）財務に関する事務その他総務省令で定める事務
2）前号に掲げるもののほか，その管理及び執行が法令に適合し，かつ，適正に行われることを特に確保する必要がある事務として当該都道府県知事又は指定都市の市長が認めるもの

上記，第 1 項 1）の財務に関する事務のリスクについては，必ず実施しな

くてはならない義務として，2）のそれ以外の事務に関するリスクについては，首長の判断で当該の自治体固有のリスクを選定し任意で，リスクに対応する基本方針を定め，これに基づいて必要な体制を整備することを求めています。また，本条の第2項では第1項で義務付けられていない市町村の市町村長に対し，第1項同様の対応を努力義務として設けています。更に第3項では，定めた方針を公表することを義務付けています。第1項から3項までの建付けは，内部統制の体制を取締役会で正式に定め，これに基づいて体制を整備し，その運用状況を事業報告書において公表することを義務付けている会社法に類似していると言えます。また，ここで決定し公表した基本方針に従った運用に関しては，本条第4項において，毎会計年度少なくとも1回以上評価した報告書を作成することを求めています。更に，第5項から第8項までの各号において，この報告書を監査委員が審査し合議で意見を決定すること，報告書と審査結果を最終的に議会に提出し，地域住民に対して公表することを定めています（【図表1-5-9】参照）。

この建付けは上場企業に課される金融商品取引法（J-SOX）による内部統制報告制度に類似しています。その意味で，この地方自治法第150条は，民

【図表1-5-9】

地方公共団体における内部統制制度	H32.4.1施行

改正地方自治法　平成32年（2020年）4月1日施行

第150条 第1項～3項		第150条 第4項～8項
・内部統制に関する方針の策定・公表 ・内部統制体制の整備	→ 内部統制体制の運用 →	・内部統制体制の評価 ・監査委員の審査 ・報告書の議会への提出

※内部統制体制：地方公共団体における事務が適切に実施され，住民の福祉の増進を図ることを基本とする組織目的が達成されるよう，事務を執行する主体である長自らが，行政サービスの提供等の事務上のリスクを評価及びコントロールし，事務の適正な執行を確保する体制

出典：総務省　報道資料（平成29年12月25日（月）総務省自治行政局行政課）「地方自治法等の一部を改正する法律について」6頁の一部を転写。条文番号等の説明を筆者が付加

間企業に対する会社法と金融商品取引法の両方の要素を1つの法令にまとめた内容となっていると言えると思います。なお本書では以降，法律上の正式な名称である「地方公共団体」と実質的に同じ意味であるという立場にたち，より一般になじみ深い用語である「地方自治体」，または「自治体」と表記を統一して論を進めます。

さて，本書の各章で洋の東西を問わず，また組織体が民間企業か独立行政法人のような公的機関かを問わず，制度としての内部統制は不正や不祥事が契機となって導入されてきた歴史を紹介しました。地方自治体においても，この点は例外ではありません。企業において（新）会社法による内部統制が導入され施行された2006年，自治体において相次いで発生した資金の不適正な取扱い，工事発注を巡る不祥事，休暇の不適正な取得，飲酒運転による交通事故などの不祥事案を受け，「地方行政及び地方公務員に対する信頼の回復について（2006年11月7日付け 総行公第75号）」が，総務事務次官より各都道府県知事，各政令指定都市市長宛てに発信されました。そこには「これまでの綱紀粛正の取組が適切であったか，あるいは不祥事を引き起こす土壌がなかったか厳しく見直すことにより，公務員倫理の確立や適正な行政執行体制の実現を図り，地方行政及び地方公務員に対する信頼の回復に努められるようお願いする」と記されています。また，その後も2008年11月に会計検査院から内閣に提出された平成19年度（2007年度）決算報告において，対象地方公共団体における国庫補助事業に係る事務費等の不適正経理処理事案が報告される等，自治体の運営に関する国民の信頼が失われる事案が相次いで発生しました。しかし，これらの不祥事に先立つ1999年4月には地方分権一括法が成立していましたので，国と各自治体は対等な関係に置かれることになっており，各地方公共団体は自らの判断と責任により，地域の実情に沿った行政を展開していくことが期待されていました。このような状況下，自治体における適正な行財政運営の当事者能力や透明度が低いまま地方分権が進展することは問題とされました。この流れを受け，総務省では2007年（平成19年）10月に「地方公共団体における内部統制のあり方に関する研究会」を発足させ，翌々年の2009年3月には研究会の成果である「地方公共団体における内部統制のあり方に関する研究会報告書」を公表しています。また，同年6月には第29次地方制度調査会「今後の基礎自治体及び監査・議会制度のあり方に関する答申」が公表されています。その前文では「本格的な地方分権時代を迎え，地方公共団体は自らの責任と判断でその任務を遂行し，住民の負託に応えていかなければならない。しかしながら，近年，一部の地方公共団体で不適正な財務処理等が指摘されるなど，地方公共団体におけるチェック機能のあり方が問われている。」と記されています。この自治体の内部統制を巡る議論は，その後も国が地方分権改革を推進する大きな流れのなかで，さまざまな機会に討議され2016年（平成28年）3月にはその集大成ともいうべき，第31次地方制度調査会「人口減少社会に的確に対応する地方行政及びガバナンスの在り方に関する答申」が公表されました。そしてこの答申を受けて，翌年の2017年6月に地方自治法

【図表1-5-10】

自治体への内部統制導入の経緯

1999年4月「地方分権一括法」の成立により，自治体が自らの裁量と責任によって地方行政を担うことが可能となった

2007年10月「地方公共団体における内部統制のあり方に関する研究会」を発足
2009年3月「地方公共団体における内部統制のあり方に関する研究会報告書」を公表
2009年6月　第29次地方制度調査会「今後の基礎自治体及び監査・議会制度のあり方に関する答申」

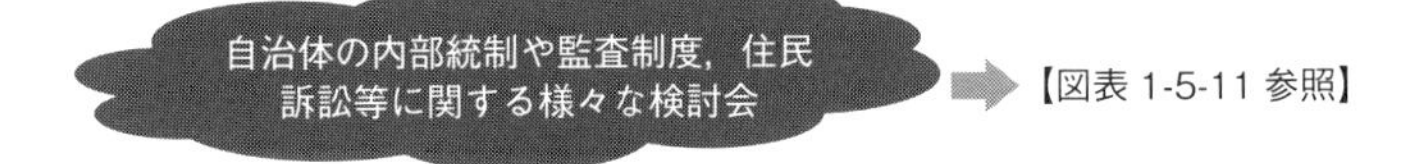

2016年3月第31次地方制度調査会「人口減少社会に的確に対応する地方行政及びガバナンスの在り方に関する答申」を公表

2017年6月地方自治法改正（2020年4月施行）

出典：筆者

が改正され，2020 年 4 月より施行されました。これにより，自治体にも内部統制が導入されることになりました（【図表 1–5–10】参照）。

本書では前第 4 章までに，まず企業に導入された内部統制制度に関して，米国の制度に倣って我が国に制度が導入された経緯を解説しました。同様に地方自治体のような公的機関における内部統制制度も米国が先行しており，米国連邦政府，州政府それぞれのレベルで監査と一体となった制度が導入されています。また，米国のみならず英国においても概ね同様の趣旨の制度が導入されています。地方自治法の改正により，米英等内部統制先進国に続き[6)]，我が国においてもようやく 2020 年度より地方自治体にも内部統制制度が導入されることになりました。

前述のように 2007 年 の「地方公共団体における内部統制のあり方に関する研究会」発足以来，この自治体の内部統制を巡る問題は様々な視点から議論されてきています。地方自治法が改正された 2017 年 6 月以降も「地方公共団体における内部統制・監査に関する研究会（2017 年 10 月〜）」が発足しており，「内部統制部会」，「監査部会」に分かれ，論点や今後の方向性が継続的に議論されています。そして，改正地方自治法が施行された 2020 年の前年の 2019 年 3 月には，内部統制部会における討議の集約として「地方公共団体における内部統制制度の導入・実施ガイドライン（以下，自治体内部統制ガイドライン）」が公表され，更に同年 10 月には『「地方公共団体における内部統制制度の導入・実施ガイドライン」に関する Q&A（以下，自治体内部統制 Q&A）』が公表されています【図表 1–5–11】参照）。

本書では米国や日本で内部統制が法制度化された際，法制度化に先立ち対象の組織が取り組むべき内部統制とは何か，という点について明快な解を提供した研究会等の報告書があったため関係者の理解が深まり，その後の法制度運用がスムースになったことを解説しました。これまでに企業および独立行政法人のためのそのような報告書を紹介し，それに沿って各組織にとっての内部統制について論じました。自治体の内部統制に関しては，この自治体内部統制ガイドライン，および自治体内部統制 Q&A が該当します。このガイドラインは，各自治体が内部統制制度を導入および実施する際に参考となる基本的な枠組みを示し，関係者の実務上の疑問に答えるものです。した

【図表 1-5-11】

地方自治体への内部統制制度導入を巡る議論の沿革と報告書等

公表時期	報告書等の名称	報告書等における主な提言内容
2009 年 3 月	「地方公共団体における内部統制のあり方に関する研究会報告書」	地方公共団体における内部統制の整備・運用のイメージ（例）を提示，自主的な取組を期待
2009 年 6 月	第 29 次地方制度調査会「今後の基礎自治体及び監査・議会制度のあり方に関する答申」	監査委員の監査の結果の決定方法や，外部監査制度の導入方法の見直し等を提言
2011 年 1 月	「地方自治法抜本改正についての考え方」	現行の監査委員制度・外部監査制度について，廃止を含めゼロベースでの見直し等を提言
2013 年 3 月	「地方公共団体の監査制度に関する研究会報告書」	地方公共団体の監査機能を充実強化するため，期待役割，監査基準，専門性と独立性，内部統制の整備等に関する論点と今後の方向性を示した
2014 年 2 月	「地方公共団体における内部統制の整備・運用に関する検討会報告書」	首長への内部統制体制の整備・運用の責任の明確化や内部統制の取組みの段階的な発展について具体的設計案を提示
2016 年 3 月	第 31 次地方制度調査会「人口減少社会に的確に対応する地方行政体制及びガバナンスのあり方に関する答申」	全ての長に内部統制体制を整備及び運用する権限と責任があることを明確化。ただし団体規模に配慮
2019 年 3 月	地方公共団体における内部統制・監査に関する研究会（2017 年 10 月～）内部統制部会「地方公共団体における内部統制制度の導入・実施ガイドライン」	各地方公共団体が内部統制制度を導入及び実施する際に参考となる基本的な枠組みや要点等を示すものであり，本ガイドラインの趣旨を踏まえ，団体ごとの規模や特性等に応じて，柔軟に対応することを期待
2019 年 10 月	「地方公共団体における内部統制制度の導入・実施ガイドライン」に関する Q&A	各地方公共団体が内部統制制度を導入及び実施する際に参考となる基本的な枠組みや要点等に関する Q&A 集

出典：総務省「地方公共団体における内部統制・監査に関する研究会」第 1 回（2017 年 10 月 17 日開催）会議資料 4 参考資料 5 頁「内部統制等による行政執行の適正確保を巡る議論の沿革（地方公共団体）」の内容をベースに筆者が加工

がって，本章のここからは基本的にこの自治体ガイドラインをベースに，また，必要に応じて【図表 1-5-11】に示したガイドライン公表以前の各研究会報告に記載されている考え方に立ち返って，地方自治体の内部統制について解説します[7]。

さて，2017 年に改正された地方自治法の第 150 条を根拠とした自治体の内部統制制度の概要および導入の経緯は以上のとおりです。ここで，自治体の内部統制をより深く理解するために，本書でこれまで解説してきた民間企業や独立行政法人における内部統制との共通点，異なる点などについて確認する必要があると考えます。本書ではこれまでに，民間企業や独立行政法人の内部統制の基本的理解に関して 2 者択一（○×）形式でまず質問を提示し，正解をお知らせするとともに解説しました。しかし，自治体の組織は首長，議会，地域住民等からなり，そもそも民間企業や独立行政法人の構成と根本的に異なる点が多くあります。そこで，単純な 2 者択一形式ではなく，オープンクエスチョン形式の質問（理解度自己診断クイズ）をまず提示します。そしてその後，前述の自治体内部統制ガイドラインや各種研究会報告書に記載されている考え方をベースに解説していき，読者の方々に自治体の内部統制に関する理解を深めて頂きたいと思います。質問は以下のとおりです（【図表 1-5-12】参照）。自治体の内部統制に関する理解度をチェックするために解答を読む前に，まずはご自身で考えてみてください。

【図表 1-5-12】

質問 1. 自治体における内部統制およびリスクに関して，民間企業，独立行政法人と共通の基本的考え方は何か？

質問 2. 自治体における内部統制およびリスクに関して，民間企業，独立行政法人と異なる点は何か？

質問 3. 自治体内部統制制度が義務として課している「財務に関する事務のリスク」とは具体的に何か？

質問 4. 自治体内部統制制度において「財務に関する事務のリスク」以外のリスクはどのようなものがあり，また，どのように取り組むべきか？

如何でしたでしょうか。具体的に解答することが難しい質問はありませんでしたか。読者の方々の自治体の内部統制に対する理解を深めていただく目的で，以下で質問（理解度自己診断クイズ）に対する解答を，自治体内部統制ガイドラインやそのQ&Aを参照しながら解説します。

質問1 **自治体における内部統制およびリスクに関して，民間企業，独立行政法人と共通の基本的考え方は何か？**

質問1．に対する解答

内部統制に関する基本的な考え方は，自治体，民間企業，独立行政法人すべてに共通です。自治体内部統制ガイドラインの「はじめに」に以下のような記述があります（抜粋。太字と下線は筆者による）。

・内部統制制度の導入により，地方公共団体は，組織として，予め**リスク（組織目的の達成を阻害する要因をいう**。以下同じ。）があることを前提として，法令等を遵守しつつ，適正に業務を執行することが，より一層求められる。

・地方公共団体の内部統制が有効に機能するためには，長の意識が最も重要である。**長は，内部統制の整備及び運用に関する最終責任者**であり，内部統制の基本的要素の1つである統制環境の根幹を成す組織文化に大きな影響を与えるからである。長は，**内部統制には一定の限界**があり，リスクの発現をゼロにすることはできないということにも留意（以下省略）

・最終的な責任は長にあるとは言え，内部統制は，**業務に組み込まれ，組織内の全ての者により遂行されるプロセス**であることから，長を含む全職員が主体的に取り組むことが求められる。

上記の記述からわかるように，内部統制の基本的性格，リスクを組織目的の達成を阻害する要因と位置づける点，組織トップが最終責任者であるが一定の限界があり，全員参加が必要なプロセスであるという考え方は，本書の冒頭で筆者が船の航行の例で解説した考え方と同一です。この考え方は民間企業，独立行政法人と共通の基本的考え方です。また，この基本的考え方のみならず，内部統制の4つの目的および6つの基本的要素についても同一です（【図表1-5-13】参照）。これは，自治体内部統制ガイドライン，および独立行政法人のための独法内部統制報告書が，民間企業のためのガイドラインである金融庁企業会計審議会の内部統制基準に記された内部統制の基本的枠組みの内容を踏襲しているためです。また更にその源流をたどると，前章の我が国企業への内部統制導入の箇所で述べたように，米国のCOSO報告書において整理された内部統制の基本的な考え方に遡ることができます。

【図表1-5-13】

（1）地方公共団体における内部統制とは

地方公共団体における事務が適切に実施され，住民の福祉の増進を図ることを基本とする組織目的が達成されるよう，事務を執行する主体である長自らが，行政サービスの提供等の事務上のリスクを評価及びコントロールし，事務の適正な執行を確保すること。

（2）地方公共団体における内部統制の４つの目的及び６つの基本的要素

４つの目的：①業務の効率的かつ効果的な遂行，②財務情報等の信頼性の確保及び適切な開示
③法令等の遵守，④資産の保全

６つの基本的要素：①統制環境，②リスクの評価と対応，③統制活動，④モニタリング
⑤情報と伝達，⑥ITへの対応

（3）内部統制の留意点・限界

・長の意識が「統制環境」に最も大きな影響を与える重要なものである。[H26報告書p.34]
・業務の効率化やリスクの減少等を通じて職員にとってもメリットがある取組とすべきである。[H26報告書p.35] [H26報告書p.17]
・リスクを完全にゼロにすることを可能とするものではない。[H21報告書p.40] [H26報告書p.3]
・既に存在している統制を可視化することを基本とし，費用対効果の高いものに優先的に取り組み，過度な文書化・過度な統制を防ぐべきである。[H21報告書p.76]

※関連箇所
H21報告書：地方公共団体における内部統制のあり方に関する研究会報告書（平成21年公表）
H26 報告書：地方公共団体における内部統制の整備・運用に関する検討会報告書（平成26年公表）

出典：総務省「地方公共団体における内部統制・監査に関する研究会」内部統制部会第1回（2017年10月24日開催）会議資料1「内部統制ガイドラインについて」3頁の内容を転写

質問2 **自治体における内部統制およびリスクに関して，民間企業，独立行政法人と異なる点は何か？**

質問2．に対する解答

内部統制に関する基本的な考え方は，直前の質問に対する解答で示したようにすべて共通です。しかし，基本的な考え方のなかにリスクを組織目的の達成を阻害する要因とするというものがあり，この「組織目標」は自治体，民間企業，独立行政法人それぞれに異なります。したがって，これら三者の内部統制の違いはこの組織目標の違いに由来します。まず，民間企業の究極の組織目標は，事業を通じて利益や企業価値を増大し，企業をとりまくステークホルダー，特に出資者であり企業の法的所有者である株主の期待に応え，その利益を分配することです。一方で，自治体の組織目標は【図表1-5-13】の（1）地方公共団体における内部統制とは，の箇所に記載されているように「**住民の福祉の増進を図ることを基本とする組織目的**が達成されるよう」に行政サービスを提供することです。金額換算や数値化が難しい多種多様な定性的な目標も含んでおり，また対象となる住民についても，年齢1つとっても子供から老人まで多様です。したがって民間企業ほど目標がシンプルではありません。また，独立行政法人に関しては，総務省ホームページに掲載されている定義は「各府省の行政活動から**政策の実施部門のうち一定の事務・事業を分離**し，これを担当する機関に独立の法人格を与えて，業務の質の向上や活性化，効率性の向上，自律的な運営，透明性の向上を図ることを目的とする」ですから，住民または国民の福祉の増進を図ること，という点では自治体と共通です。しかし，独立行政法人は政策の実施部門のうち一定の事務・事業が分離された組織であり，政策立案自体に関わることはありません。この点は，自治体と大きく異なる点です。

いずれの組織においても，内部統制活動が対象とするリスクは**「組織目的の達成を阻害する要因」**です。したがって，組織目的や目標が異なると，それぞれの組織で活動の対象とするリスクが当然異なってきます。殊に自治体においては政策立案やその執行に関わるリスクの種類は膨大な数となるため，すべて一度に対応することは困難です。したがって，地方自治法で最低限の義務として真っ先に対応するリスクとしては，自治法第150条第1項1)財務に関する事務のリスクのみがあげられています。そして，それ以外のリスクについては，各自治体の首長が特に重要と考えるものを任意で選択して対応することになります。自治体が絶対に実施すべき義務としてのリスク，および任意で対応すべきリスクの区分に関するこの自治法の定めは，財務事務に関する不祥事や，国庫補助事業に係る不適正経理処理事案に関する会計検査院の報告が法改正の契機となり，この点で住民の信頼回復が最重要命題となっていた経緯を考えると納得がいくと思います。

質問3　自治体内部統制制度が義務として課している「財務に関する事務のリスク」とは具体的に何か？

質問3．に対する解答

「財務に関する事務のリスク」とは直前の質問の解答のなかで記した，改正自治法第150条第1項で，対象自治体の義務として体制整備が課されているものです。自治体内部統制ガイドラインQ&Aでは，「内部統制制度の導入には一定の労力を要することが考えられることなどから，内部統制の取組の段階的な発展を促す観点に鑑みて，**まずは最低限評価すべきリスクとして財務に関する事務のリスクを対象に取り組むことが想定されています。**」と記されています。その理由は質問2の解答の最後で示した住民の信頼回復です。これらのリスクは，自治体内部統制ガイドライン公表以前の研究会報告書では「財務事務執行リスク」とも総称されていました。ガイドライン本文には詳しい説明はなされていないのですが，報告書の別紙3の「財務に関する事務についてのリスク例」に，過去の不祥事事例等を参考に，自治体で発生すると考えられるリスクの例が，内部統制の4つの目的（1．業務の有効性及び効率性，2．財務報告の信頼性，3．事業活動に関わる法令等の遵守，4．資産の保全）に沿って，予算執行，書類・情報の管理，契約・経理関係，資産管理などの分類で一覧化されています[8)]。例えば「業務に関わる法令等の遵守」目的の「予算執行」分類のなかには「勤務時間の課題報告」や「カラ出張」など，「契約・経理関係」分類のなかには「収賄」や「横領」など発生しがちな財務に関する事務のリスクがあげられています。ただし，一覧表で挙げられたこれらのリスクはあくまで全国どこの自治体でも発生する可能性のある財務に関する事務の最大公約数的なリスクの例で，個々の自治体に完全にあてはまるものではありません。したがって，各自治体ではこのリスク例を参考として，自組織で過去に実際に発生した不祥事例や会計検査院の報告内容などを参照し，各自治体固有の財務に関する事務のリスクをそれぞれ洗い出し，予防・早期発見のための体制を整備する必要があります。

質問４ **自治体内部統制制度において「財務に関する事務のリスク」以外のリスクはどのようなものがあり，また，どのように取り組むべきか？**

質問４．に対する解答

「財務に関する事務のリスク」は各自治体が共通で，最低限真っ先に対応すべきリスクです。しかし，改正自治法の趣旨，そして法改正に先立つ研究会での議論においては，各自治体はここから始め内部統制の取組を段階的に発展させていくことが期待されています。では，どのようなリスクに対応すべきでしょうか。そのキーワードは**「組織目的の達成を阻害するリスク」**です。自治体の組織目的または目標は**「住民の福祉の増進」**です。前述のように，自治体の業務は政策立案からその実施まで広範囲にわたるため，その数は膨大となります。自治体内部統制ガイドラインやQ&Aにはこれらのリスクの例示資料は提示されていません。しかし，【図表1-5-11】で示した地方自治体への内部統制制度導入を巡る議論の最も初期の研究会である「地方公共団体における内部統制のあり方に関する研究会」の報告書である「内部統制による地方公共団体の組織マネジメント改革～信頼される地方公共団体を目指して～（2009年3月）」内に（24頁），以下の説明があります。

「内部統制を整備・運用するに当たっての一つのキーワードは「リスク」であり，まずは，地方公共団体を取り巻くリスクについて組織的に把握することから始めなければならない。」

更に，この報告書には自治体を取り巻くリスクの例示資料[9)]が含まれています。この資料は，例えばセクハラ・パワハラ，個人情報の漏えい・紛失，機密情報の漏えい・紛失，不正アクセスなどの財務に関する事務以外のものも含んだ全般的なリスクが例示されたものとなっています。そしてその資料の説明として以下の記述があり，その趣旨が明確に記されています。

「地方公共団体を取り巻くリスクについて，地方公共団体が目指す目的やリスクの性質に応じて，試みに一覧としたものであるが，各団体においてリスクを洗い出していく場合，地域の実情に応じて，リスクをこのように分類・整理することが考えられる。なお，地方公共団体を取り巻く全てのリスクを一覧にすることを求めるものではなく，ここに掲げられたリスクも例示的なものである。」

各自治体においては，まずはこれらの資料を手掛かりに財務に関する事務のリスク以外の広範なリスクを組織的に識別し，重要なものから優先順位をつけて体制整備を進めていくことが期待されます。この組織目標達成を阻害するリスクの識別と評価のプロセスに関しては，自治体と異なる組織目標をもつ，民間企業，独立行政法人においても共通のものがありますので，本書第２部の「実効的内部統制活動の展開」の「リスクマネジメントを活用した取組み」各章でその方法論を具体的に論じたいと思います。

以上，質問（理解度自己診断クイズ）1～4に対する解答を通じて，自治体内部統制ガイドラインや各種研究会報告書に記載されている考え方をベースに，自治体内部統制の特徴，民間企業や独立行政法人の内部統制との共通点，異なる点などについて解説しました。制度としての内部統制という点では，三者の違いは実は他にも多くあります。特に，方針の組織決定，公表，内部統制の評価や外部評価・審査・監査の方法・プロセスなどは，各組織を対象とした内部統制制度の根拠法において規定されており，それぞれ大きく異なります。しかし，本書は組織目標達成のための仕組としての内部統制を解説し，実効的な活動を論ずることをメインテーマとしていますので，これらの各制度の詳細までは踏み込みません。また，独立行政法人および地方自治体以外の公的組織，例えば法に定められた規模を超える大規模な一般社団法人等，社会福祉法人についても，それぞれの根拠法である「一般社団法人及び一般財団法人に関する法律」および「社会福祉法」により，会社法に類似した業務の適性を確保する体制（内部統制）の構築義務が課されています。この点については紙幅の関係から，これらの組織の内部統制制度の詳細には踏み込みません。

私立学校への導入

企業，独立行政法人，地方自治体に続いて2025年4月施行の私立学校法の改正により，私立学校にも制度としての内部統制が導入されることになりました[10)]。具体的には，私立学校のうち，大学，短期大学及び高等専門学校を設置している学校法人である「大臣所轄学校法人」などでは「内部統制システム整備の基本方針」を策定し，理事会において決定することが法改正により求められています。大臣所轄学校法人「など」というのは，それ以外の学校法人でも，その事業の規模又は事業を行う区域が政令で定める基準に該当するものが含まれるからです。更に，それ以外の学校法人においても，実情に応じて内部統制システムを整備することが望ましいとされています。今回の改正に関する文部科学省の説明資料「私立学校法の改正について」によれば，今回の法改正の趣旨は以下のようなものです（太字と下線は筆者による加工）。

【趣旨】

我が国の公教育を支える私立学校が，社会の信頼を得て，一層発展していくため，**社会の要請に応え得る実効性のあるガバナンス改革を推進**するための制度改正を行う。幅広い関係者の意見の反映，**逸脱した業務執行の防止**を図るため，理事，監事，評議員及び会計監査人の資格，選任及び解任の手続等並びに理事会及び評議員会の職務及び運営等の学校法人の管理運営制度に関する規定や，**理事等の特別背任罪等の罰則**について定めるまた，同説明資料中に記載されている「私立学校法改正に関る基本的な考え方」において改正のポイントとして，1．ガバナンス改革の目的，2．理事会と評議員会の権限関係，3．「対立」ではなく「協働」，**4．不祥事を防止する複層的な仕組み**の4点について説明されています。特に最後の点については，以下のような説明がなされています。

【4．不祥事を防止する複層的な仕組み】

今回の改正では，**不祥事を防止する仕組み**として，人事上の仕組みのほか，**不正等の防止や緊急措置の仕組みを整備**している。人事は適材適所の観点から，**不正等の防止は危機管理の観点から，それぞれ運用される**こととなる。

以上のことから，今回の法改正は，2021年以降相次ぎ発生し，世間を騒がせた私立大学の不正・不祥事，例えば理事長による横領・背任などの法人トップによる逸脱行為などを背景として，特に私立大学法人のガバナンス強化が喫緊の社会的重要課題とされてきたことが背景にあると筆者は考えます。その点では，本書で繰り返し述べてきたように，制度としての内部統制は世間を騒がせた不正・不祥事の反省のもとに再発防止を目的として導入されてきた，他形態の組織である民間企業，独立行政法人，地方自治体における内部統制導入の流れと同じです。今回の法改正のポイントである私立学校法人のガバナンス強化については，本書第2部の最終章の「両輪として機能する内部統制とガバナンス」の節で再びこの問題に触れますので，ここでは大臣所轄学校法人などに求められる内部統制システムについて簡単に説明を加えたいと思います。

まず，私立学校法改正施行（2025年4月）までに求められる作業としては以下になります（【図表1-5-14】および【図表1-5-15】参照）。

上記の表で「寄付行為」という，一般に耳慣れない用語が用いられていますが，私立学校関係者以外の読者のために，ここで簡単に解説します。文部科学省ホームページに掲載されている「学校法人制度の概要」において「寄付行為」は以下のように説明されています。

【図表 1-5-14】

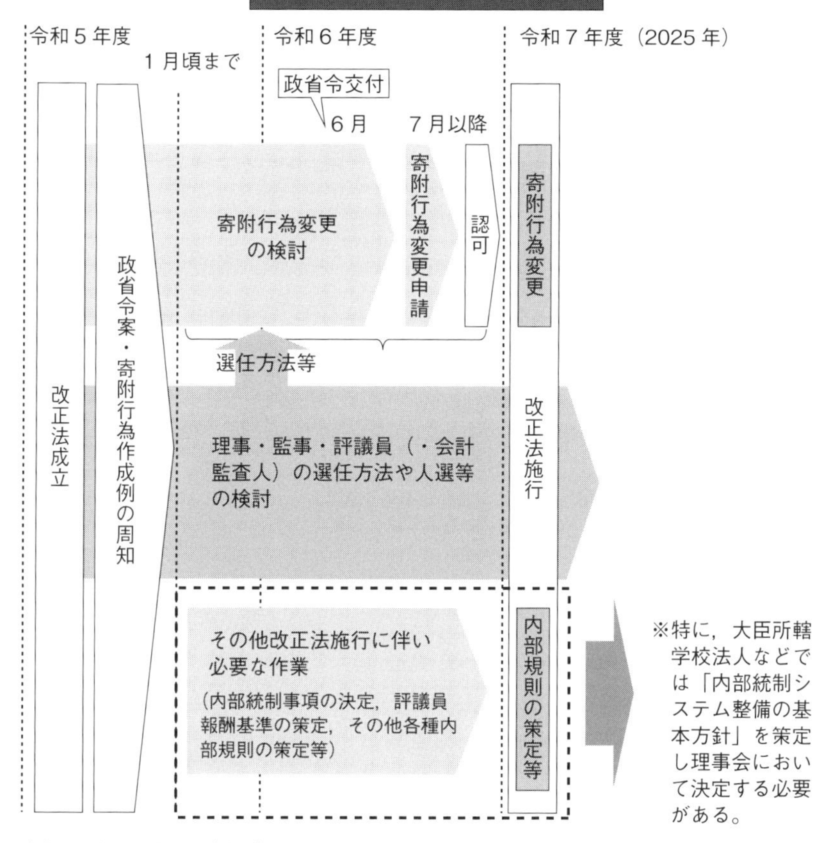

出典：文部科学省説明資料「私立学校法の改正について」9頁の図表「私立学校法改正全体スケジュール」をベースに筆者が若干加工。下線，点線による囲み，※の注は筆者が加筆

【寄付行為】

寄附行為とは，学校法人の根本規則たるべきものであって法人の現在及び将来の在り方を規制するものであり，法律に定められた事項（必要的記載事項）のほか，法令の規定に違反しない限り，任意的な事項を定めることができるが，寄附行為の変更には一部の届出事項を除き所轄庁の認可が必要となります。

【図表 1-5-15】

内部統制システム構築の具体的な流れ

学校法人における内部統制システムを構築するまでの具体的な流れは以下のとおりです。内部統制システムを整備した後は，適切な運営，確認，改善のサイクルを回していただく必要があります。

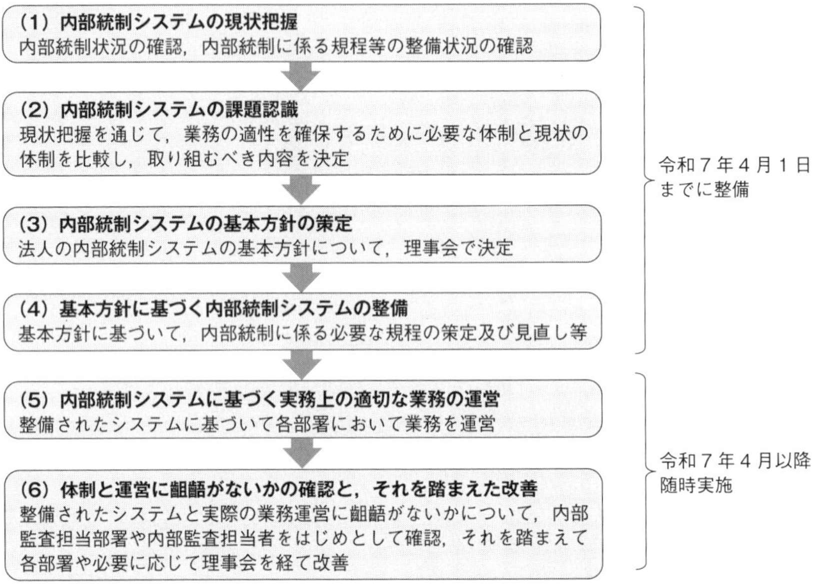

手順	時期
(1) 内部統制システムの現状把握 内部統制状況の確認，内部統制に係る規程等の整備状況の確認	令和７年４月１日までに整備
(2) 内部統制システムの課題認識 現状把握を通じて，業務の適性を確保するために必要な体制と現状の体制を比較し，取り組むべき内容を決定	
(3) 内部統制システムの基本方針の策定 法人の内部統制システムの基本方針について，理事会で決定	
(4) 基本方針に基づく内部統制システムの整備 基本方針に基づいて，内部統制に係る必要な規程の策定及び見直し等	
(5) 内部統制システムに基づく実務上の適切な業務の運営 整備されたシステムに基づいて各部署において業務を運営	令和７年４月以降随時実施
(6) 体制と運営に齟齬がないかの確認と，それを踏まえた改善 整備されたシステムと実際の業務運営に齟齬がないかについて，内部監査担当部署や内部監査担当者をはじめとして確認，それを踏まえて各部署や必要に応じて理事会を経て改善	

出典：文部科学省説明資料「「内部統制システムの整備について」7頁の図表「4．内部統制システム構築の具体的な流れ」より

換言すると，学校法人の「寄附行為」とは，民間企業の定款や独立行政法人における業務方法書に相当する法人基本文書であり，学校法人の理事や理事会などや，会計に関する規則などが記されているものです。従来は法に違反しない限り当該法人の裁量で比較的自由に記載できていたものが，今回の私立学校法の改正により役員等の資格・選解任の手続等について，「理事選任機関を寄附行為で定める。理事の選任に当たって，理事選任機関はあらかじめ評議員会の意見を聴くこととする。理事長の選定は理事会で行う。」というふうに変更となったため，各学校法人では法改正に伴い，理事・理事会，監事及び評議員・評議員会の権限分配を整理し，寄付行為の変更を検討

する必要があります。

内部統制システム構築に関しては，文部科学省ホームページに，前述の法改正に関する全体説明資料「私立学校法の改正について」に加えて，大臣所轄学校法人などに求められる学校法人の内部統制システムとはどのようなものか，という関係者の疑問に答えるため，別途「内部統制システムの整備について」という独立した説明資料が掲示されています。そこでは以下のように記されています。

> 【内部統制システムについて（基本的な考え方）】
> 今般の私立学校法の改正により，大臣所轄学校法人等においては，「**理事の職務の執行が法令及び寄附行為に適合することを確保するための体制その他学校法人の業務の適正を確保するために必要なものとして文部科学省令で定める体制の整備」（＝内部統制システムの整備）**が必要となり，その基本方針を理事会で決定しなければならないことになります。また，大臣所轄学校法人等以外の学校法人においても，各学校法人の実情に応じ，内部統制システムを整備することが望まれます。

【図表 1-5-16】

1．内部統制とは何か！？

【定義】

内部統制とは，基本的に，その目的が達成されているとの合理的な保証を得るために，業務に組み込まれ，組織内の全ての者によって遂行されるプロセスをいう。

→ **学校法人が，その活動を健全かつ効率的に運営するための仕組みのこと**

【4 つの目的】

（1）業務の有効性及び効率性

→ 事業活動の目的の達成のため，業務の有効性及び効率性を高めること

（2）報告の信頼性

→ 組織内及び組織の外部への報告（非財務情報を含む。）の信頼性を確保すること

（3）事業活動に関わる法令等の遵守

→ 事業活動に関わる法令その他の規範の遵守を促進すること

（4）資産の保全

→ 資産の取得，使用及び処分が正当な手続及び承認の下に行われるよう，資産の保全を図ること

出典：文部科学省説明資料「内部統制システムの整備について」2 頁の図表より

上記の記述は，本書第１部第３章で解説した会社法固有の内部統制の表現に似ていることにお気づきだと思います。同説明資料ではさらに続けて，私立学校法人の内部統制とは何か？その基本的要素とは何か？という点，すなわち私立学校法人の内部統制の定義が以下に端的に示されています（【図表1-5-16】および【図表1-5-17】参照】)。

【図表 1-5-17】

2. 内部統制の６つの基本的要素

内部統制は，以下の６つの基本的要素から構成されています。それらを整備・運用することで内部統制の目的を実現させることになります。

(1) 統制環境
組織の気風を決定し，組織内の全ての者の統制に対する意識に影響を与えるとともに，他の基本的要素の基礎をなし，その対応に影響を及ぼす基盤　→　**内部統制の目的を達成しようという学校法人全体の雰囲気のこと**

(2) リスクの評価と対応
組織目標の達成に影響を与える事象について，組織目標の達成を阻害する要因をリスクとして識別，分析及び評価し，当該リスクへの適切な対応を行う一連のプロセス
→　**様々なリスクの顕在化の可能性や影響の程度を踏まえ，対応の優先度をランキング付けし，具体的な対応策を考えること**

(3) 統制活動
→　**経営者の命令及び指示が適切に実行されることを確保するために定める方針及び手続のこと**

(4) 情報と伝達
→　**必要な情報が識別，把握及び処理され，組織内外及び関係者相互に正しく伝えられていることを確保すること**

(5) モニタリング
→　**内部統制が有効に機能していることを継続的に評価するプロセスのこと**

(6) IT への対応
組織目標を達成するために予め適切な方針及び手続を定め，それを踏まえて，業務の実施において組織の内外の IT に対し適時かつ適切に対応すること。　→　**IT を有効利用し，適切に管理すること**

(「財務報告に係る内部統制の評価及び監査の基準」(企業会計審議会) を参考に文部科学省において作成)

出典：文部科学省説明資料「内部統制システムの整備について」３頁の図表より

上記の内部統制の基本的要素【図表1-5-17】の下段に『「財務報告に係る内部統制の評価及び監査の基準」(企業会計審議会) を参考に文部科学省において作成」』という記述があることからも判るように，私立学校法人の内部統制の基本的考え方は，金融庁企業会計審議会の内部統制基準の考え方を

踏襲しており，さらにその源流をたどれば米国COSOの内部統制の考え方をベースとしています。その意味で，私立学校法人の内部統制の基本的考え方は，本書第1部第4章，第5章を通じて解説した，企業および公的機関の内部統制と同一線上にあることになります。

上記の基本的な考え方を踏まえ，それぞれの私立学校法人で自組織において具体的にいかなる内部統制システムが必要かという点を検討する必要があります。文部科学省説明資料「内部統制システムの整備について」において，「①理事会として方針を決定するとともに，②具体的な整備を行わなければなりません」として，決定すべき基本方針が例示されていますので，参考として掲載します（【図表1-5-18】参照）。

【図表1-5-18】

<table>
<tr><th colspan="2"></th><th>①理事会として決定する基本方針例</th><th>②具体的な整備例</th></tr>
<tr><td colspan="2">理事の職務の執行が法令及び寄附行為に適合することを確保するための体制</td><td>・法令遵守体制の整備方針や理事会における適切な監督体制の整備等</td><td>・コンプライアンス規程・法令遵守マニュアルの作成
・理事会運営規則の作成</td></tr>
<tr><td rowspan="3">省令で定める体制</td><td>一　理事の職務の執行に係る情報の保存及び管理に関する体制</td><td>・理事が意思決定や業務執行を行った場合又は職員が職務執行を行った場合における，当該行為に関する記録の作成，保存，管理，廃棄及び閲覧方法等</td><td>・議事録・決裁文書等に関する文書管理規程の作成</td></tr>
<tr><td>二　損失の危険の管理に関する規程その他の体制</td><td>・想定されるリスクの内容及びその防止策（具体的な手続・機構）
・発生したリスクへの対処方法
・当該手続や対処方法を実施するための人的・物的体制に関する事項</td><td>・リスク管理規程の作成，リスク管理組織，責任者の設置
・緊急時の役員対応等
・役職員に対するリスク管理研修の実施
・リスク管理手法や体制の有効性検証・見直し</td></tr>
<tr><td>三　理事の職務の執行が効率的に行われることを確保するための体制</td><td>・理事が職務執行を行うにあたって必要な決裁体制等
・外部の専門家の助言を受けるための体制等
※その他には，理事の職務執行のために効率的な人員配置がなされているか検証する体制等に関する事項を決定することも考えられる。</td><td>・理事職務権限規程の作成
・職員の職務分掌に関する規定の作成</td></tr>
</table>

		①理事会として決定する基本方針例	②具体的な整備例
省令で定める体制	四　職員の職務の執行が法令及び寄附行為に適合することを確保するための体制	・法令遵守体制の整備方針 ・職員相互間の適切な監督体制の創設等	・コンプライアンス規程・法令遵守マニュアルの作成 ・職員に対するリスク管理に関する教育・研修の継続的な実施 ・内部監査部門の設置
	五　監事がその職務を補助すべき職員を置くことを求めた場合における当該職員に関する事項	・監事が補助職員を求めた場合における対応方針 ・補助職員を監事専属とするのか他の部署と兼務させるのか ・補助職員の人数や地位等	・監事監査規程の作成 ・監査室，コンプライアンス室の設置
	六　前号の職員の理事からの独立性に関する事項	・補助職員の採用，異動についての監事の同意の要否 ・理事の補助職員に対する指揮命令権の有無 ・補助職員の報酬及び懲戒についての監事の関与 ・補助職員の人事評価についての監事の意見陳述	・監事監査規程の作成
	七　監事の第五号の職員に対する指示の実効性の確保に関する事項	・補助職員の重要会議への同行の要否	・監事監査規程の作成

		①理事会として決定する基本方針例	②具体的な整備例
省令で定める体制	八　理事及び職員が監事に報告をするための体制その他の監事への報告に関する体制	・監事に報告すべき事項の範囲 ・報告すべき事項に応じた報告方法 ・職員が監事に直接報告することができる制度（内部通報制度）	・監事監査規程の作成 ・内部通報に関する規定の作成
	九　前号の報告をした者が当該報告をしたことを理由として不利な取扱いを受けないことを確保するための体制	・監事への報告を理由とする解雇等不利益処分の禁止 ・職員から法人への報告が直接又は間接に監事に対して行われる体制	・監事監査規程の作成 ・内部通報に関する規定の作成

	十　監事の職務の執行について生ずる費用の前払又は償還の手続その他の当該職務の執行について生ずる費用又は債務の処理に係る方針に関する事項	・監事の職務の執行について生ずる費用の前払い又は償還手続	・監事監査規程の作成
	十一　その他監事の監査が実効的に行われることを確保するための体制	・その他学校法人の実情に応じて，監事の監査が実効的に行われることを確保するための体制	・理事会長と監事の定期的な会合の実施 ・監事が必要と認めた場合における，弁護士，公認会計士等の外部専門家との連携

※上記はあくまで例示であり，具体的には各学校法人の実態に応じて御判断ください。
出典：文部科学省説明資料「内部統制システムの整備について」4-6頁の図表より

以上が文部科学省による「制度としての内部統制」の概要と，大臣所轄学校法人等において内部統制に関する**当面求められる対応**です。本節の最初に述べたように，今回の私立学校法改正は2021年以降相次ぎ発生し，世間を騒がせた私立大学の不正・不祥事，例えば理事長による横領・背任などの法人トップによる逸脱行為などを背景として，ガバナンス強化策の導入の緊急性・重要性が背景にあります。その点では，組織価値棄損を予防するための必要な体制であると考えます。一方で，本書を通して筆者が一貫して論じているように，内部統制とは本来，組織が価値棄損を予防するのみならず，目標達成するために組織内に自主的・自律的に構築する仕組みです。したがって，**より長期的な対応**としては，【図表1-5-15】の上段の説明にあるように，「内部統制システムを整備した後は，適切な運営，確認，改善のサイクルを回して」いく必要があります。その意味で，私立大学教員の一人としての筆者の考えとしては，各学校法人がそれぞれ固有の建学の精神に立ち返り，不祥事等防止のみならず，より長期の視点で教育・研究機関としての本来の目的・目標達成を妨げる重要リスクを識別し，それに対するリスクマネジメントとしてのPDCAサイクルを回していくことが必要であると考えます。そして，教育・研究機関として一層の組織価値向上に資する仕組みとして，内部統制システムを位置付け活用していくことが重要であると考えます。

さて，以上本書第１部では第４章で企業，第５章では独立行政法人，自治体，私立学校法人と，制度としての内部統制が導入された時系列順に，その経緯，概要を解説してきました。最後にまとめとして，いずれの組織においても次の点に留意して活動を推進する必要があることを強調しておきたいと思います。すなわち，本書第１部の第２章で説明したように（【図表 1-2-7】参照），本来の内部統制とは法で強制されずとも組織内に構築すべき制御の仕組みとして，主として組織内部の者が受益者となるシステムです。他方，外部の関係者に対しての説明責任・義務を果たすべく法により強制される内部統制（評価・報告）制度があります。両者は，活動の受益者が誰かという点において，活動内容が異なりますが，同根であり活動の重複部分があります。組織目標達成のために組織内に構築する仕組みとしての本来の内部統制は，それぞれの組織に課される法制度の違いを超え，すべての形態の広義の公的組織に共通です。そこで次の第２部では，読者の方がどのような組織に所属していようとも共通である仕組みとしての内部統制とは具体的にどのようなものか，そして如何にしてその仕組みを実効的なものとし，組織体の価値棄損を予防し，価値向上していくかという実務について極力具体例をあげ解説します。したがって，第１部の内部統制のフレームワークについてはここで筆をおき，第２部で実効的内部統制の展開方法を具体的に論じていきたいと思います。

COLUMN ⑤　公的組織の内部統制の対象は今後拡大？　私立学校の事例

本章では，公的機関への内部統制制度の導入ということで，その代表として，独立行政法人と地方自治体の制度を解説しました。また，公共機関の一環としての私立学校法人の内部統制についても概説しました。国立大学法人は独立行政法人とは異なる根拠法（国立大学法人法）に基づく法人ですが，求められる制度としての内部統制システムという点に関しては，独立行政法人とほぼ同様です。筆者は現在私立大学の教員ですが，私立大学には国立大学に求められる内部統制制度は適用されません。しかし，本章の最後の節で解説したように「社会の要請に応え得る実効性のあるガバナンス改革をするため」私立学校法が改正され，2025 年４月より施行されます。文部科学省による「私立学校法の改正について」という制度の趣旨説明文書の基本的な考え方には,「不祥事を防止する複層的な仕組み」という項目が含まれていることから，制度導入は世間を騒がせた昨今の私立大学における複数の不祥事が契機となっていることがうかがえます。この点は，本書第1部で解説した，米国および日本における民間企業，公的機関に制度としての内部統制が導入された経緯と同じです。法改正に伴い，各学校法人では，理事・監事・評議員からなるガバナンス体制を整備することなどが求められます。更に，大臣所轄学校法人等では,「内部統制システム整備の基本方針」を策定し，理事会で決定しなければならない，とされました。直前の節で解説したように，文部科学省の「内部統制システムの整備について」という説明文書に記されている，学校法人の内部統制の定義，内部統制の目的・構成要素は，基本的には会社法，独法通則法，そしてそれらの組織を対象とした概念的枠組み（フレームワーク）のものとほぼ同様なものとなっています。これを受け，各学校法人ではそれぞれの法人の実情に応じ内部統制システムの整備の基本方針を定め，具体的な施策を検討することになります。この点においては，価値棄損（不祥事等）の防止のみならず，各学校法人のそもそものミッションを踏まえ，目標達成に資する実効的な体制整備の検討が求められます。以上は，本書執筆時点で最新の制度としての内部統制が導入された学校法人の事例ですが，現在は制度としての内部統制が求められていない公的組織においても，今後不正・不祥事等が発生した場合には，強制的・他律的に制度が求められることは他組織の事例をみれば明らかです。したがって，その前に「組織が価値棄損を予防し，目標達成するために組織内に自主的・自律的に構築する仕組み」としての本来の実効的内部統制を各組織において構築していくことが重要です。

第1部　第5章注

1）本書が対象とする読者像
　本書の「はじめに」とその文中の【図表 0-1】を参照。

2）独立行政法人制度改革
　以下の政府発表資料を参照した。

　内閣官房行政改革推進本部事務局「独立行政法院制度改革関連法の骨子」平成 26 年（2014 年）6 月
　総務省報道資料「独立行政法人における内部統制と評価について―独立行政法人における内部統制と評価に関する研究会報告書の公表―」平成 22 年（2010 年）3 月 23 日
　独立行政法人における内部統制と評価に関する研究会「独立行政法人における内部統

制と評価について」平成22年（2010年）3月
以上の政府発表資料の他，以下の文献を参照した。

縣公一郎，原田久，横田信孝『検証　独立行政法人「もう一つの官僚制」を解剖する』勁草書房，2022年
「独立行政法人・特殊法人　総覧（令和3年度版）」一般財団法人行政管理研究センター，2023年

3）独法内部統制報告書の原文
総務省のホームページの以下のURLに本報告書の「ポイント」，「概要」，「本文」のPDF版が掲載されている。ダウンロード可能（2024年執筆時点）であるので，原文を確認されたい読者は適宜参照されたい。

独立行政法人における内部統制と評価について
―独立行政法人における内部統制と評価に関する研究会報告書の公表―
https://www.soumu.go.jp/menu_news/s-news/26834.html

4）業務方法書
内閣府の定義によれば，「業務方法書とは，独法通則法第28条に基づき，独立行政法人が，業 務の適正を確保するための体制の整備や業務についての基本的事項を定めるものであり，作成や変更については，主務大臣の認可が必要とされている」文書である。

5）地方自治体への内部統制制度導入
以下の政府発表資料を参照した。

総務省　報道資料《平成29年（2017年）12月25日（月）総務省自治行政局行政課)》「地方自治法等の一部を改正する法律について」
総務省「地方公共談台における内部統制制度の導入・実施ガイドライン」平成31年（2019年）3月
総務省『「地方公共団体における内部統制制度の導入・実施ガイドライン」に関するQ&A』平成31年（2019年）10月
その他，本文中の【図表1-5-11】にまとめた各種研究会報告書
以上の政府発表資料の他，以下の文献を参照した。

駒林良則「内部統制制度の自治体への導入について」立命館法学2016年1号（365号）
石川恵子『地方自治体の内部統制―少子高齢化と新たなリスクへの対応―』中央経済社，2017年
有限責任監査法人トーマツ　パブリックセクター・ヘルスケア事業部（編著）『Q&Aでわかる！自治体の内部統制入門』学陽書房，2018年
久保直生・川口明浩（編著）『地方公共団体の内部統制の実務―制度解説と先行事例―』中央経済社，2020年

6）米英における公的機関の内部統制
米英の公的部門，自治体における内部統制および監査制度については以下の文献が参考となった。

清水涼子『地方自治体の監査と内部統制―2020年改正制度の意義と米英との比較―』

同文舘出版，2019 年，特に 87-146 頁「第 2 章　アメリカの公的部門における内部統制及び監査制度」および 147-159 頁「第 3 章　イギリス地方公共団体の監査及びガバナンス」が参考となる。

7）【図表 1-5-11】に示した報告書等の原文

総務省のホームページの以下の URL に本ガイドラインや Q&A 等の各種資料の PDF 版が掲載されている。ダウンロード可能（2024 年執筆時点）であるので，原文を確認されたい読者は適宜参照されたい。

地方公共団体における内部統制・監査に関する研究会
https://www.soumu.go.jp/main_sosiki/kenkyu/chihoukoukyou_naibu/index.html

内部統制関連の研究会のうち，既に終了したものについても以下の URL から，報告書，参考資料等の PDF 版が入手可能（2024 年執筆時点），必要に応じて参照されたい。

終了した研究会等
https://www.soumu.go.jp/menu_sosiki/kenkyu/kenkyu_back.html

8）「財務に関する事務についてのリスク例」

総務省のホームページの以下の URL に本ガイドラインの PDF 版が掲載されており，ダウンロード可能（2024 年執筆時点）である。本実施ガイドラインの最終頁に「(別紙 3) 財務に関する事務についてのリスク例」として 62 項目のリスク例が掲示されている。必要に応じて参照されたい。ただし「※過去の不祥事例等を参考に，地方公共団体において発生すると考えられるリスクを一覧にしている。」との注があり，網羅的なリスク事象ではなく，あくまで例示であるとしている。

報道資料「地方公共団体における内部統制制度の導入・実施ガイドライン」の改定
https://www.soumu.go.jp/menu_news/s-news/01gyosei01_02000316.html

9）「自治体を取り巻くリスクの例示資料」

総務省のホームページの以下の URL に研究会報告書の PDF 版が掲載されており，ダウンロード可能（2024 年執筆時点）である。公開されている複数の研究報告書のうち「内部統制による地方公共団体の組織マネジメント改革～信頼される地方公共団体を目指して～」という文書の 25-27 頁に「地方公共団体を取り巻くリスク一覧（イメージ)」として 101 項目のリスク例が掲示されいている。必要に応じて参照されたい。ただし，ただし「次の表は，地方公共団体を取り巻くリスクについて，地方公共団体が目指す目的やリスクの性質に応じて，試みに一覧としたものである」と記載しており，網羅的なリスク事象ではなく，あくまで例示（イメージ）であるとしている。

地方公共団体における内部統制のあり方に関する研究会最終報告書《表紙・目次・本文（1-80 頁）PDF》
https://www.soumu.go.jp/main_sosiki/kenkyu/internal_control/12172.html

10）私立学校法改正（2025 年 4 月施行）の概要等

以下の政府発表資料を参照した。

文部科学省　ホームページに掲載された説明資料「私立学校法の改正に関する説明資料」《令和 6 年（2024 年）7 月 8 日更新》

文部科学省　ホームページに掲載された説明資料「内部統制システムの整備について」
文部科学省ホームページの以下の URL から説明資料の PDF 版が入手可能（2024 年執筆時点），必要に応じて参照されたい。

私立学校法の改正について（令和 5 年改正）
https://www.mext.go.jp/a_menu/koutou/shiritsu/mext_00001.html

第2部

実効的内部統制活動の展開

内部統制を単に制度上の要求事項を受動的に満たすに留まらず，組織価値を棄損する不正・不祥事を予防し，目標達成のための仕組みとするためには，各組織のミッションとは何か，ミッション達成を阻害するリスクは何かという点を考慮する必要があります。そのためには第1部で解説した，目標達成のためのリスク・マネジメントフレームワーク（COSO ERM）を活用した取組みが有効です。本第2部では，読者の方がどのような組織に属していようとも共通の実効的内部統制活動を，筆者がこれまでの実務経験から獲得した実践知と併せ解説します。また，内部統制にはマネジメント・オーバーライドという固有の限界があるため，その限界を超えるための補完的仕組みとして，各組織におけるガバナンスについても論じます。

第1章 リスクマネジメントを活用した取組み（その1）

何故リスクマネジメントの仕組みを活用するのか

本書の第1部では，内部統制とは何かという点から始まり，米国におけるその源流と発展，我が国における制度導入の経緯を解説しました。そして，それらの制度のベースとなる各フレームワークやその背景，基本的考え方，法制度の概要を説明しました。本第2部では，第1部での基本理解を踏まえ，どのようにすれば組織内の内部統制活動を実効性のあるものにできるかという点を，具体的に論じていきたいと思います。本書が主たる読者として想定しているのは，広義の「公的組織」すなわち，独立行政法人や地方自治体などの公的機関をはじめ，病院などの医療機関，学校などの教育機関や，その事業活動が政府の規制下にある電力，ガス，通信，鉄道，バス，航空，郵便などの社会インフラを担う公共企業などの幅広い公共機関，すなわち何らかの公的使命を帯びたさまざまな組織形態の関係者です。制度としての内部統制は所属する組織によって遵守すべき法令が異なり，その具体的な活動内容や外部への報告方法も該当する法令に応じて変わってきます。しかし，本第2部で論ずるのは，組織が目標達成するために組織内に**自主的・自律的**に構築する仕組みとしての本来の内部統制です。そしてそれには，組織や制度の違いを越えた共通の根本原則があります。制度としての内部統制（報告）制度と，組織価値の棄損を未然に予防し，組織が目標達成するための仕組みとしての内部統制は異なるものの同根であるため，重なる部分があります。したがって，各組織において法制度に求められる内部統制活動を展開するなかで，単に制度上の要求事項を受動的に満たすに留まらず積極的に実効性を求め，組織目標達成のために活用することができれば非常に効率的です。制度としての内部統制（報告）の法制度に共通的に求められる活動を集約すると，概ね以下のようなサイクルになります。

① 内部統制基本方針の決定（方針の外部への報告・公表を含む）
② PDCA：基本方針に従った体制の整備・運用
　(整備・運用状況の外部への報告・公表を含む)
③ 外部評価・外部監査　です。

このサイクルのうち本書第2部でカバーする範囲は，上記の③を除く①と②の部分です（【図表2-1-1】参照）。監査活動については③の外部監査の視点ではなく，PDCAの「C（モニタリング）」に相当する内部監査の活動を②の範疇で解説します。③の外部評価・外部監査をカバーしない理由は，この部分の活動は，各組織が遵守すべき内部統制（報告）の法制度の枠組みにより活動内容が大きく異なるからです。この③の部分を含む遵守すべき法令

【図表2-1-1】
本書第2章でカバーする活動範囲

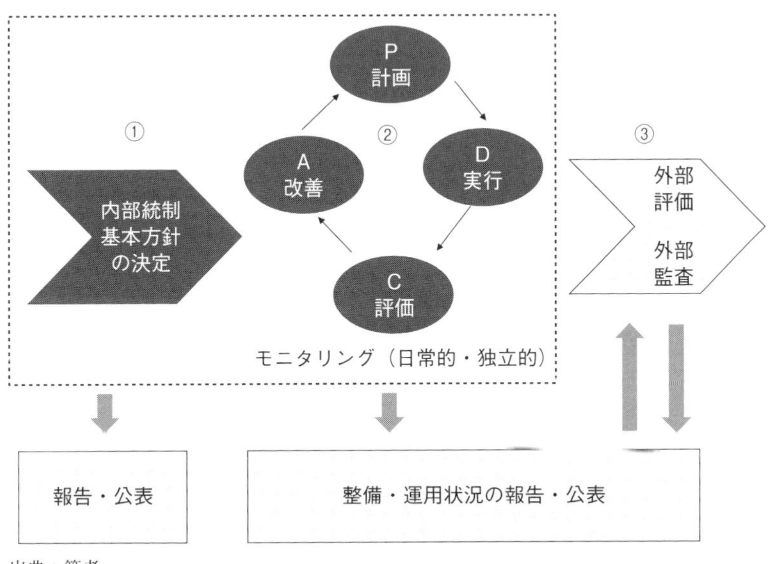

出典：筆者

等に対応しつつも，①②の活動を各組織の内部で，それぞれの組織のミッションや特性に応じてしっかり設計し，PDCA を確実に回すことにより，活動に実効性が生じます。

さて，遵守すべき法令等に対応しつつも各組織において実効性のある内部統制活動を展開するためには，具体的に何をすべきでしょうか。この問いへの答えを端的に表している文書があります。それは本書第1部第5章「独立行政法人への導入」で紹介した「独立行政法人における内部統制と評価について（以下，「独法内部統制報告書」）です。この独法内部統制報告書の第1章「独立行政法人における内部統制の意義等」においては，本書同様まず内部統制とは何か，その意義は何か，などの基本的枠組みが解説されています。そして，次の第2章「独立行政法人における内部統制の具体的取組」のなかで「(1) リスクマネジメントを活用した一般的な内部統制の取り組み例」が解説されています。この点における筆者の考えもまったく同じです。なにも独立行政法人に限った話ではなく，内部統制活動を単に不祥事や不正を防止する役割のみならず，より積極的に組織のミッションを達成するための仕組みと捉えた場合，どうしても各組織のミッションとは何か，ミッション達成を阻害するリスクは何か，という問いから入る必要があります。このことは，本書第1部第3章「COSO 内部統制のフレームワーク」で解説したように，内部統制の源流である COSO 内部統制が，その不正会計防止という初期の主たる役割を果たした後，更に目標達成のためのリスク・マネジメントフレームワークとしての COSO ERM（全社的リスクマネジメント）へと進化したことからも納得がいきます。各組織において【図表 2-1-1】表中の点線で囲われた内部統制活動を進めるにあたっては，最初にしっかりそれぞれの組織ミッション・目標を意識して，活動する理由や位置付けを明確にし，組織目標達成を阻害するリスクを識別評価するリスクマネジメントの仕組みを活用することが必要になります（【図表 2-1-2】参照）。

以上の点は，独立行政法人や自治体のような公的機関であるか，企業のような民間組織であるかを問わず共通です。本図における内部統制の構成要素を，第1部でご紹介した我が国の内部統制フレームワークのキュービック状の図（第1部第4章【図表 1-4-2】参照）における構成要素と比べて頂くと

【図表 2-1-2】
リスクマネジメントを活用した一般的な内部統制の取組のイメージ

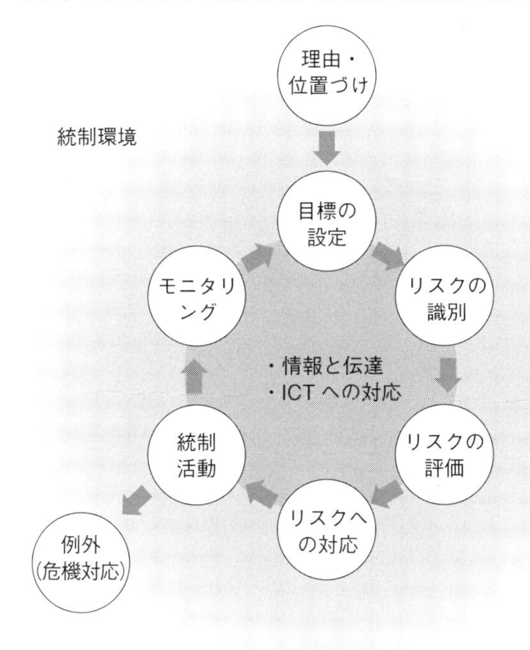

出典：「独立行政法人における内部統制と評価について」15 頁　図表 4

わかりますが，最上段の「位置づけ」・「目標の設定」以降は，「統制環境」，「リスクの（識別）評価と対応」，「統制活動」，「情報と伝達」，「モニタリング」，「IT への対応」の 6 構成要素がまったく同じです。本図はこれらの構成要素を，内部統制の取組における時系列的な活動の流れと毎期の循環を意識して PDCA サイクルとして円状に再配置したものです。

独法内部統制報告書は，米国の COSO 内部統制報告書や，我が国において制度としての内部統制が先行する民間企業での取組や経験を参考に，それらを集大成するかたちで解説しています。そのため当然ですが，その解説内容は独法のみならず，政府出資がある株式会社形態をとる特殊法人は無論のこと，純粋な民間企業にもまったく違和感なく通用する普遍的なものとなっています。したがって本章ではこれから，この図の考えに沿って実効的内部統制の展開のための具体的な取り組み方法を解説していきたいと思います。解説にあたっては，独法をはじめとする公的機関，民間企業のいずれにおいても参考となると思われる，筆者がこれまでの実務経験から得た進め方のノウハウや，ぜひ知っておいていただきたい実践知について読者の方々と共有していきたいと思います。

理由・位置付けの明確化と目標の設定

リスクマネジメントを活用した実効的内部統制の導入と展開の第一歩は，各組織における活動の理由・位置づけの明確化です。この点が弱いと活動が形骸化しがちです。活動の主体となるべき組織の構成員の間にやらされ感が蔓延しますし，組織内の活動が消極的・受動的になります。この点を払拭するためには，まず組織トップが法制度の要求事項を越え，実効的内部統制活動を展開しなければならない理由を強く意識することです。そして，それを部下全員に説明し，組織内の位置づけに重みを与え，トップ自ら率先垂範することが重要です。「子は親の背中を見て育つ」ということわざがあります。組織において構成員の意識や行動に最も強い影響を与えるのは言うまでもなく組織トップの意識と行動です。企業であれば社長・CEO，独法であれば理事長です。内部統制が重要といってもトップ自らが本気でリーダーシップを発揮しなければ単なる美辞麗句，建前で終わってしまいます。

前第1部で内部統制はその源流をたどれば，米国においても我が国においても法令違反や不祥事の反省のもとに制度化されてきたという経緯を説明しました。そのような不祥事が不幸なことに実際に起きてしまった組織においては，内部統制活動展開の理由はそれほどの多くの説明を要しないでしょう。活動せずに事態が再発した場合自組織がこれまでどおりには存続し得ない，最悪の場合消滅しかねないことは自明だからです。実効的内部統制の導入と展開にはリスクマネジメントの考え方が不可欠です。どのような組織においても潜在的にリスクの芽は存在します。しかし，これまで幸いなことに重大な不祥事などが顕在化していない組織においては，万が一顕在化した場合どのような事態になるかというリスク認識が組織全体に欠如している場合があり，むしろ危険です。その結果，活動が形骸化してしまうからです。したがって，組織トップは実際に起きた同業他社の事例などの具体例を挙げて，各組織構成員にリスクを「自分事」として捉えてもらうよう，組織内で活動の位置づけに重みを与えることが非常に重要です。

このように，内部統制活動の理由の第一は組織の既存の価値の保全ですが，第1部第3章「内部統制からERMへ」で解説したように，更に価値創造のための活動としても位置付けることができます。そのためには内部統制を組織目標達成のための仕組みとして組織内で明確に位置付けることが必要です。更に具体的には，内部統制活動の理由・位置付けを明確にした後のステップとして，具体的な組織目標の設定を行います。ただ，民間企業であれ公的機関・公共機関であれ，改めて設定せずとも，各組織にはそれぞれ固有の目標が既にあります。長期的視点では，例えば企業であれば企業理念，独法であれば個別法によって規定されている当該法人の設置目的，大学であれば建学の理念などの実現です。これらは，各組織のミッションとも呼ばれます。前述のように，本書が主として対象としているのは広義の「公的組織」，すなわち独立行政法人や地方自治体などの公的機関をはじめ，病院などの医療機関，学校などの教育機関や，その事業活動が政府の規制下にある電力，ガス，通信，鉄道，バス，航空，郵便などの社会インフラを担う公共企業などのさまざまな形態の組織です。これらの公的組織は官民の違いはあれ，いずれも公的使命（パブリックミッション）を帯びており，その事業活動が国民生活に与える影響が極めて大きいため，ミッション達成の意義は他組織に比べて更に重いと言えます。リスクマネジメントを活用した実効的内部統制活動の展開においては，これらのミッションを達成できないことを，組織にとっての最大のリスクとして位置付けることになります。そしてそのミッションの達成を妨げるリスクを識別・評価し，その対応としてリスクを低減するための統制活動（コントロール）を導入し，それが実際に機能しているかをモニターし，不十分であれば改善するPDCAを回します。また，より身近な視点としては，それぞれの組織の中期計画，事業計画などを目標として，例えば年度計画のなかでリスクマネジメントのPDCAを回し，目標達成を目指します。ここで重要なのは，リスクマネジメントを活用した内部統制活動を，しっかりと事業活動・事業計画の一環として位置付けることです。残念ながら，多くの組織において内部統制・リスクマネジメント活動は法制度対応，または不祥事防止のための受動的・消極的活動に留まっており，事業活動とは別物と位置付けられている現象が見られます。例えば企業では，内部統制活動は法制度対応のためのやむを得ないコストとしての位置づけです。そのため，コストや要員は最小限にしようというベクトルが働きがちです。しかし，内部統制を事業活動とは別物の制度対応・受動的活動としてではなく，本来の事業活動の一環として位置付けるほうが，より効率的・効果的です。活動を通じて事業上の不確実性に対処し，確実に計画どお

【図表 2-1-3】

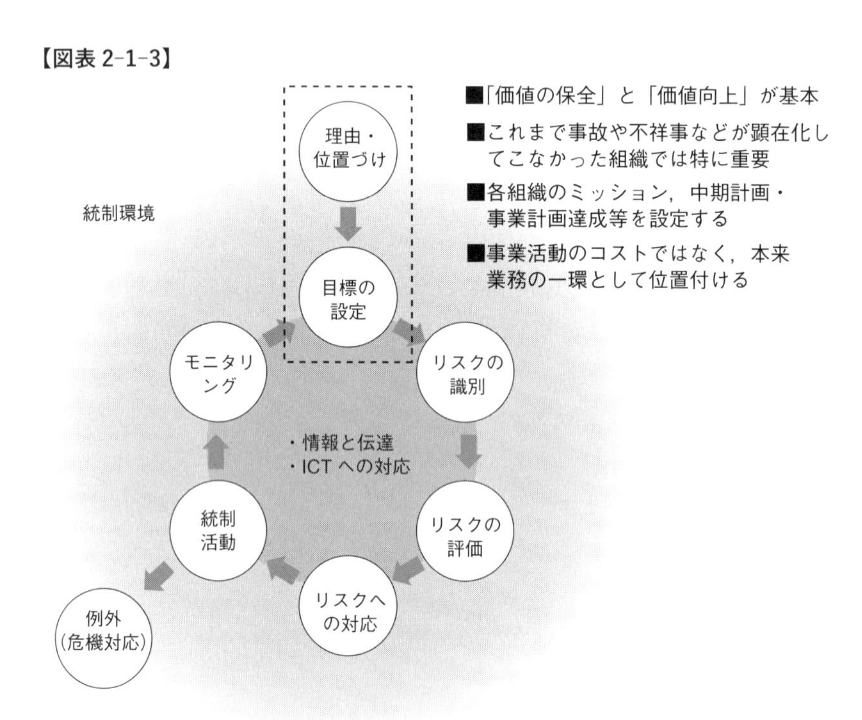

出典：「独立行政法人における内部統制と評価について」15頁　図表4
点線とコメントは筆者が加筆

りの成果を達成し，ひいては組織ミッションを達成するための仕組みとして組織内で積極的に活用しようとするベクトルが働くからです（【図表 2-1-3】参照）。

統制環境（内的要因）

内部統制活動の理由・位置付けを明確にし，達成すべき組織目標を再確認した後は，組織内外の統制環境を把握することが重要です。統制環境とは，組織の気風を決定し，組織内のすべての構成員の意識に影響を与えるとともに，リスクの識別・評価等の，その他の基本的要素に影響を及ぼす基盤のことです[1]。この統制環境の現在の状況や今後の変化は，内的要因（内部環境）と，外的要因（外部環境）の大きく 2 種類に区分して考えると，理解し易いと思います。内的要因とは，組織トップやそれぞれの構成要員の意識の在り方，その集合体として組織全体のカルチャー（組織文化）などです。そして更に組織外にも目を向け，外的要因や組織をとりまく環境変化を考慮することが重要です（【図表 2-1-4】参照）。

まず，統制環境における内的要因とは組織の内部環境全般です。具体的に

【図表 2-1-4】

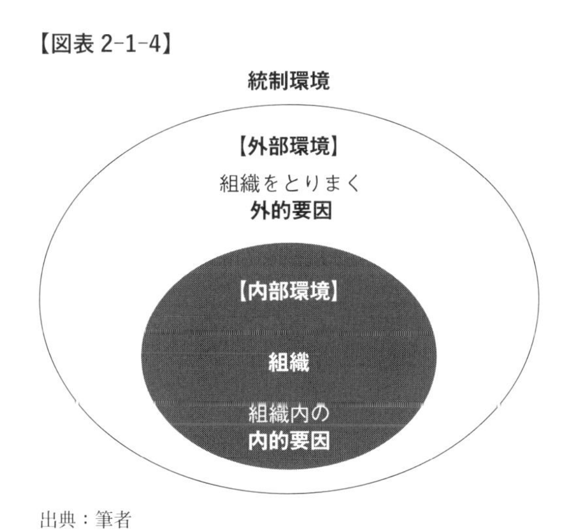

出典：筆者

は，例えば組織トップの誠実性や倫理観，事業運営姿勢，組織を構成する要員の価値観，権限の集中または分散，組織文化や慣行等です。組織トップが本気で内部統制に関するリーダーシップを発揮しなければ単なる美辞麗句，建前で終わってしまい，活動が形骸化します。しかし，たとえ組織トップが活動の旗をふっても，極端な利潤追求など倫理観の欠如した組織文化では，違法行為や不祥事が起こりがちになります。あるいは，権限がトップに過度に集中しているため，中間層に事なかれ主義が浸透している組織では，トップが悪い方向に暴走した際の自浄機能は期待できません。これらは，組織のカルチャーやガバナンスと関係し，そう簡単には変えられない現実があることは読者の皆さんも実感されていると思います。これらは，ある意味で内部統制活動の範囲を超えた根深い問題（内部統制の限界）をはらんでいるケースが多々あります。しかし，組織における不祥事のようなマイナスの事象を予防し，更に組織目標を達成し価値向上を目指すためには，これらの組織特性による内部統制の限界を所与のものと認識し，しっかりと現状を把握することが必要になります。そして，自組織の統制環境の要素として，客観的にリスクの識別・評価に反映する必要があります。このような組織に内在するカルチャー（組織文化）やガバナンスといった内的要因は，利潤を追求すべき民間企業と，そうではない独立行政法人，地方自治体のような公的機関では，一部の共通的要素を除いて異なる面が大いにあります。それぞれ，例えば以下のような点に注意する必要があります（【図表 2-1-5】参照）。

【①民間企業において特に注意すべき統制環境（内的要因）の例】

・行き過ぎた利潤追求によって法令の無視や軽視がないか
・親会社ないし主要顧客企業の圧力によって法令の無視や軽視がないか
・不採算部門や要員不足の部署において，手順や品質基準の無視や軽視がないか
・業績を実態より良く見せるための不適切な報告（財務・非財務）がないか（以上は，特に上場企業の場合）
・納税額を低く抑えるため業績を実態より悪く見せるための不適切な決算がないか（非上場企業の場合）等

【図表 2-1-5】

内部環境
※注意すべき内的要因（例）

民間企業	公的機関
■行き過ぎた利潤追求 ■親会社・主要顧客の圧力 ■不採算部門の要員不足・品質管理 ■粉飾決算等	■過度な規則重視による非効率 ■縦割り組織の弊害（非効率・牽制不足） ■本来業務以外の分野の専門家不足 等
民間・公的機関で共通	
■組織トップへの権限集中と組織内牽制の不在 ■上記によるマネジメントオーバーライドの長期間継続 ■倫理観の欠如による不正の発生 ■ハラスメント行為 等	

出典：筆者

【②公的機関において特に注意すべき統制環境（内的要因）の例】

・法令や規則遵守を重視し過ぎて業務の効率性が弱くなっていないか
・縦割り組織のため，情報の共有と業務の効率性が弱くなっていないか
・縦割りの業務分担のため，当該業務に直接従事していない部署（者）によるモニタリングや牽制が弱くなっていないか
・本来業務の目的以外の，目的達成業務（調達，外部委託，情報セキュリティ等）の統制に十分なリソース（要員，予算等）を配分しているか，外部委託業者に任せきりになっていないか
・上記の目的達成業務分野に関して，組織内部で専門家を育成しているか，内部で研修を実施しているか 等

【③民間企業・公的機関間で共通の注意すべき統制環境（内的要因）の例】

・組織トップへの権限の集中と牽制機能不全によるトップのルール無視（いわゆるマネジメント・オーバーライド）はないか

・組織全体に倫理観が欠如していることにより中間層に不正行為（横領，贈収賄等）がないか
・パワハラ，セクハラ等の不当な行為が見過ごされていないか
・トップの暴走や社内の不正を知っていても，事なかれ主義により見て見ぬふりをする風潮はないか 等

以上で内的要因について，民間企業と独法や自治体のような公的機関の大きな2分類でそれぞれの一般的傾向を論じました。本書が対象とする組織としてはこの2つの他に，企業形態をとる政府出資の特殊法人，上場企業を含む社会インフラを担う公共企業，病院や大学といった幅広い組織があります。これらの組織における内的要因の傾向としては，営利目的なのか，あるいは非営利目的なのか，企業組織なのか，あるいはそれ以外の法人組織なのか等によって，民間企業，公的機関のいずれかの傾向に近いのか，またはちょうど中間の傾向であるのか等で状況は変わってきます。したがって，これらの組織に所属されている読者の方々は，自組織の傾向を踏まえ，統制環境における内的要因（内部環境）の分析を行ってみてください。

統制環境（外的要因）

統制環境における外的要因としては，当該の組織が影響を与える，または組織が影響を受ける利害関係者，ステークホルダーと呼ばれる人々が重要です。したがって，誰がステークホルダーで，そしてそのステークホルダーが自身の組織に対してどのような期待を有しているかを認識する必要があります。企業であれば，株主や顧客，取引先，従業員や立地する地域，政府などが代表的です。公的機関であれば，公的サービスの利用者，より広く国民，地域住民，政府，監督官庁などでしょう。ステークホルダーの範囲，当該組織に対する期待は時代とともに変化します。例えば企業に関していえば，従来最大のステークホルダーは企業の所有者である株主であり，その期待は企業の産み出す利潤の最大化，企業価値（株価）の最大化でした。この傾向は資本主義が最も発展した米国において特に顕著です。しかし近年はその米国

においても企業の重要なステークホルダーとして，株主のみならず顧客は無論，取引先，自社の従業員，地域住民など，より幅広い人々の期待を意識せざるを得なくなってきています。また我が国においてもこの流れに抗うことはできません。利潤最大化のみならず，ESG（環境・社会・ガバナンス）という言葉に代表されるように，地球温暖化の抑制，社会への貢献などが強く求められるようになってきています。そしてこの傾向はSRI（社会的責任投資）などの投資家サイドの影響力が強まるとともに年々顕著となっています。それに応じて，企業が従来の価値基準である利潤最大化のみを目標として，例えば環境汚染や製品品質偽装等でこれらの幅広いステークホルダーの期待を裏切った場合の企業価値棄損のリスクは以前にも増して大きくなっています。同様に公的機関においても，公的サービスの利用者や住民・国民の権利意識は以前より強くなっており，業務の効率性や効果の検証，組織の透明性や説明責任がより強く求められるようになってきています。したがって，民間企業および公的機関がリスクマネジメントを活用した内部統制活動を展開する際は外的要因として，自組織のステークホルダーは誰か，その近年における期待の高まり，期待される内容の質的変化などをより強く意識する必要があります。

以上のステークホルダー視点に加え，より広いマクロの視点で自組織をとりまく外部環境の影響を，政治（Politics），経済（Economy），社会（Society），技術（Technology）の4つの要因に分類し分析するPEST分析があります。これらによる外部環境分析の結果としての新たなリスクを考慮し，内部統制活動に反映することが重要です（【図表2-1-6】参照）。

本書第1部第1章で述べた「内部統制の限界」の1つとして，内部統制は組織内外の環境の変化には対応しない場合があるという点をあげました。例えば，グローバル化の進展です。これまでのように日本国内，日本人のみを対象とした発想は変えていく必要があります。国内に本社が所在する企業でも製造は海外，売り上げや利益の大半は国外から，またグループの従業員の過半数が外国人という例はもはや珍しくありません。公的機関においても，日本人以外の公的サービスの利用者を意識しないわけにはいきません。また，自然環境の変化の例としては，地球温暖化による干ばつ，その反対に地

【図表 2-1-6】

統制環境～外的要因の変化（例）～

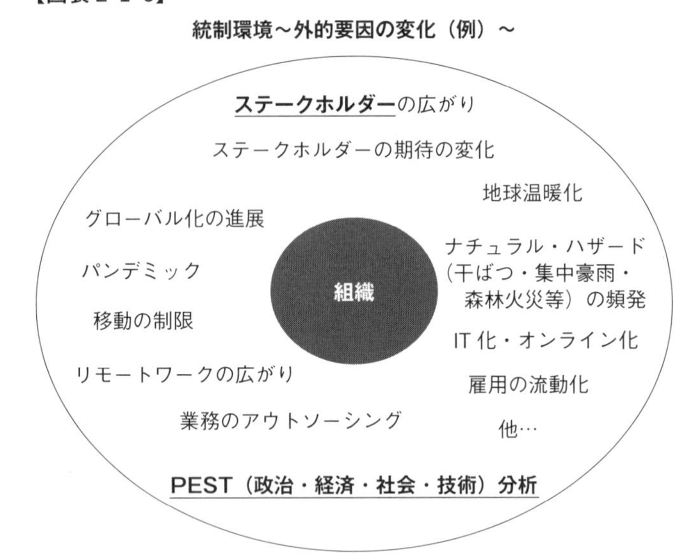

出典：筆者

域的な集中豪雨，その結果としての土砂災害などがあります。新たなリスクに備えてこれまでとは違う統制活動が必要です。更に，昨今の顕著な技術革新の例として IT 化，オンライン化があります。便利になりましたが，反対に機密情報や顧客・従業員の個人情報などの漏洩，外部からの意図的なハッキングのリスクが飛躍的に大きくなっています。このリスクに対して，紙ベースの資料が大半であり IT システムもワープロのようにスタンドアロンで使われていた時代の内部統制は有効ではありません。同様に，終身雇用制を前提としたいわゆる正社員（正職員）のみで業務を回すことができていた以前と異なり，多くの業務を組織外に委託している現代では，組織内の固定的メンバーのみを対象とした内部統制は必ずしも有効ではありません。委託先の事業者という外部の要因にも目を向ける必要があります。更に，昨今は世界的な新型コロナウィルスの流行（パンデミック）により職場における健康上の安全にかかわるリスクも出現しました。そしてその対応策として，多くの組織においてリモートワークが導入されましたが，労働環境の変化に伴う新たなリスクも出現しています。例えば，内的要因のリスクとして従業員による情報漏洩，外的要因としてはハッキング等の悪意のある攻撃です。自組織をとりまく環境変化に伴い，これらの新たなリスクに対するコントロールを導入する必要に迫られています。以上のように，内的要因および外的要因による統制環境の変化を踏まえ，次のステップであるリスクの識別と評価を実施する必要があります。

以上，リスクマネジメントにおける統制環境として，内的要因と外的要因を解説しました。一般に，リスクマネジメントと並んで使われる言葉に「コンプライアンス」があります。コンプライアンス活動とは，組織の構成員の意識やその結果としての行動にかかわるリスクに関する統制活動です。その意味で，**コンプライアンス活動とは専ら内的要因のリスクにかかわるリスクマネジメント活動**と言ってよいと思います。そして，外的要因のリスクを含むリスク全般に関する管理活動が広義のリスクマネジメント活動と言えます。組織によっては，活動上「リスクマネジメント」と「コンプライアンス」をまったく別物として扱い，別々の組織で推進しているところがあります。しかし，フォーカスするリスクの種類が異なるだけで，基本的に両者は同根なので，活動上統合できるところは統合し，効率的な活動とすることが重要です。この点は多くの組織で不効率な状態となっていると思いますので，本章の終わりのコラムでも取り上げます。これら，内外両面の要因による環境を十分把握・分析のうえ，次のステップに進むことが重要です。

リスクの識別-1（改めて「リスク」とは）

リスクマネジメントを活用した実効的内部統制活動のプロセスの次のステップは「リスクの識別」になります。端的に言うと，組織のミッション遂行の障害となる要因をリスクとして識別し，その後に分析及び評価し，当該リスクへの適切な対応を行う一連のプロセスの第１歩です。ここで，やや遠回りになりますが，リスクの意味をよりよく理解していただくために，まず「リスク」に類似する概念を整理しておきたいと思います。リスクに類似する概念としては以下のものがあります。

■ハザード（Hazard）

危険の原因，危険物，障害物などを意味する概念です。例えば 国や自治体が作成する「ハザードマップ」では，災いをもたらす自然現象（ナチュラル・ハザード：Natural hazard）である地震，火山噴火，地滑り，津波，洪水，干ばつなどの天変地異の際の被害を最小限にくいとめることを目的として，災害が予想される区域や避難経路などが地図上に示されています。

■自然災害（Natural disaster）

自然災害（ナチュラル・ディザスター）とは，上述のナチュラル・ハザードの結果，または影響で起こる社会的，経済的混乱を意味する概念です。万が一天変地異などのナチュラル・ハザードが発生しても，その場所に脆弱性がなければナチュラル・ディザスター（自然災害）が起こることはありません。自然災害が頻発するという点では我が国は世界でも有数の国の１つです。しかし，たとえ地震や津波などのハザードが発生したとしても，それが想定内の規模でその備え（例：耐震構造の家屋・ビル，海岸の防御壁など）ができていれば自然災害は発生しません。ハザードに相当する適切な日本語がないため，両者ともに自然災害と訳されることが多く混同しがちですが，ハザードは原因，ディザスターは備えが不十分であった際の結果（状態）というふうに理解するとわかり易いと思います。これらは，２つの異なる概念です。

■クライシス（Crisis）

危機。重大局面を意味する概念です。危機管理（Crisis Management）とは，リスクが突発的に顕在化した後の対応になります。【図表 2-1-2】で解説したように，危機対応では時間的猶予はなく，危機が発生した際に受動的に緊急対応しなくてはならないため，普段から万が一発生した際の対応を，例外として備えておくことが重要です。

以上が一般にリスクに類似する概念です。文脈によっては，これらはリスクと同種のものとして区別されずに語られることもあるでしょう。しかし，本書が対象とするリスク概念とは異なります。では，本書が対象とする「リスク（Risk）」とはどのような概念でしょうか。一般に，リスクの考え方はまず大きく2つに分かれます。すなわち，リスクとして①マイナスの影響のみを考慮する考え方，そして②プラスとマイナスの両方の影響を考慮する考え方です（【図表2-1-7】参照）。前者は，従来のハザードとしてのリスクに近い考え方です。後者は更に，②-a. マイナスに影響するものをリスクと呼び，プラスに影響するものは「機会」などの別の名前をつける考え方と，②-b. リスクはプラスの影響，マイナスの影響のいずれも与え得るとする考え方に区分されます。第1部第3章でも解説したように，COSO ERMは当初②-a.の立場をとっていましたが，最新版（2017年版）では，リスクを**「事象が発生し，戦略と事業目標の達成に影響を及ぼす可能性（the possibility that events will and affect the achievement of strategy and business objectives）」**と定義しており，②-b. の立場をとっています。

【図表2-1-7】
【リスクに関する様々な考え方】

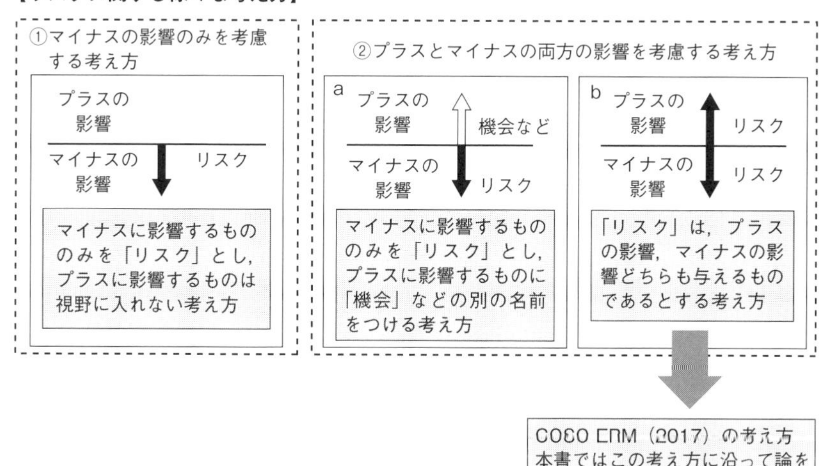

出典：経済産業省「先進企業から学ぶ事業リスクマネジメント実践テキスト―企業価値の向上を目指して―」平成17年（2005年）13頁の図表をベースに筆者が加工

また，リスクマネジメントに関する別の有力国際規格である ISO31000 でも同様の立場をとっています。このことから，②-b．がリスクマネジメントにおいて現在グローバルに主流の考え方と言ってよいと考えます。したがって，本書ではこの考え方に沿って，プラスとマイナス両方の影響を与えるものを一律に「リスク」として論を進めます。

因みにリスクの定義に関しては，リスクに関する名著「リスク－神々への反逆－」においても以下の含蓄に富んだ記述があります[2)]。

「リスク（risk）」という言葉は，イタリア語の risicare という言葉に由来する。この言葉は「勇気を持って試みる」という意味を持っている。この観点からすると，リスクは運命というよりは選択を意味している。」

また，この risicare というイタリア語は更に語源をたどると「断崖絶壁を航行する」という意味とも関連するようです。背景として，中世ヨーロッパの大航海時代の貿易商が思い切って船を出し，うまく断崖絶壁などの障害を避けて航行し無事インドなど東方の目的地に到達し，肉の味付けと保存に必要なため，当時は貨幣の代わりとしても用いられるほど貴重だった胡椒などの香辛料を交易する香辛料貿易があります。そこでは，船が無事帰還できれば財をなし，座礁などして船が沈没すれば無一文となるというニュアンスに通じると筆者は感じました。したがって，リスクマネジメントを活用した内部統制の取り組みとしては，まず船（組織）を沈没させかねない大きな障害物とその影響を明らかにし，それらに対応（事前にリスクを低減する，またはリスク事象発見後に是正措置をとる 等）することから始めます。このようなマイナスの事象をうまくかわした先に初めて目的港（組織目標達成）が見えてきます。そしてその上で，更に追い風や海流などのプラスの事象をうまく活用することができれば，当初の想定を上回る成果をあげる可能性が出てきます。その意味で，本書第 1 部第 1 章の「内部統制とは何か」で用いた，組織運営を船の航行に例えた筆者の比喩はリスクの語源的にも的外れではなかったことになります。内部統制の活動イメージを改めて視覚的に喚起する目的で，ここで再度図を掲示します（【図表 2-1-8】参照）。

【図表 2-1-8】

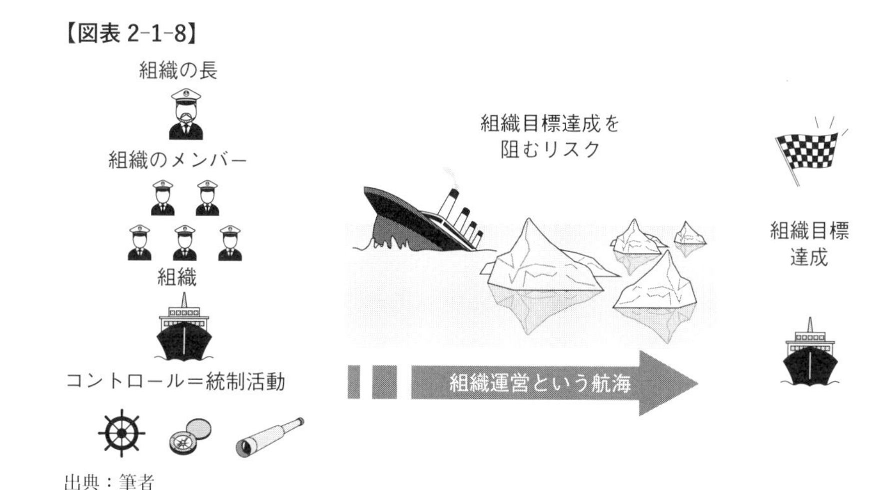

出典：筆者

リスクの識別-2（識別の方法）

船舶航行の比喩における船（組織）を沈没させかねない大きな障害物とその影響を明らかにする取り組みは，内部統制活動の上では「リスクの識別」と「リスクの評価」の2つの作業から構成されます。「リスクの識別」とは，組織ミッション達成をはじめとする目標達成に影響を与える「事象」を体系的に識別することを意味します。具体的な作業としては，組織目標達成の障害となり得るありとあらゆる事象を網羅的・徹底的に洗い出します。そして，その次のステップで「リスクの評価」を行い各事象の影響度や発生可能性などを評価します。したがって，第1ステップのリスク識別の段階では，まだリスクの大小を考慮する必要はありません。発散試行で可能性のあるものは大小すべて洗い出すことが求められます（【図表 2-1-9】参照）。

1つ前の【図表 2-1-8】では組織を船舶に例え，まず対処しなければならないマイナスの影響の判り易い例として沈没に直結する氷山をリスクとしました。しかし，船舶の航行（組織運営）に影響を与える事象は氷山に限りません。この他にも座礁を引き起こしかねない岩礁，船舶の航行スピードに影響を与える風・海流などの外的要因，そもそもの船舶の性能，船長の経験

【図表 2-1-9】

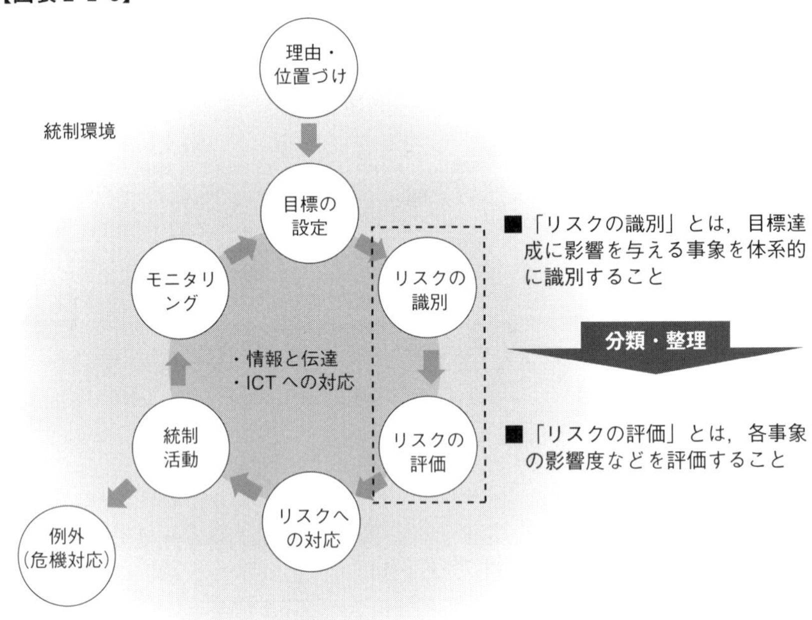

出典：「独立行政法人における内部統制と評価について」15 頁　図表 4
点線とコメントは筆者が加筆

値，乗組員の能力や士気，チームとしての一体感などの内的要因も影響するでしょう。このような組織目標達成の障害となり得るリスク，あるいは影響を与える事象は何かについて網羅的に洗い出す作業が「リスクの識別」です。この段階ではあまり既存の発想にとらわれず，発散思考であらゆる可能性を検討します。また，組織を構成するすべての部署（水平的），すべての階層（垂直的）からの 360 度の視野が必要です。

さて，発散思考で網羅的に洗い出すと言っても最初は難しいと思います。直前の統制環境分析で用いた，外部環境（外的要因），内部環境（内的要因）の 2 軸で考えてみると，いろいろな事象が具体的に見えてきます。まず外部環境の視点としては，株主・投資家，顧客・消費者，取引先・購買先，競合他社，政府・規制当局，地域・社会一般等の利害関係者（ステークホルダー）

の視点があります。更に，政治（Politics），経済（Economy），社会（Society），技術（Technology）のPEST分析の視点で考えてみるとよいでしょう。また内部環境としては，例えば，人・物・金・情報（情報システムや電子データを含む）・ノウハウ等の経営資源（リソース）の視点から考えるとよいでしょう。これらは，論理的思考法の基礎であるMECE（Mutually Exclusive, Collectively Exhaustive：重複なく，もれなく）の視点からは重複があるので，読者の方は不効率に感じられるかもしれません。しかし，このリスク識別フェーズは内部統制活動の重要な最初の一歩でありPDCAサイクルのなかではプロセス上不可逆なので，後で後悔しないように組織目標に影響を与える事象を，仮に多少の重複の可能性があってもまずは「もれなく，徹底的」に識別することが最も重要です。次に，内部統制活動推進担当者または推進部署が実際にリスクの識別作業を行う際の手法をいくつか以下で紹介したいと思います。

■情報収集

同業他社の公開情報や自社内に蓄積された情報がリスク識別の参考になります。同業他社の有価証券報告書の「事業等のリスク」，または10Kレポート（米国上場企業の年次報告書，日本の有価証券報告書に相当する）に記述されている当該事業者自らが識別し開示している重要リスク項目である「リスクファクター」，新聞紙上の同業他社の不祥事例などです。自社情報としては，内部監査報告書，内部統制上の不備事項・改善事項，会計監査人が監査のプロセスを通じて発見した問題点や改善点等を経営者に伝える「マネジメントレター（監査覚書）」等です。また，多拠点展開の（海外拠点を含む）大規模組織の場合は，本部拠点のリスクに加えて，拠点毎の懲罰リスト（個人名は不要）や財務状況，拠点長のプロフィール，役職員の離職の状況，過去の不祥事，更に地域（または国）固有のリスク情報なども加味するとよいでしょう。

■アンケート

アンケートとは，組織内の関係部署責任者などに対し自部門に関するリスクについて質問票を配布し，組織の企画・調整部門などの取り纏め部門が回答結果を集約，整理する手法です。質問票ではオープン形式（自由に記載してもらう），またはイエス／ノー（2者択一），マルチプル・チョイス（選択肢から1つ選択）などで回答してもらいます。次のインタビューと異なり複数の部署を対象に一斉に実施できるという長所があります。しかし，集計に時間がかかる，組織が大きい場合は作業が膨大になる等，取り纏め部門の負担が大きくなる傾向があります。加えて，インタビューと異なり，アンケート作成者や回答部署責任者が認識していないリスク事象は抽出できないという短所もあります。

■インタビュー

インタビューは経験のある者が通常1対1で実施します。例えば主要な部署の現任の担当者に職務を通じて「ひやり」としたこと「はっと」したことがないかを聞きます。現任の担当者ばかりではなく，異動で他部署に転出した者に「在職中に現場で気になっていたこと」はないか，などとヒヤリングすると気兼ねのない本音の情報が得られる場合があります。このように，効果的なインタビューを実施すると当該組織の現役の拠点長すら気づいていなかった（無意識に直視を避けていた）ものなど思いがけない重要なリスクが抽出される場合もあります。また，経験のある外部専門家をうまく活用すれば社内の既得権，聖域（タブー），上司への気兼ねなどにより，通常は表に出てこないリスク事象や，それらに対する改善の方向性まで識別されることもあります。

■ブレイン・ストーミング（リスク・ワークショップ）

複数の者が課題をめぐって自由に意見を出し合い，独創的なアイデアを引き出す集団思考法です。リスク識別や後述するリスク評価目的に特化したものはリスク・ワークショップとも呼ばれます。組織目標達成に関与する人間を部門横断的に，スタッフから管理職までの多階層を一同に集め，目標達成の障害となり得るリスクを討議します。この場合，階層にとらわれず自由に意見を出せる雰囲気を醸成することが重要です。組織の業務，拠点運営に関して正しい知識のある人間を集めることが必要です。この場合，異なる立場からの多角的な意見を聞くことができ，参加者にとってよい気付きの場となります。例えば，組織トップが現場スタッフの問題意識に初めて気づいた，あるいは逆にスタッフが経営課題に初めて接したなどです。別の形態として，例えば高度な経営課題に伴うリスクにフォーカスして集中的に討議したい場合は，経営幹部のみ日常業務からまる１日離れてオフィスの外で（オフサイト）ミーティングを行う場合もあります。関与する複数の参加者を長時間拘束することになりますので，スケジュール調整が難しい面があります。しかし，リスクマネジメント部門担当者，または外部専門家などの知見と経験のある者がファシリテーターとして参加することによって効果的な議論ができます。

手法としては以上の４種類が一般によく用いられます。単独で実施される場合もありますが，組織目標に影響を与える事象を「もれなく徹底的」に識別するためには，複数の手法を組み合わせて実施することが効果的です（【図表 2-1-10】参照)。

【図表 2-1-10】

【リスク識別の手法】

情報収集	アンケート	インタビュー	ブレイン・ストーミング
・対外的に公表しているリスクをリストアップする ・他の組織の不正や不祥事例等を研究する ・自己の組織の過去の不祥事等を洗い出す など	・関係する組織の責任者などに対し自部門に関するリスクについて質問票を配付し，取り纏め部門が回答結果を集約，整理する	・リスクマネジメントに経験のある者などが１対１で実施する ・「ひんやりとしたこと」，「はっとしたこと」などを中心にヒヤリングする	（リスク・ワークショップ） ・ミッション達成に関与する人間を部門横断的に，スタッフから管理職までの多階層を一堂に集め，障害となり得るリスクを自由に討議する

複数の手法を組み合わせるなどして，ミッション達成の障害となり得るリスク事象を
まずは徹底的に（網羅的に）洗い出す

出典：筆者

リスクの分類・整理

さて，網羅的・徹底的なリスク識別の結果，当然ですが非常に多くのリスク項目が洗い出されます。無数のリスクを個別に管理することは不効率です。したがって，これらのばらばらのリスク項目について，まず同じ性格をもつ大項目に分類することにより管理し易い数に減らすことが必要です。そして更に分類されたリスクを中分類のカテゴリーに分けて整理すると，その後の「リスクの評価」，「リスクへの対応」などの作業工程が効率的になります。分類の方法に決まったルールや制約はありません。統制環境分析やリスク識別の際に用いた切り口である内的要因，外的要因の2軸にまず分類し，そこから更に，例えば，前述の経営資源別，あるいはステークホルダー別，PEST分析の要素別の切り口で考えても良いでしょう。具体的には，内的要因としては人・モノ・金・情報・ノウハウ等の組織内の経営資源を念頭に分類しても良いでしょう。役職員（人）やノウハウの観点で例をあげれば，重要人材の離職や，役職員の意識・行動に関係するコンプライアンスなどです。更に，コンプライアンスであれば，関連する重要法令別に，贈収賄関連，競争法（カルテル）関連，個人情報保護関連等の小分類に別けても良いでしょう。外的要因の具体例としては，大口顧客，大口仕入先，政府の規制などです。また，災いをもたらす自然現象（ナチュラル・ハザード）や，その結果起きる可能性のある自然災害（ナチュラル・ディザスター）も該当します。

リスクの分類・整理に際しては，識別されたリスク項目を実務的にどのように記述したらよいか，またどのような粒度（細かさ）で分類すればよいかという問題があります。この点についても，決まったルールや制約はありません。ただ，リスク識別のそもそもの目的が，その後の「リスクへの対応」，「統制活動」すなわちコントロールの導入につなげるところにあることを考えると，コントロールの内容と紐づけて記述し整理すると良いと筆者は考えます。例えば自然災害を考えてみましょう。地震や火災などのナチュラル・ハザードそのものは必ずしも自然災害（ナチュラル・ディザスター）の発生を意味しません。そこに脆弱性（コントロール不十分）が存在するから被災するということは，前節のリスクの類似概念のところで解説しました。外的要因のリスクとして「大地震」または「大規模火災」とひとくくりにして記述すると，その脆弱性に対する具体的なコントロールが見えてきません。したがって，そのハザードが実際に組織にとっての災害（ディザスター）となるかについても見えてきません。また，それが組織体の戦略や目標の達成に影響を及ぼす可能性であるリスクの大きさが見えてきません。しかし，「自然災害による本社機能不全」と記述した場合は，その対応策として，「BCP（Business Continuity Plan：事業継続計画）の策定と導入」という具体的なコントロールが見えてきます。あるいは，地震や火災等のハザードによる会社資産の経済的被害と記述した場合には，地震や火災保険の付保というコントロールが見えてきます。戦争やテロ，不況，金融危機，パンデミック発生などについても同様です。したがって，識別したリスクをどう表現するかに関しては，極力対応するコントロールが具体的に想起できる記述方法（または項目）とすることが効果的です（【図表 2-1-11】参照）。

リスク事象の分類に関して本書執筆にあたり，筆者が企業などの民間組織において分類・整理するとしたら，という想定で分類表を改めて作成してみました（【図表 2-1-12】および【図表 2-1-13】参照）。参考としていただけ

【図表 2-1-11】

リスク事象記述のコツ		
原則	■極力，対応するコントロールと紐づけ易いような記述とする	
記述例	リスク記述	対応するコントロール
	×地震等の大規模自然災害	⇒具体的なコントロールが想起できない，または対応するコントロールが多すぎる
	○地震等の大規模自然災害による本社機能不全	⇒ BCP 計画策定と定期的訓練 等
	○地震等の大規模自然災害による経済的損失	⇒損害保険の加入 等
	○地震等の大規模自然災害による従業員の安全	⇒耐震構造ビルへの入居等の物理的安全措置

出典：筆者

ればと思います。この表で例示されたリスク項目は，あくまでごく一部の例であり，網羅性を意図したものではないという点はご注意ください。なお，本書の対象は，民間企業のみならず，その他の幅広い組織形態の公的組織全般です。読者の方々がご自身の所属される組織のリスク事象の分類表を作成される際は，本第2部第1章の前半部分で解説した「理由・位置づけの明確化と目標設定」，「統制環境（内的要因」，「統制環境（外的要因」の箇所がヒントとなると思いますので，必要に応じて再読してください。

繰り返しになりますが，リスク事象の分類・整理の方法に決まったルールはありません。リスクマネジメントサービスを提供するコンサルティング会社，監査法人，経済産業省の研究プロジェクトなどの複数の専門家が独自のリスクモデル（またはリスクマップ）として，リスク事象の分類表を提供しています。筆者が例示した内部要因，外部要因という大きな切り口のみならず，複数の切り口で細分化した分類表がそれぞれの機関から発表されています[3)]。筆者の個人的見解としては，この分類表があまり緻密かつ複雑になると，かえって頭の整理が難しくなるのではないかと思います。この点はあくまで主観の問題なので，読者の方々が最も使い易いと感じられる分類表を必要に応じて参照し，リスク事象を整理していただければと思います。さて，読者の方のなかには外部の専門家が提供するリスクモデルは，緻密で多くのリスク事象を網羅しているため，なにも前述のリスク・ワークショップなどを時間と手間をかけて実施せずとも，最初から専門家の作成したこれらのモデルを使えばよいとお考えの方もいらっしゃるかもしれません。しかし，これらのモデルは多くの組織に適合するように作られた一般的なものであり，読者の方々が所属する組織の事情に必ずしもフィットしないかもしれません。そして何より，組織の構成員が各自の業務に照らして考え出した「血の通った」ものではありません。したがって，これらのモデルはリスク・ワークショップなどのボトムアップ手法で識別した自組織のリスク事象一覧の網羅性を，識別作業の終了後に再確認する，あるいは分類・整理する際の参考にするといった補完的な使い方とすることをお薦めします。

【図表 2-1-12】

〈リスク分類事例〉 ※リスク事象は株式会社組織の場合のごく一部の例示にすぎず網羅的なものではない				
内的要因				
大項目		中項目	リスク事象	
1	人材・組織・企業文化 （ヒト①：要員と組織構造）	1.1　人材	1.1.1	人材不足
			1.1.2	余剰人財
			1.1.3	従業員のスキル不足（人材ニーズとのミスマッチ）
			1.1.4	重要人材の離職
			1.1.5	教育研修制度不十分
			1.1.6	従業員の健康・安全
		1.2　組織	1.2.1	過度な権限集中
			1.1.5	職務分離不十分
			1.2.3	労使関係
		1.3　企業文化	1.3.1	起業家精神の欠如（新規分野への取り組み停滞）
			1.3.2	セクショナリズム（組織全体最適指向の不在）
2	ガバナンス・コンプライアンス （ヒト②：役職員の意識と行動）	2.1　ガバナンス	2.1.1	執行と監督・監査分離不十分
			2.1.2	役員の指名・報酬決定機能不十分
			2.1.3	監査機能不十分（監査担当役員と会計監査人・内部監査人との連携不足）
			2.1.4	社長の後継者育成計画
			2.1.5	社内外への説明責任・透明性の欠如
			2.16	社内通報制度の不適切な運用・形骸化
		2.2　コンプライアンス	2.2.1	ハラスメント（パワハラ・セクハラ・マタハラ等）
			2.2.2	重要経済法令違反（贈収賄・競争法等）
			2.2.3	個人情報保護法違反
			2.2.4	インサイダー・トレイディング
			2.2.5	環境汚染
		2.3　不正	2.3.1	経営陣の不正
			2.3.2	従業員の不正
3	経営資源 （製品・サービス・顧客基盤） （モノ）	3.1　製品・サービス	3.1.1	製品・サービスの陳腐化
			3.1.2	製品・サービスの欠陥による顧客とのトラブル
			3.1.3	過剰在庫
			3.1.4	知的所有権の管理
			3.1.6	商標・ブランドの劣化

		3.2　生産設備	3.2.1	資材・原材料調達の不安定
			3.2.2	生産設備の非効率
		3,3　顧客基盤	3.3.3	特定顧客への過度な集中
			3.3.4	顧客満足度の低下
4	財務基盤（カネ）	4.1　財務	4.1.1	キャッシュフローの管理
			4.1.2	資金調達先の確保
			4.1.3	資金運用失敗
			4.1.4	債権・債務の管理
		4.2　会計・税務・開示	4.2.1	決算誤り
			4.2.2	不正確な原価計算
			4.2.3	税務申告の誤り
			4.2.4	不適切な開示
5	経営基盤（戦略・プロセス・技術・IT）（ノウハウ）	5.1　経営戦略	5.1.1	経営環境分析
			5.1.2	事業ポートフォリオ
			5.1.3	投資戦略
			5.1.4	提携と M&A 戦略
			5.1.5	グループ経営戦略
		5.2　経営プロセス	5.2.1	迅速な意思決定体制
			5.2.2	品質管理
			5.2.3	重要な契約における必須項目（権利の確保と賠償責任の制限等）
			5.2.4	子会社ガバナンスと管理
			5.2.5	外部委託先管理
		5.3　技術・IT	5.3.1	技術革新への対応
			5.3.2	IT 活用の遅れによる不効率
			5.3.3	IT システム開発
			5.3.4	IT システム運用
			5.3.5	情報セキュリティ

出典：筆者

【図表 2-1-13】

〈リスク分類事例〉 ※リスク事象は株式会社組織の場合のごく一部の例示にすぎず網羅的なものではない				
外的要因				
大項目		中項目	リスク事象	
1	株主・顧客・取引先・競合・地域 （外部のステークホルダー）	1.1　株主	1.1.1	企業価値向上（株価）の要求
			1.1.2	ESG を考慮した経営の要求
		1.2　顧客	1.2.1	顧客からの要求の変化
			1.2.2	顧客企業の資金繰り悪化・倒産
		1.3　取引先	1.3.1	原材料調達不能
			1.3.2	債務不履行
		1.4　競合	1.4.1	競合他社の戦略
		1.5　地域	1.5.1	地域住民からの要求
2	政治・経済・社会・技術 （PEST）	2.1　政治	2.1.1	規制強化
		2.2　経済	2.2.1	景気動向による需要の急激な変化
			2.2.2	急激な金利上昇・低下
			2.2.3	為替の乱高下
		2.3　社会	2.3.1	少子高齢化による需要構造の変化
			2.3.2	治安悪化（犯罪の増加）
		2.4　技術	2.4.1	デジタル化の進展（ペーパーレス化）
			2.4.2	ネットワーク化の進展
			2.4.3	キャッシュレス化の進展
3	自然環境 （ハザードほか）	3.1　自然災害	3.1.1	本社機能の喪失
			3.1.2	工場被災による生産機能の喪失
			3.1.3	災害による資産等の経済的損失
			3.1.4	災害による従業員・顧客の生命・安全
		3.2　パンデミック	3.2.1	従業員の罹患
			3.2.2	国内外の人の移動の制限
		3.3　地球温暖化	3.3.1	世界的な CO2 削減の要求

出典：筆者

リスクの評価（測定・集約）

識別したリスクを分類・整理したら，次にリスク項目ごとに重要性を評価し優先順位づけを行う必要があります。組織内の要員，資金，活動に費やせる時間は有限であり，すべてのリスクに対して一度に対応できないからです。顕在化した場合，顧客や役職員の人命や組織の存続，レピュテーションなどに大きくかかわるような最重要リスクをまず選定します。そして，もしそのコントロールが不十分であれば，そのリスクに真っ先に対応する必要があります。その後，優先順位に応じて段階的にその他のリスクに取り組んでいきます。重要なリスクはリスクごとにその特性を見極め，いわばテーラーメードで適切に，次のフェーズである「リスクへの対応」，「統制活動」へとつなげます。あまりに数が多いと適切に対応できないので，絞りこむ必要があるのです。リスクの評価はそのためのものです。最初に発散思考で洗い出したリスクについて，今度は収束思考で最重要な項目のみを選定します。読者の方のなかには，では最初から最重要な項目のみを識別すれば良いではないかと考える方もいらっしゃると思います。しかし実際にはそれではうまくいきません。識別する主体によって見方も異なりますし，最重要なリスクは1つでも漏れがあってはいけないからです。したがって，まず複数の目で網羅的に洗い出して，そこから絞りこむ必要があります。欧米の会社などでは，このような作業をよくロングリスト（識別したすべてのリスク項目）をショートリスト化する（最重要リスクを選択する）と表現します。識別したすべてのリスク項目から構成されるロングリストから抽出された，限られた項目数のショートリストが最重要リスクなのです（【図表 2-1-14】参照）。

リスクの重要性の評価は，まず個々のリスク項目に関して発生した際の「影響度」と「発生可能性」について評価し，いずれも高いリスクを重要リスクとする手法がごく一般的です。この段階で使うリスクは，対応がまったく無い状態の「固有リスク」（後述）です。現実には重要リスクへの対応がまったくないという状態は稀で，いわば想像の世界になりますが，評価段階ではそのように想定し評価します。固有リスクの影響度と発生可能性を評価するためには，評価基準が必要です。影響度も発生可能性も，例えば高・

【図表 2-1-14】

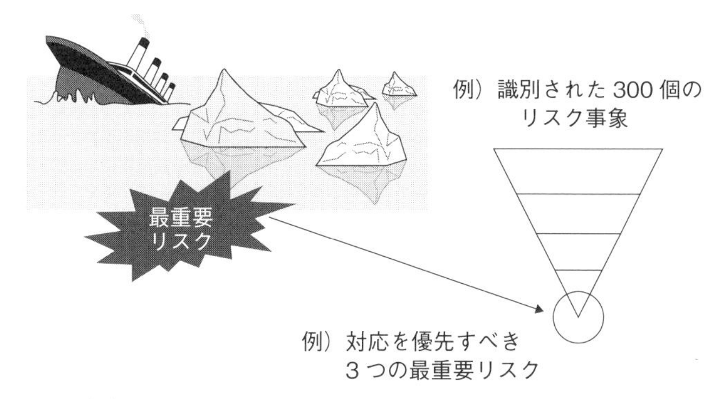

出典：筆者

中・低の３段階に分け，それぞれの段階ごとに定義します。影響度は金額などにより計測可能（定量的）なものと，自組織に関する評判（レピュテーション）のような計測不能（定性的）なものがあります。それぞれ定義を明確にする必要があります。金額的に計測可能なリスクに関しては，各組織それぞれのレベルで計測すると影響額が小さいものでも，全国規模で集計してみると，累積的に大きな金額となるものがあります。例えば，滞留売掛金や過剰棚卸在庫，金利や手数料負担などです。これらは，組織全体での影響額を集計する必用があります。発生可能性については，週・月・年といった発

【図表 2-1-15】

固有リスクの評価基準

〈影響度の評価基準（例）〉

影響度	定量的基準例	定性的基準例（法令違反の例）
高（赤）	10億円以上	事業免許停止
中（黄）	10億円未満 1億円以上	行政処分
低（緑）	1億円未満	軽微な行政処分

〈発生可能性の評価基準（例）〉

発生可能性	発生頻度による基準例
高（赤）	月に１回程度起こり得る
中（黄）	年に１回程度起こり得る
低（緑）	10年に１回程度起こり得る

出典：筆者

生する頻度を想定し定義します。いずれの評価基準も，あまり多段階にすると複雑になり過ぎ，評価作業が難しくなります。本書では印刷の関係で白黒の濃淡で表していますが，実務上は，影響度および発生可能性を，例えば信号機のようにリスクの高いものから降順に「高（赤)」，「中（黄)」，「低(緑)」の3色で表すとわかり易いでしょう。

各リスクの影響度と発生可能性を評価した後は，次に影響度と発生可能性の両軸のマトリックスを作り，例えば両軸のいずれも高い象限（右上）を赤，いずれも低い象限（左下）を緑，中間の象限を黄色としてリスク評価経過を視覚的に判りやすく表す図表を作ることが一般的です。この図表は「リスクヒートマップ」と呼ばれます。このヒートマップ上の各リスク事象を並べ，右上の赤い象限のリスクを影響度が大きくかつ発生可能性が高いリスクとして最重要とする実務が定着しています。それぞれ3段階ずつ，9象限のマトリックスで評価するケースが多いようです（【図表 2-1-16】参照)。また，簡素化のために影響度，発生可能性の両方または一方を高いか低いかという2段階とし，4象限または6象限で評価するケースもあります。

各組織においてすぐに対応すべき最重要リスクを選定するためには，「固有リスク」のみならず「残余リスク」を知る必要があります。固有リスク(Inherent Risk）とはリスクへの対応（コントロール：Control Activities)

【図表 2-1-16】

〈一般的なリスクヒートマップのイメージ〉

例）―リスクの重要性―

影響度＼発生可能性	低		高
高	中（黄）	高（赤）	高（赤）
	低（緑）	中（黄）	高（赤）
低	低（緑）	低（緑）	中（黄）

最重要「固有リスク」（右上の象限）

出典：筆者

がまったくない，いわば裸のリスクです。残余リスク（Residual Risk）とはリスクに対応した後も，なお残っているリスクです。リスクへの露出という意味でエクスポージャー（Risk Exposures）とも呼ばれます。この概念を説明する目的で地震というナチュラル・ハザードを例にとると，例えば特定震源地の予測最大値がマグニチュード9だった場合，これがこの場合の固有リスクになります。この際，マグニチュード7までの耐震構造（地震というハザードに対するコントロール）のビルに入居している組織にとって，ビルが倒壊して自然災害（ナチュラル・ディザスター）となるのは，マグニチュード8と9の場合のみです。これが残余リスクのイメージです（【図表2-1-17】参照）。

【図表2-1-17】

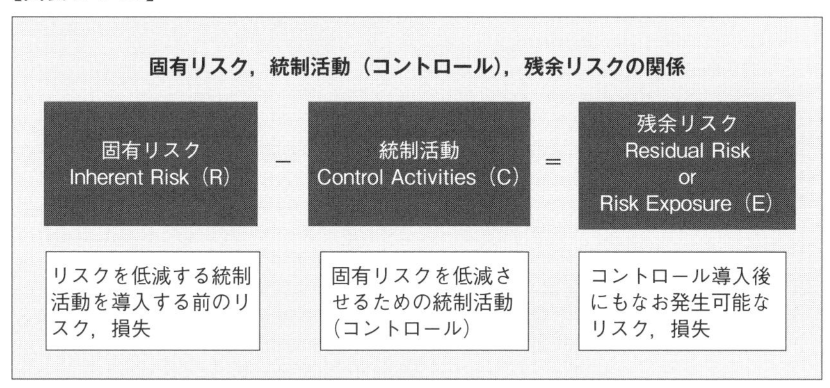

出典：筆者

コントロールの評価については，その整備・運用の状況（有効性）を例えば高・中・低の3段階にわけ，各段階の定義にしたがい評価します。コントロールの有効性は，影響度および発生可能性とは逆に，信号機のように安全なものから，すなわち有効性の高いものから降順に「高（緑）」,「中（黄）」,「低（赤）」の3色で表すとわかり易いでしょう。リスク影響度とは逆に，コントロールの有効性が高ければ安全「高（緑）」，低ければ危険（「低（赤）」になります。評価時点で実際に導入されているコントロール（の有効性）を差し引いたものが残余リスクです。残余リスクの高いものから最重要リスクを選定し（【図表 2-1-18】参照），残余リスクが高い項目が，いわば放置された重要リスクですから，組織としてはこれらへの対応を最優先する必要があります。残余リスクは，固有リスクの重要度を決定する際に用いた影響度および発生可能性と同じく，残っているリスクの高いものから降順に「高（赤）」，「中（黄）」，「低（緑）」の3色で表すとわかり易いでしょう。

【図表 2-1-18】

〈コントロールの評価基準（例）〉

有効性	整備・運用の状況
高（緑）	ルールがあり，管理責任者が任命され，他部門がモニタリングしている
中（黄）	ルールがあり，管理責任者が任命されているが，モニタリングされていない
低（赤）	ルールがあり当事者が遵守しているが，管理・モニタリングされていない

〈残余リスクの評価イメージ〉

	リスクの重要性	コントロールの有効性	残余リスク
項目①	高（赤）	高（緑）	低（緑）
項目②	高（赤）	低（赤）	高（赤）
項目③	中（黄）	中（黄）	低（緑）

「残余リスク」が高く対応の優先度が高い（コントロールされていないリスク項目）

出典：筆者

最重要リスクの決定

以上が優先的に対応すべきリスクを選定する際の一般的な評価方法です。本章の最初にご紹介した独法内部統制報告書などのガイドブックにおいても，リスク評価は重要性を影響度と発生可能性で評価する方法が推奨されています。しかしリスク評価の過程において，発生可能性をあえて考慮しないという実務を推奨する専門家もいます[4)]。何故でしょうか。それは，発生可能性を評価する際，過去の統計データがあることはむしろ稀なので，実務のうえでは勘や思い込みで評価することが多いからです。絶対に起こりえないだろうという思い込みに反して「想定外」の事象により大被害を被った事例は数知れません。また，仮に過去の事象発生状況を蓄積しており，過去の経験則から凡そ10年に一度の発生確率であると判っていたとしても[5)]，それはあくまで経験則に過ぎず，確実に10年間隔で起きるわけではありません。またその一度は明日かもしれません。そして更に，歴史を顧みると，例えば2001年の9月11日に米国ニューヨークのワールドトレードセンタービルなどに飛行機が激突し多くの死傷者を出した同時多発テロ事件，2011年3月11日の東日本大地震の際に発生した40メートルの高さまで斜面を駆け上がった巨大津波等，発生頻度は確かに低いものの甚大な悪影響をもたらすリスク（テールリスク，【図表2-1-19】参照））による大災害が実際多いのです。したがって，影響度は間違いなく高いと評価した事象について，発生可能性（頻度）が低いと評価したばかりに，リスクへの対応が後回しになることは避けなければなりません。

【図表2-1-19】

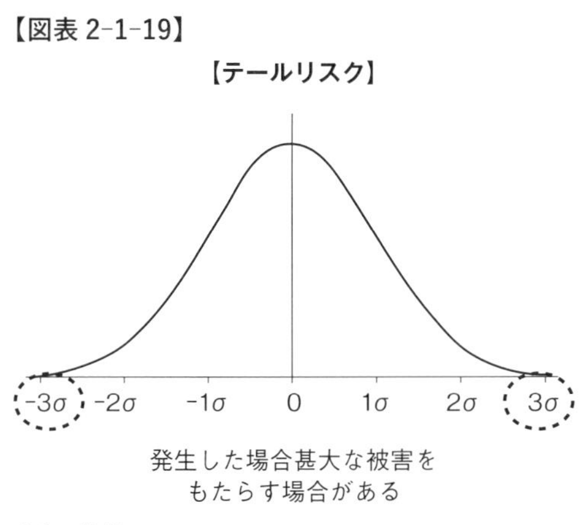

出典：筆者

発生可能性を考慮せずに優先すべき重要リスクを評価する場合は，リスクの影響度とコントロールの有効性によるリスク・コントロール・マトリックス（ヒートマップ）を作り，影響度が高くコントロールの有効性の低い，すなわち残余リスクの高いものから最重要リスクを選定します。この方法だと，発生可能性が低そうだからという思い込みによって，重要リスクへの対応が後回しになる恐れは少ないと言えます。実務上も，リスクとコントロールの状況，そしてその引き算である残余リスクが一目で判るというメリットもあります（【図表 2-1-20】参照）。筆者が支援する内部統制ないしリスクマネジメント関連のプロジェクトでは，以上の理由から基本的にこの発生可能性を考慮しないリスク・コントロール・マトリックスをヒートマップとして使うことにしています。また，固有リスクではなく，残余リスクを重視した活動を行うことにしています。このあたりの評価実務については，本書第2部の第3章のなかの「2 種類のモニタリング」，「自己評価（CSA）と内部監査」の節で，内部監査との関連で再度説明します。

【図表 2-1-20】

【発生可能性を考慮しない リスク・コントロール・マトリックス】

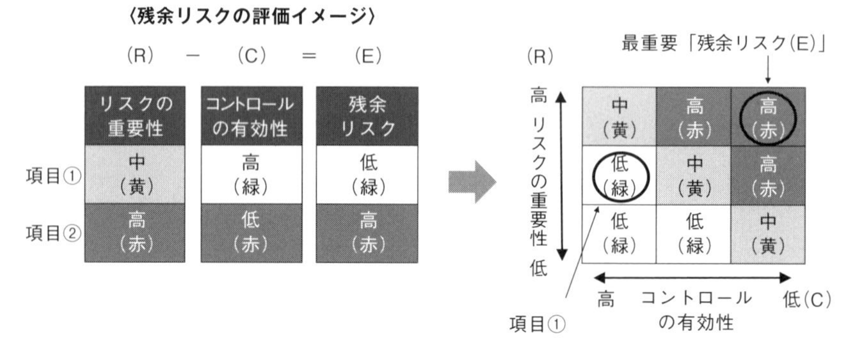

出典：筆者

以上のようなプロセス（R－C＝E）で，残余リスクの高いリスク項目を抽出し組織が最優先で取り組むべき，あるいは最も注意をはらってモニタリングすべき「最重要リスク」を決定することが重要です。そしてそれらの対応を事業計画や，中期経営計画，監査計画などに組み込み，組織をあげた本来業務として取り組むことが，実効性のある内部統制活動につながります。最重要リスクは，あまりに多過ぎると活動にメリハリがつかなくなるおそれがあります。筆者の主観ですが，これらはせいぜい 10 項目，最大 20 項目程度に絞り込むことが望ましいと考えます。この点は，全社的なリスクマネジメントを経営にとりいれた初年度など，導入初期段階では特に重要です。あれもこれもと欲張ると活動が結局中途半端になりかねないからです。

最重要リスクの組織的な最終決定に際して，前述のマトリックスだけでは絞り切れないケースが出てきます。そのような場合はどうするか。例えば筆者は，残余リスクの高い重要リスクに関して，是正の期限，時間的余裕などの「緊急性」という時間概念を用いて絞り込んだ経験があります。それでも絞り切れない場合はどうするか。その場合は，最終的に組織のトップの判断と決断になります。本書の冒頭から用いている船舶の航海の比喩で例えると，それは船舶と乗客，乗組員を無事目的港まで予定通り送り届ける総責任者である船長のトップダウンの決断ということになります。ただ，船舶は船長一人で航行できるわけではなく，実際には複数の幹部に指揮して目的を達成します。したがって，組織全体にわたる最重要リスクの正式決定に際しては，トップとそれぞれの機能に責任を有する幹部などで，絞り込みのためのリスク・ワークショップを再度開催して決定するケースもあります（【図表 2-1-21】参照）。このような場合，企業であれば取締役会や監査（等）委員会，リスク委員会などで，独立行政法人などの公的機関であれば理事会，役員会などでそのような討議を行って正式に組織決定すれば更に活動に重みが増します。

【図表 2-1-21】
【最重要リスク決定のためのワークショップ】

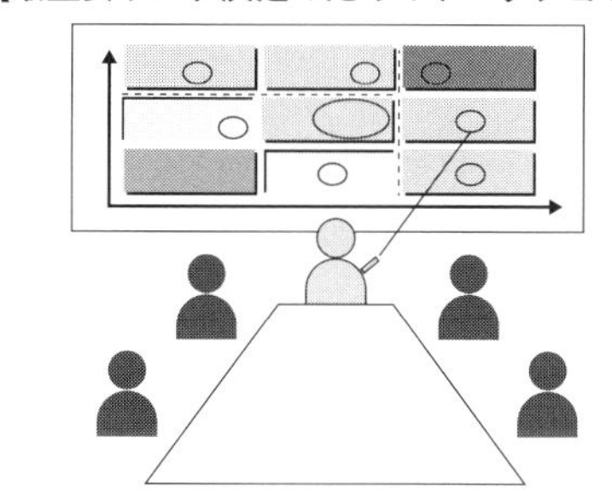

出典：筆者

以上のようなプロセスを経て最終的に組織全体でとりくむべき（組織全体にわたり共通の）最重要リスクを決定します。しかし，組織の機能が多岐にわたっている場合，あるいは地理的にも全国に，更には全世界に拠点が広がっているような場合，組織の本部で管理すべき組織共通のリスク項目は良いとしても，事業部門長，特定機能部署や地域拠点の責任者が最も重要と考える固有リスクが漏れてしまう可能性があります。この問題に対処するため，筆者が推奨する取り組みとしては，リスクの識別フェーズにおいて，各事業部門，各機能部署（財務，法務，IT 等）の責任者または専門家，各地域拠点（または海外の各国）の代表者などにも参加してもらうことです。これにより，リスクの洗い出しの網羅性を高めることができます。具体的には，本部ないし本社でのワークショップ開催後，その経験を踏まえ本部スタッフが支援して，各部署ないし各拠点でリスク識別，評価のためのワークショップを開催するなどの展開方法がよいでしょう。そしてそのうえで，分類表に一覧化し整理します。そうすることによって，さまざまな参加者によって洗い出されたリスクがいわば「2階建て構造」のように，組織全体にわたり共通の「共通リスク（1階のリスク）」と，当該部門，機能部署，あるいは立地する拠点のみに該当する「固有リスク（2階のリスク）」との2つに分類・整理することができます（【図表2-1-22】参照）。この取組のメリットとしては，まず全組織的な観点のみならず，各部署固有の身近なリスクが識別され，部署・拠点固有のリスクの識別漏れが起こりにくくなるという点があります。これに加え，なにより，各部署でリスクを自分のこととしてとらえることができ，個人レベルの活動とセットでリスクが認識され易くなる（リスク感覚の共有）という点が大きいと言えます。

【図表2-1-22】

■リスクを2階建て構造で識別し，それぞれ管理対象とする

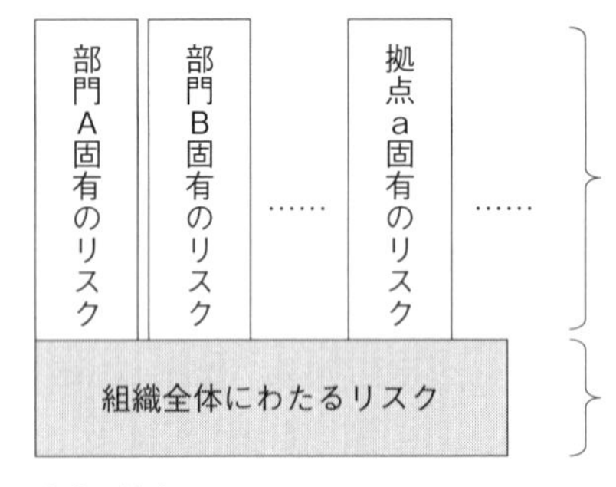

各部門・拠点において，さまざまな階層の職員が参加したリスクワークショップなどで，各部署固有のリスクをそれぞれ識別し，最重要なものを各部署が主体的に決定し管理対象とする

本部で全社的な観点から識別し，組織トップが最終的に最重要なものを決定しトップダウンで各部署に伝える

出典：筆者

最重要リスクの決定に関しては，せいぜい10項目，最大20項目程度に絞り込み，事業計画や中期経営計画，監査計画などに組みこむことが重要であること，そして，それを組織をあげた本来業務として取り組むことが実効性のある内部統制活動につながるということは本第1章の前半で述べたとおり

です。この点と，直前に解説したリスクの２階建て構造を踏まえると，それぞれの部署が決定する最重要リスクの数は10ないし20で同じでも，その中身を部門・部署，地域ごとに組み替えて，２階建て構造ないし３階建て構造で数を絞って全国（または全世界）展開するという方法もあります（【図表2-1-23】参照）。この方法では，１階の組織全体に渡るリスクはすべての部署で共通ですが，２階と３階のリスクは部署ないし地域ごとにそれぞれ異なります。このような形で例えば，事業計画と紐づける形で，年度内に対処すべき10ないし20の重要リスクを各部署ごとに絞りこみ，１年間で徹底した改善活動を行うとよいでしょう。そして，内部監査部門がその年度の内部監査を計画する際には，すべての監査対象共通のチェックリスト方式ではなく，各部署の最重要リスクを中心にメリハリをつけて監査します。そのような内部監査の結果を組織トップに報告することにより，組織トップは各部署において最重要リスクを回避・低減する統制活動が的確に行われているか否かを知ることができるようになります。このようなリスクマネジメント活動と内部監査を組み合わせて内部統制活動の実効性を高める取り組みについては，本第２部の第３章でより詳しく論じます。

【図表 2-1-23】

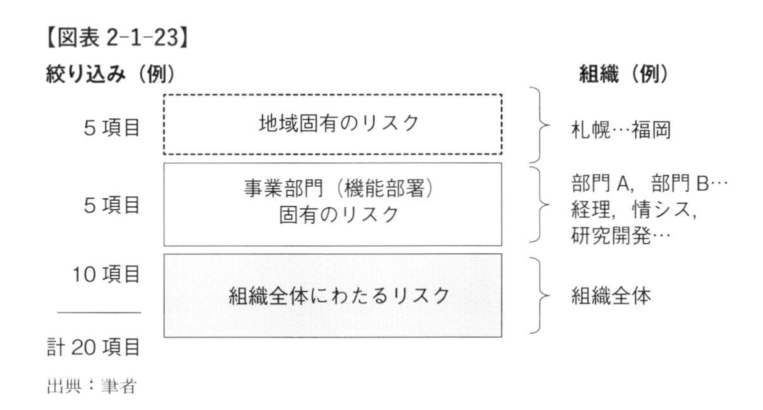

出典：筆者

COLUMN ⑥　リスクマネジメント・プロジェクトの第１歩，リスク・ワークショップ

リスクマネジメントを活用した実効的内部統制構築の第１歩，そして最初の関門は「リスクの識別」です。プロジェクト推進上，次のステップに進んだ後は不可逆なので，ここでつまずくとプロジェクト全体がうまく行きません。成功のポイントは，組織の各人にいかにリスクを自分事として捉えてもらうことができるかという点につきます。リスクが他人事であると感じられた場合，活動が形骸化するからです。本第１章内でリスク識別の手法をいくつか紹介しましたが，「リスクを自分事として捉えてもらう」という点で非常に効果的なのがリスク・ワークショップです。組織目標達成に関与する人間を部門横断的に，多階層を一同に集め，目標達成の障害となり得るリスクを討議します。筆者も外部専門家のファシリテーターとして過去に幾度となく支援しました。本文でも触れましたが，興味深いのは現場に近いスタッフからは，上層部が知りえない身近な，しかし業務上重要な「業務（Operational」リスクが挙げられる傾向があります。例えば，顧客対応や生産現場でのリスクです。また，逆に経営幹部からは，組織全体の目標達成にとって重要な「戦略（Strategic）」リスク，企業であれば例えば既存事業の不採算化や，新規分野参入に伴うリスク，投資リスク，戦略的 M&A に伴うリスクなどです。組織が大きく一同に会するのが難しい場合は，機能部署毎に，拠点毎に，あるいは経営層とその他というふうに階層毎に別けてワークショップを実施しても良いでしょう。いずれの方法にしても，無数のリスクが識別されますが，重要なものから優先的に対処するために最重要リスクを絞りこむ必要があります。この点においても，本第１章の最後で紹介したような２階建て，３階建ての構造など（組織全体，機能部署毎，拠点毎等）で，それぞれのプロセスオーナー（経営層，部署・拠点責任者等）が自ら納得して優先的に対応する限られた数の最重要リスクを選定することが重要です。この識別・絞り込みを，複数回のワークショップを開催し丁寧に実施することにより，ようやく「リスクを自分事としてとらえてもらう」ことができるようになります。

第２部　第１章注

１）「統制環境」の定義
　「独立行政法人における内部統制と評価について（本書では「独法内部統制報告書」と表記）」における「(3) 独立行政法人における内部統制の目的及び基本的要素」，に

おいて統制環境は以下のように定義されている。

イ　基本的要素　内部統制の基本的要素とは，内部統制の目的を達成するために必要とされる内部統制の構成部分をいい，内部統制の有効性の判断の規準となるものである。

①　統制環境

統制環境とは，組織の気風を決定し，組織内のすべての者の統制に対する意識に影響を与えるとともに，他の基本的要素の基礎をなし，リスクの評価と対応，統制活動，情報と伝達，モニタリング及びICTへの対応に影響を及ぼす基盤をいう。統制環境としては，例えば，次の事項が挙げられる。

・法人の長の誠実性及び倫理観
・法人の長の意向及び姿勢
・運営上の方針及び戦略
・理事及び監事の有する機能
・組織構造及び慣行
・権限及び職責
・人的資源に対する方針と管理

※（上記引用に関する筆者コメント）上記は統制環境のうち特に内部環境の事例である。民間企業など，独法以外の組織では，法人の長を例えば社長，理事を取締役，監事を監査役等に適宜読み替えて「統制環境」を理解願いたい。これに併せて，外部環境も考慮することが重要である。

2）「リスク」の語源

ピーター・バーンスタイン著（青山護訳）『リスク―神々への反逆―』日本経済新聞社，1998年，「はじめに」の最後（23頁）で，このリスクの語源が説明されている。

3）「リスク」の分類表

COSO（八田進二監訳，中央青山監査法人訳）『全社的リスクマネジメント　フレームワーク篇』東洋経済新報社，2006年，「事象の分類」（63-64頁）における図表においては「外部要因」，「内部要因」と大きく2分類し，更に細かく外部要因としては，経済的要因，自然環境要因など，また内部要因として，インフラ，組織内のすべての者などというように分類例が示されている。なお，本文献では，リスク事象の識別・分類という意味で，「事象の識別」「事象の分類」と表記されているが，同じ意味である。今回筆者が例示した分類の考えもこれに近く，まず内的・外的要因別に大きく2分類し，更に中分類，小分類を加えている。なお，本書の続編である以下の文献にも，リスクの分類を含む「事象の識別」「リスクの評価」等，フレームワーク編よりも，更に実務に即した説明がなされているので，併せて参考にされたい。

COSO（八田進二監訳，みすず監査法人訳）『全社的リスクマネジメント　適用技法編』東洋経済新報社，2006年

4）発生可能性を考慮しない実務

有限責任監査法人トーマツ，デロイトトーマツリスクサービス（※筆者は本書の共著者の一人）『リスクインテリジェンス・カンパニー』日本経済新聞出版社，2009年，「②リスクの評価と測定」図3-3（61頁）に，この発生可能性を考慮しないリスク評価の方法が，（もう一つの）リスク評価モデルとして紹介されている。筆者も監査法

人時代より実務においては，さまざまなメリットのあるこのモデルを活用している。ただし，発生可能性を考慮して最重要リスクを決定する方法を否定するものではなく，状況によっては，通常のリスク影響度と発生可能性の2軸のリスク評価モデルを利用したほうがよい場合もあると考える。

5）10年ごとの重大リスク発生可能性（頻度）について

理論的根拠があるわけではなく，科学的に説明できないがよく当たる経験則をアノマリー（anomaly）という。アノマリーの例としては，例えばパンデミック発生がある。歴史を振り返ると，2002年～2003年に中国で発生したSARS，2009年～2010年にメキシコ，米国で発生した豚由来インフルエンザ，2019年～2023年に世界中で発生し本書執筆時点でも完全には収束していない新型コロナウィルスと，凡そ10年おきに発生しており，被害の規模は回を追うごとに大きくなる傾向があり，次回の発生は恐ろしい。また，世界的金融危機の事例としては，1987年の株価大暴落（ブラックマンデー），1997年のアジア通貨危機，1998年のロシア金融危機，更に2007年米国発世界に影響を与えたサブプライム住宅ローン危機（いわゆるリーマンショック），そして2019年の新型コロナウィルス発生時のロックダウンによる世界的な経済活動低迷と，やはりほぼ10年おきに大型の金融危機が発生している。したがって，発生可能性（頻度）がたとえ10年に一度（低）であったとしても，発生した場合は被害甚大なので対応を怠ることはできない。

第 2 章 リスクマネジメントを活用した取組み（その 2）

リスクへの対応と統制活動

優先して対応すべき最重要リスクを絞りこんだら，次のステップとしてリスクへの対応方針を決定します。リスクへの対応は，一般に①「回避」，②「低減」，③「移転」，④「受容」の 4 種類に分類されます。

① 「回避」とはリスクの元となる活動を中止することです。例えば，事業を行っている新興国の労務コスト上昇について対応を検討した結果，どのような対応をとってもコストが便益に見合わないと結論づけられた場合，その国から撤退し別の国で事業を開始するような事例です。

② 「低減」とは内部統制などの手続きの導入によってリスクの発生可能性や影響を低減することです。本書における「コントロール」はこの対応となります。

③ 「移転」とはリスクの全部または一部を組織外に転嫁することです。典型例として，保険に加入し火災や事故などが発生した際の損害額を保険会社に移転することが該当します。ただし，従業員の生命や安全，不祥事発生時の組織のレピュテーション棄損などは保険をかけてもダメージを回復できないことには留意する必要があります。

④ 「受容」とはリスクを識別・評価したうえで，あえて対応策をとらないこと（意図して受容すること）を決断することです。したがって，そもそもリスクを識別・評価せずに対策をとらない状態は受容にあたりません。また，重要リスクを受容することはできません。

各組織にとっての重要リスクに対しては，個々のリスクごとに上記のリスクへの対応方針（受容以外）を決定する必要があります。対応方針決定後は更に，具体的な統制手続き（コントロール）をデザイン（設計）して導入していきます。統制手続きは大きく分けて①予防的統制と ②発見的統制の 2 種類があり，この 2 種類の手続きを単独または組み合わせて導入していく必要があります。

① 「予防的統制」とは，リスクが顕在化しないよう未然に防止するコントロールです。効果的ですが整備・運用コストの観点からすべてのリスクを対象に予防措置を講じることは現実的ではありません。
② 「発見的統制」とは，事後的になるべく早く「是正措置」をとることにより影響を最小限に抑えようとするコントロールです。リスクの種類によっては発見後是正や復旧の時間的余裕がなく，採用できない場合があることに注意が必要です。

コントロールのデザインと導入にあたっては，リスクの重要性による優先順位，コストと便益，時間的要素を考慮することが重要です（【図表 2-2-1】参照）。

【図表 2-2-1】

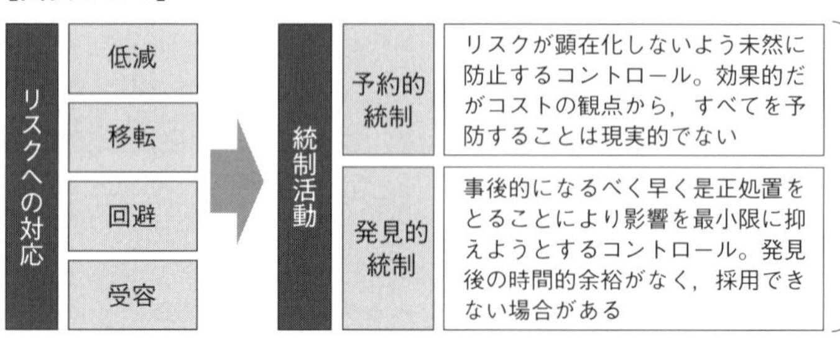

出典：筆者

例えば，対象のリスクが組織ミッションの達成に関して決定的な意味をもつ極めて重大なものであれば，導入と維持のコストはかかりますが，予防的統制と発見的統制の 2 種類を組み合わせて，水も漏らさぬ対応が必要です。一方リスクの影響が軽微で，かつリスク発見後に是正措置をとる時間的余裕があるような場合は発見的統制のみで十分です。具体例をあげましょう。一般に，本部組織における金庫には多額の現金や有価証券類，重要書類を保管しますので，盗難や火災による消失などのリスクから予防するために，たとえ高額でも堅牢で高性能な金庫が必要です。更に，開閉や保管物の点検は単独ではなく常に二人以上で実施する必要があります。万が一の不審者の侵入の場合には，アラームが鳴りすぐに発見できるような仕組みも必要でしょう。一方，サテライトオフィスなどの小組織に配置する小口現金や切手・印紙等の保管については，通常の手提げ金庫などで十分です。この取り扱いに，本部組織の大金庫なみに常に二人以上張り付けることに経済的合理性はありません。紛失等のリスクがあるにしても金額的な影響は大きくなく，複数の人間を張り付けるといった予防措置のほうがよほどコストがかかるからです。このような場合，例えば本部組織の管理者が不定期に予告なしに訪問（サプライズ・ビジット）し，手提げ金庫内の現金等が記録と整合しているかを点検するといった発見的統制だけで十分です。

以上のような点を考慮して，リスクごとにリスクへの対応方針を決定し，コントロールをデザインし導入していきます。これらの作業はそれなりに手間がかかります。したがって，前節で解説したリスク識別・評価が重要になります。リスクの重要性に応じて，まずは最重要なものから優先的に対応し，段階的により幅広いリスクに広げていくことが現実的です。

統制活動の例外（危機対応）

【図表 2-2-2】において示された「リスクマネジメントを活用した一般的な内部統制の取り組みイメージ」に関して，筆者が特に判り易いと感じるポイントは，筆者が点線で囲った「例外（危機対応」の位置づけです。リスクマネジメントと言った場合，多くの方々は本書で解説しているような内部統制の PDCA 的な活動ではなく，むしろ突発的に発生する危機対応（クライシス・マネジメント）のほうを想起されると思います。このクライシス・マ

【図表 2-2-2】
リスクマネジメントを活用した一般的な内部統制の取組のイメージ

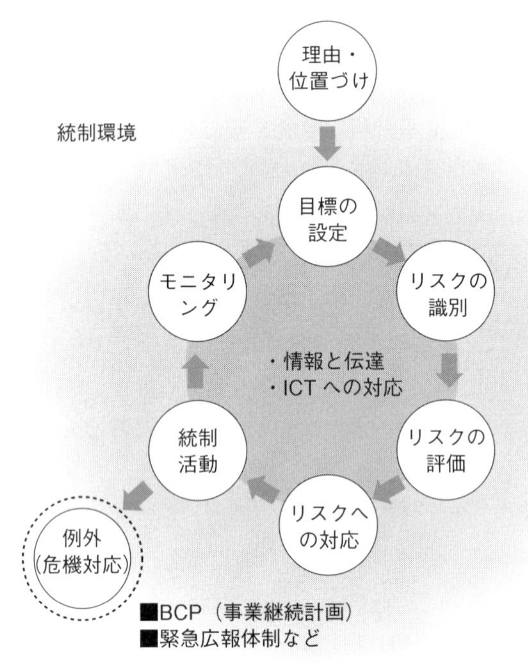

出典：「独立行政法人における内部統制と評価について」15頁　図表4
点線とコメントは筆者が加筆

ネジメントはリスクが突発的に顕在化した後の対応になります。一般に広義のリスクマネジメントはこの2つの活動を含むものになります。しかし，両者の活動は実務上大いに異なります。リスクマネジメントを活用した一般的な内部統制の取り組みは，一般に例えば年間計画のなかでPDCAを回します。これに対し，危機対応ではそのような時間的余裕はありません。危機が発生した際に例外的に，受動的かつ緊急に対応しなくてはならないからです。危機は時に予告なく突然発生します。したがって，普段から万が一発生した際の対応を，一般的な取り組みの例外として備えておくことが重要です。例えば，災害などの緊急事態に際し，損害を最小限に抑え，事業の継続や早期復旧を図るためには事前に危機発生直後から事態が収束するまでの行動を定めたCMP（Crisis Management Plan：危機管理のための行動計画）や，事業継続のためのBCP（Business Continuity Plan：事業継続計画）を策定する等です[1]。更に，突発的に発生したレピュテーションリスクに対しては非常時の指揮命令系統や対応方針を予め明確にしておくなどの緊急時の広報体制を準備しておくなどです。この非常時の広報体制については，次節の「情報と伝達」でも改めて触れます。リスクマネジメントを活用した内部統制活動に具体的に取り組むためには，この2つの種類の，互いに異なるリスクマネジメントについて，その性格の違いを意識して取り組む必要があります。

情報と伝達

【図表2-2-2】のなかで，「目的の設定」から「モニタリング」までのPDCAサイクルの輪の外側の「統制環境」は，本章の前半で既に説明したように活動にあたって考慮すべき組織内外の状況です。一方，PDCAサイクルの輪の内側に配置された「情報と伝達」,「ICTへの対応」の2つは，内部統制というプロセスを正しく機能させるために必須の，全ステップを通して共通の重要要素です。ここでまず「情報と伝達」について，具体例を挙げて論じたいと思います。「ICTへの対応」はその後に解説します。内部統制上「情報と伝達」に関しては，次のようなポイントを考慮する必要があります[2]。

- ■必要な情報が識別，把握及び処理され，組織内外及び関係者相互に正しく伝えられることを確保すること
- ■情報が伝達されるだけでなく，それが受け手に正しく理解され，その情報を必要とする組織内のすべての者に共有されることが重要

更に「伝達」に関しては，「a. 内部伝達」および「b. 外部伝達」という2種類を念頭に入れる必要があります。本章で参照している独法内部統制報告書に示された「情報と伝達」関連の必須要素に，独法のような公的機関に

【図表 2-2-3】

伝達の種類	必須要素	具体的な活動事例
a　内部伝達	ミッションを果たすため，必要な情報が適時に組織内の適切な者に伝達される必要がある。 法人の長は，組織内における情報通信システムを通して，運営方針等を組織内のすべての者に伝達するとともに，重要な情報が，特に，組織の上層部に適時かつ適切に伝達される手段を確保する必要がある。	■重要事項について規程を整備し職員向けイントラネット等に掲示し，研修を行う（共有・周知） ■企業理念（組織理念）を意識のレベルまで浸透させる ■組織内の正式なレポーティングライン（指揮命令系統，報告経路）をわかり易く整備する（正式なものと異なる属人的・非公式なレポーティングラインは混乱のもと） ■不祥事発生時等の内部の緊急報告体制を整備する ■内部通報制度を導入し活性化する等
b　外部伝達	法令による財務情報の開示等を含め，情報は組織の内部だけでなく，組織の外部に対しても適時かつ適切に伝達される必要がある。 また，国民など，組織の外部から重要な情報が提供されることがあるため，組織は外部からの情報を適時かつ適切に識別，把握及び処理するプロセスを整備する必要がある。	【外部への情報発信】 ■外部への一般的な情報提供のホームページを極力わかり易くする ■不祥事発生時等の監督官庁への報告，国民への情報提供体制を整備する　等 【外部からの情報取得】 ■利用者など外部の声を積極的に拾い，事業運営に活かす ■ホームページなどに外部の情報提供を受け付ける通報窓口を設ける　等

出典：表中の「必須要素」については「独立行政法人における内部統制と評価について」9～10 頁を再掲。「具体的活動事例」は筆者が加筆。

おいても，民間企業においても共通して考慮すべきと筆者が考える具体的活動事例を加えた【図表 2-2-3】を作成しましたので，これに沿って解説します。

まず「a. 内部伝達」とは，ミッションを果たすため，必要な情報が適時に組織内の適切な者に伝達される仕組みですが，以下で解説を加えます。

内部伝達の具体例-1（規程類の整備）

内部統制のPDCAサイクルのうち，既に解説した「内的要因」の「リスクへの対応」としてリスクを「低減」する代表的統制活動としては，規程の整備があります。規程は組織内の各構成員がすべきこと，すべきではないこと，すなわちルールを定めた文書です。ルール順守の実効性を高めるうえでは，規程類を体系的に整理した「規程体系」を整備しておくことがポイントです。日常守るべきルールが無数に存在した場合，それらの詳細をすべて覚えることは困難です。必要なルールが無いことは問題ですが，ルールが多すぎて構造が複雑なために順守が徹底されないという状態は更に危険です。このようなことを防止するため，さまざまな規程を，その重要性から階層化しピラミッドのような体系にしておくと良いでしょう【図表2-2-4】参照)。組織におけるルールで最重要なものは，すぐ後の節で解説する「企業理念」です。そしてそれを補完する意味で従業員の基本的な行動ルールを定めた「行動規範」などがあります。これらは国家の法体系における憲法に相当します。その下に各階層の承認権限などを定めた「権限規程」のほか「人事規程」，「経理規程」，「IT規程」などの組織運営の基礎をなす重要な規程を制定します。更にその下の概念として例えば「出張旅費精算」等の実務上の細かいルールを「細則」や「手順（マニュアル」）として制定します。そして「出張事前承認願い」のような申請や定型的業務の承認に係るものは更にその下の「様式」として整理しておきます。稀にこれらすべてが同レベルの「規程」として並んでいるケースを見ますが判りにくいと言えます。規程体系として階層化することによって，規程の制定・廃止・修正などについて，決裁権限者をその重要性に応じて例えば企業組織では，取締役会決定，部長決定というふうに変え機動的に運用することが可能となるメリットもあります。また，組織によっては「社長（または理事長）通達」などによって社内ルールが定められているケースもありますが，この場合通達が現在有効なのか否かが曖昧になりがちです。永続させるルールについては，通達ではなく規程体系の枠内で制定することが望ましいと言えます。

規程を制定し規程体系を整備しても，それが対象の役職員に伝達され，そ

【図表 2-2-4】

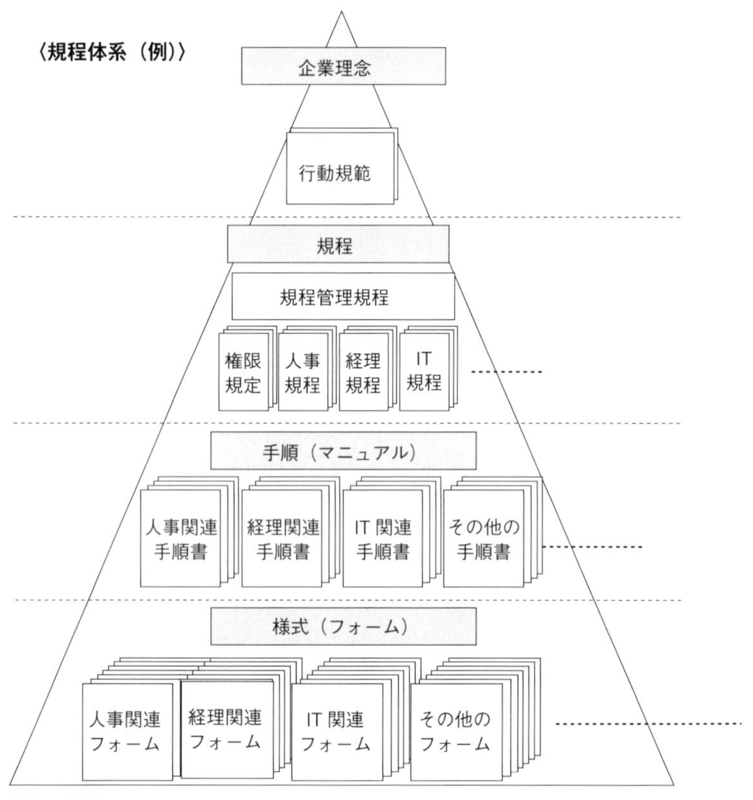

出典：筆者

の真意が理解され，更に日常業務のなかに反映されなければ，まさに絵にかいた餅になります。これらの規程集は，理解し易いように極力平易な表現で作成され，更に組織内の全員が手に取って参照し易いような場所に設置される必要があります。情報通信システムが発達し業務のペーパーレス化が浸透した現代では，組織内の各人がアクセスできるイントラネット内のフォルダーに，重要度に応じた階層を組んで体系的に掲示することも必要です。しかし，規程集を掲示しても，各人が実際に読んで理解してくれなければ無意味です。したがって，役職員の新規および途中採用時の導入研修では必ず，そして特に重要なルールは定期的に（例えば，毎年必ず）定期研修などでポイントを解説し，各人の意識に浸透させる必要があります。また，組織の中で最も影響力があるのは言うまでもなくトップ（社長ないし理事長など）ですから，組織トップが折に触れてコンプライアンスの重要性を発信すれば，更に効果的です。

一般に法令違反などのコンプライアンス違反は，法令やルールの存在やその意味を知らなかったという「知識」の欠如である場合と，法令やルールの存在は知っていたが守らなくてもよいという勝手な思い込みで無視する「意識」の欠如の場合のいずれかです。したがって組織構成員全員に「知識」として法令・ルールの存在をまず教え，その次には遵守しない場合どのようなリスクがあるか，といった遵守すべき理由を心から納得させ，たとえ他人が見ていなくとも必ず遵守すべきという「意識」のレベルまで浸透させる必要があります（【図表 2–2–5】参照)。本書の第 1 部 第 1 章「内部統制とは何か」で解説したように，コントロール（統制活動）が組織内に存在することが，すなわち内部統制ではありません。内部統制とは，コントロール（統制活動）が組織の日常業務に組み込まれ，有効に機能する状態とするための一連のプロセスです。したがって，規程類を整備するだけでは不十分で，対象とする役職員全員がその意味を理解し，必ず遵守するという状態を作りだす

【図表 2–2–5】

【法令違反等のコンプライアンス違反の原因と対応策】

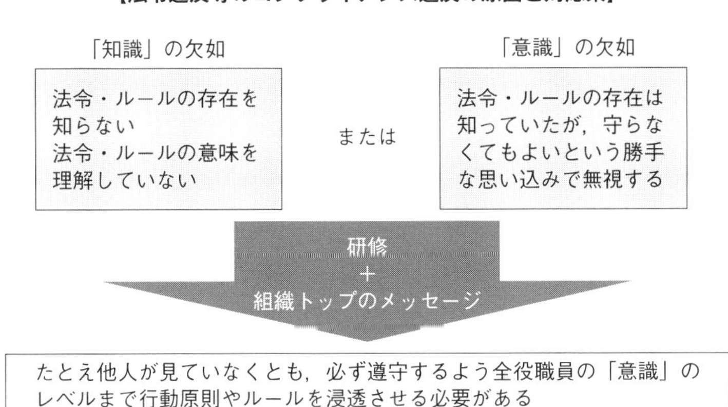

出典：筆者

必要があるのです。

更に，内部伝達の対象は狭義の組織「内部」だけではありません。ミッションを遂行するために連携する，例えば外部委託先なども含まれるべきです。この点については，やはり第1部第1章（内部統制の定義，質問5）で解説したタイタニック号の事例を思い出してください。北大西洋の航路を先行していた他の船舶から何度も巨大氷山の存在を警告されていたにもかかわらず，無線通信が海運会社とは別組織の無線会社によって運営されていたことも一因となり，この重要情報がコースや航行速度を変更する責任と権限を有する船長までタイムリーに伝達されませんでした。その結果，全速力で巨大氷山に突進していったのです。この点は，コスト削減や専門家が組織内にいないなどの理由で業務を外部委託している組織では，教訓として特に留意する必要があります。

また，規程をいかに精緻に作りこんだとしても，その内容が完全に適合しない場合，もしくは網羅していない事象もあるかもしれません。そのような時に，組織の各構成員がそのルールが存在する本質的な意味，換言すると規程という統制活動が対象とするそのリスクの悪影響と，それを軽減するための行動原則についての深い理解があれば，求められる行動が必ずしも規程に具体的に書かれていなくとも，また，たとえ誰も見ていなくとも正しい意思決定ができ，適切な行動がとれるようになります。この点で，次の節で説明する「企業理念」または「組織理念」が内部伝達上極めて重要になってきます。

内部伝達の具体例-2（企業理念）

企業理念または組織理念（以後単に，「企業理念」と表記）とは企業等の組織の目的，利害関係者（ステークホルダー）への約束，倫理観，価値観，基本戦略などに関して成文化された方針です。平たく言えば，「我が社（我が組織）は何のために存在するのか，事業活動を通じて誰に，どのように貢献するのか」といったことを組織内外に明らかにするため，短い言葉で表現したものです。当該組織に属する全員が共有すべき憲法のようなものです。

企業理念は企業活動における「扇の要」の役割を果たします。この扇の要が弱いとその上の役職員の意識と行動は不安定になり，組織全体の事業活動がグラグラ揺れてしまいます。「事業活動を支える内部伝達の基本要素」に関して，この点をイメージして頂くために，あえて直前の規定体系図とはさかさまの逆ピラミッドとし，そのうえに役職員，事業活動を配置したのが【図表 2-2-6】です。

【図表 2-2-6】

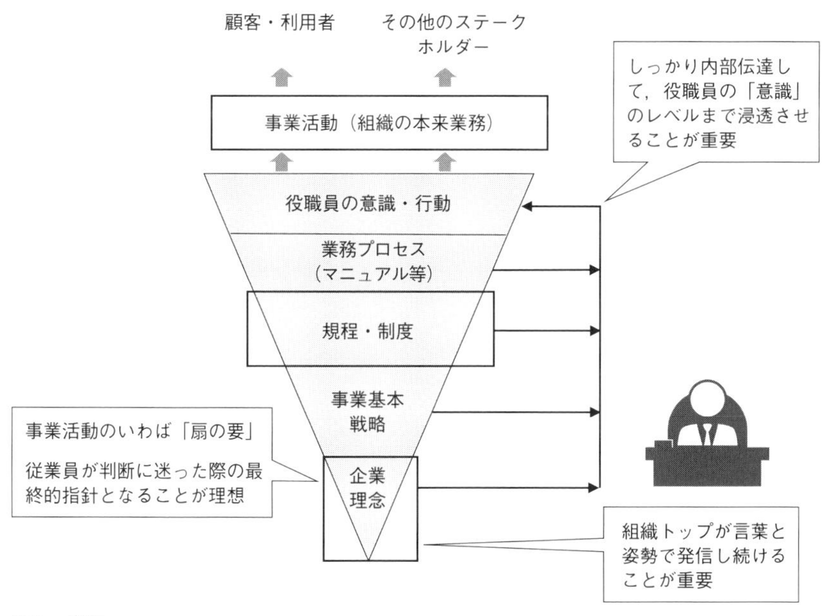

出典：筆者

原則を説明せずに役職員に数多くの規程や業務プロセスへの順守を求めてもあまり効果がありません。目先の煩雑さ故に無視したり，規程に書いていないことは禁止事項でないと自己に都合よく解釈したりする者が出てきます。逆にこの扇の要の部分がしっかりしていれば，規定や業務プロセスに定められていない想定外の事態が起きた際にも細かく指示せずとも従業員が正しい行動をとることができるようになります。企業理念が判断に迷った際の最終的指針となることが理想です。企業理念は存在するだけでは浸透しません。組織内の役職員がしっかり理解し共鳴できるよう必要に応じて説明を加え，積極的に周知する必要があります。また，単なる美辞麗句で終わらせないため，組織のトップが常に言動と姿勢で組織内の全員に明確なメッセージとして発信し続けることが重要です。

企業理念に関して最も頻繁に，しかも賞賛をもって引用されるのは，米国企業のジョンソン・エンド・ジョンソン（J&J 社）において 1940 年代につくられた「我が信条（Our Credo）」でしょう。ここでは，同社が第一に責任をもつのは顧客，次に社員，地域社会，株主の順であると明言されています。ESG（Environment, Social, Governance：環境，社会，ガバナンス）の考え方が浸透しつつある現代とは異なり，株主価値を最大化することが経営者の最重要のミッションであるという考え方が絶対的に浸透していた当時の米国にあって，この理念を貫くことはとても勇気のいることだったと思います。同社の「我が信条」を有名にしているのは 1980 年代に起きた「タイレノール事件」における危機対応です[3)]。賞賛されるべきは，同社が顧客への責任を他のすべてに優先させる意思決定を迅速に行ったことです。自社の過失責任に関する情報が無いなか，また参考とすべき前例もないなか，巨額損失を覚悟で製品のリコールを決定しました。事実を解明するため徹底的な内部調査を行い，その過程で発見された自社に極めて不利な情報も包み隠さず迅速に公表しました。親会社トップのリーダーシップの下，直接の製造元である子会社も一丸となって行動しました。その結果，同社と製品の信頼は守られ，結果的に同社が最後としていた株主への責任も長期的には十分に果たせました（【図表 2-2-7】参照）。

J&J 社のもう 1 つの特徴として「分社分権化経営」があります。本社中央集権的な企業が比較的多い米国では珍しいと言えます。同社グループでは，小さなビジネスユニットに大きな権限を委譲し，それぞれが迅速な意思決定と機動的なビジネス展開をすることによりスピード経営を達成するとしています。分社分権化経営にはこのようなメリットがある一方，各社がバラバラに行動するリスクがあります。「我が信条」が世界中のグループ企業に共有

【図表 2-2-7】

〈タイレノール事件の概要〉

■ J&J グループのマクニールコンシューマープロダクツ社の鎮痛解熱剤タイレノールは当時最も ポピュラーな解熱剤で **J&J グループの稼ぎ頭であるプロダクト**であった
■1980 年代に何者かがタイレノールに青酸を混入し米国内で死者が出た

何者かの犯罪

■顧客の安全第一という理念に従い，同社は巨額の費用を負担し，リコールを即決し，実行した。また，徹底的な事実確認を行い，自社に不利な情報も含めすべてを公表した
■その後，製品パッケージングの抜本的改善等を速やかに実施し，再出荷した。迅速で的確な対応は称賛され，結果的に顧客の J&J 社への信頼は強化されるとともに，市場シェアも短期間で回復した

同社は，この危機管理が成功した理由は「この事件対応に関わった経営陣，現場の社員の誰もが，『我が信条』に込められた哲学に従って，数え切れないほどの意思決定を行なった」ことであるとしている

出典：J&J 社のホームページの情報等をもとに筆者が編集

されることにより，このリスクが軽減されグループ全体を１つの方向に向かわせるために貢献していると考えられます。この J&J 社の「我が信条」は社員が判断に迷った際の最終的指針となっており，分社分権化経営を標榜している同社の「扇の要」として求心力を発揮しています。

J&J 社の「我が信条」は創業者の遺志を継いだ息子のロバート・ウッド・ジョンソン・ジュニアが作成したものです。米国に限らず，創業者やその人物の薫陶を受けた経営者が自身の体験に基づいて表現した理念には説得力があります。我が国においても，卓越した創業者の強いリーダーシップでグローバル企業へと飛躍した企業などの理念には，時代を超えた強いメッセージがあります。この理念を創業時のエピソードとともに語り継げば，たとえ国は違っても強い求心力となり得ます。他方，歴史の長い伝統的企業，複数企業が合併して誕生した企業，元々国の行政機関であったが独立の法人となった公的組織一般（独立行政法人や特殊法人，公共インフラ企業など）で，明確な創業者や創業理念が存在せず，組織の理念が形式的となっているケースもあります。また，組織理念は組織の環境の変化とともに必要に応じて見直されるべきですが，それをせず時代遅れとなっているケースもあります。どの組織においても「扇の要」としての理念が必要です。時代や事業環境にあうように再定義や再解釈し，更に必要に応じて説明を加えるなどして，組織の構成員が理解して共鳴できるような形で内部伝達することが重要です。

内部伝達の具体例–3（平時および緊急時の報告経路）

組織内の報告経路は，外資系企業などではレポーティングラインと呼ばれています。これには文字通りの下位者から上位者への報告経路という意味のほか，逆に上位者から下位者への指揮命令系統，承認経路といった意味もあります。日本的な経営・事業運営では従来「稟議書」回付によりボトムアップで意思決定する慣行があります。そのような組織では，紙ベースの稟議書類の上段に担当，係長，課長補佐，課長，次長，部長の日付印（承認印）がズラリと並んでいます。そして重要案件では，更に担当取締役，常務，専務，社長と回付され，最終的に組織内で正式に決裁されることになります。たとえ現代では，決裁プロセスが電子化され，日付印がワークフロー上の承認と変わっていても，意思決定プロセスとしては同じことです。また，この稟議書による正式な意思決定プロセスや指揮命令系統のほかに「根回し」という社内で影響力のある人間へのインフォーマルな報告・協議の経路があります。重要な決定に際して，案件がいろいろな角度から十分吟味される，後に組織内で問題が生じないよう事前に調整できるという良い面もありますが，迅速な意思決定による機動的な組織運営，更に内部統制の目的の１つである「業務（の有効性・効率性）」を著しく損なっている面も否定できません。

このような慣行は，効率が重視される民間企業では近年かなりシンプルになってきており，例えば起案者から３階層程度で最終決裁するという組織も出てきています。しかし，独立行政法人などの公的機関においてはいまだに従来の報告・承認経路が健在なところもあります。また，根回しが前提の組織もあります。この点は，前第1部の第5章「独立行政法人への（内部統制）導入」で紹介したように，独法内部統制報告書の「ア　目的）」の箇所において次のように記されています。

> 「独立行政法人制度の意義にかんがみれば，①業務の有効性及び効率性を最も 重要な目的として位置付けることが重要である。」そして更に「業務の有効性とは，中期目標等に基づき業務を行いつつ，独立行政法人のミッションを果たすことをいう。また，業務の効率性とは，より効率的に業務を遂行することをいう。」

したがって，公的機関の業務遂行においても，屋上屋を重ねるようなレポーティングラインを排し，報告・承認経路を極力シンプルに設計し，各人の責任を明確にする必要があります。もし組織内に多くの報告先や承認者を必要とする場合は，意思決定のための主たる（実線の）承認経路と，単に情報共有のための副次的な（点線の）経路について明確にする必要があります。電子メールで例えるとto（直接報告・承認）とcc（情報共有）をはっきりさせるということです。過剰な文書化は官僚主義の弊害を生みますが，基本的なレポーティングラインについては混乱が生じないよう，むしろ明確に文書化し，組織改正があればアップデートしたうえで，組織の全員に周知し，ルール通りに運用することが重要です。レポーティングラインに関しては，承認プロセスというボトムアップの内部伝達において必要不可欠ですが，組織トップからのトップダウン（上意下達）の指示においても同じく重要です。曖昧で，解釈の幅のある不明確な指示や非公式ルートによる伝達を避け，明瞭な指示を正式なルートで内部伝達をすることが健全な組織運営の基本と言えます。筆者の印象としては，不祥事等で社会的に問題化する組織では，ほぼ共通してこのボトムアップ，トップダウン双方向のレポーティングラインが機能不全に陥っており，混乱に拍車をかける原因となっていると考えます。

以上は，組織における通常の，いわば「平時」の報告経路です。一方，組織内で不正や不祥事が発覚した等の「非常時」の報告経路を，平時のものとは別に制度設計しておく必要があります。理由としては，そのような緊急事態は予告なしに突然発生し，平時のような時間的余裕がないからです。また，組織内での情報伝達が遅滞している間に監督官庁等当局，外部報道機関が先に事実を知るという最悪の事態は避ける必要があるからです。その意味では，本第2章内の少し前に解説した統制活動の例外（危機対応）時においては，そのための特別な報告経路（レポーティングライン）をCMP（Crisis Management Plan：危機管理のための行動計画）の一環として準備する必要があるということです。悪いニュースほど一刻も早く，是正権限のある組織トップに知らせる必要があります。因みに，トップが緊急事態の情報を得たうえで，適切な是正措置を講じないといった状況が生じる組織は，内部統制以前にガバナンス上の問題があると言えます[4)]。

緊急時の報告体制が平常時と異なる点は，組織トップまで経由する階層数を極力少なくするという点です。単一の組織では，設計は比較的容易ですが，金融商品取引法（J–SOX）や近年の会社法，あるいはCOSO ERMが必須要素として想定する，子会社などを含む企業集団の内部統制においては，この問題は複雑です。子会社に不正や不祥事が起きた場合，一般に親会社にも大きな影響が及びますし，場合によっては法的責任を問われるからです。この観点で，かつて筆者はグローバル・グループ経営を実践する複数の米国の上場多国籍企業の不正・不祥事発生時の報告経路や体制をヒヤリングしたことがあります。米国企業なので調査対象のいずれの会社も本国（米国）親会社組織のトップ（CEO）は無論のこと，最終的には取締役会（特に監査委員会を構成する取締役メンバー）まで報告されていました。ヒヤリング結果は【図表2–2–8】にまとめました[5)]。ここでは，A事業部（★）で不祥事が発生したと想定しており，図表化にあたり単純化しています。また，実線は主たる報告ライン，点線は副次的な情報共有ラインを示しています。調査結果としては以下の3パターンに分類できました。

① 発生した事業部の組織を経由して報告する
② 事業部ではなく人事や経理などのコーポレート部門を経由して報告する

【図表 2-2-8】

〈米国多国籍企業の緊急時の報告ライン（例）〉

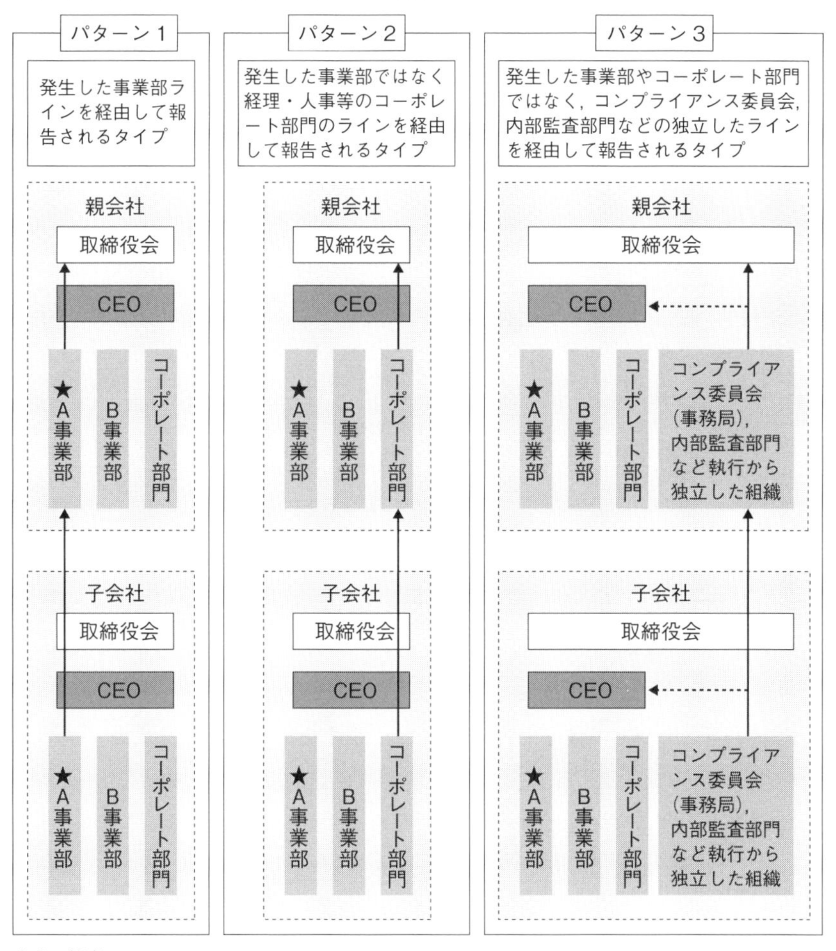

出典：筆者

A 事業部（★）で不祥事が発生した想定。図表化にあたり単純化している。

実線矢印は主たる報告ライン，点線矢印は副次的な情報共有ラインを示す

③　コンプライアンス委員会（事務局）内部監査部門など執行から独立した組織を経由して報告する

いずれの場合も平常時の中間階層をスキップ（中間階層には必要に応じてtoではなくccのイメージで情報共有）し，迅速な報告体制を確立していました。一概に各パターンの優劣はつけられませんが，日常の指揮命令系統と異なる報告経路において，より迅速かつ客観的に報告があがる可能性を考慮すると，日常のレポーティングラインを経由しない上記のパターン③の執行から独立した組織経由が非常時には最も効果的といえます。

内部伝達の具体例-4（内部通報制度）

内部通報制度とは，不正や不祥事を滞留なく組織トップに報告するために構築された，通常の報告経路を完全にバイパスする制度です。その意味で，制度の趣旨は直前の節で論じた緊急時の報告経路に似ています。しかし，内部通報制度はこれと異なり，組織内または外部に特別な受付窓口を設けます。本制度は，制度の利用者（通報者）が匿名ないし顕名で，すべての階層をバイパスして組織内の不正やその兆候を示す情報を，不正行為の是正権限のある組織トップに迅速に提供するためのものです。不正や不祥事の早期発見や防止に非常に効果的です。本制度ではトップが直視したくない組織内の負の文化や，いわば組織内の常識として永年続く慣行に関係する根深い問題に直面することがあります。その意味で，制度を内部統制の重要ツールとして活用し経営に活かせるか否かは，トップの資質と覚悟次第と言えます。トップが不正等の存在を示す情報を得たうえで，適切な是正措置を講じないといった状況が生じる組織，あるいは通報者は組織の和を乱す者として犯人捜しのように匿名通報者を特定し，通報者が却って不利益を被るような組織は，内部統制以前にガバナンス上の問題があると言う点は，緊急時の報告経路の場合と同じです[6)]。ここでは，まず本制度に関する一般論を解説し，その後に組織内でいかに制度を利活用するかという実践的な視点から論じたいと思います。

内部通報制度とは，他に「ヘルプライン」，「ホットライン」，「コンプライアンス相談窓口」，「ホイッスル・ブロワー・システム（Whistleblower System：警告を発する人のための制度という意味）」などの名称で呼ばれています。通常のレポーティングラインを補完する企業の自浄機能のひとつとして位置づけられます。組織において報告や相談は，通常は直属の上司に対して行うことが基本です。しかし，その上司が不正に関与していた場合，またはその上司がハラスメントの当事者であった場合などは，無論その上司に報告できません。また，組織全体に不正を許容する風土があった場合も同じです。例えば，業務上の成果をあげるために行う取引先への賄賂，許認可権限を握る役所や政治家への贈賄，あるいは定められた品質基準未満の製品を出荷する，検査データのごまかし・改ざんなど，売り上げ確保ないし利益みずましのための規則違反等の行為をいわゆる組織ぐるみで行っていた場合，異を唱えた者は報復されることが考えられます。不正行為が組織上層部に知られることなく，一部署で隠ぺいされ継続している状態は組織全体にとってたいへんに危険です。不正の事実を知った者が安心して報告・相談することができるよう，所属する組織や直属の上司から独立した窓口が必要です。これが内部通報制度です。

これに対し「内部告発」は，通常のレポーティングラインも，自浄機能としての内部通報制度も，いずれもうまく働かない場合，組織内の実情を知る組織内部の者が当局や報道機関などに直接不正などを告発するというものです。一般に混同されがちですが，「内部告発」は「内部通報」とは異なります。内部告発は組織や上司に恨みがある者や，所属する組織に対する強い不信感のある者が行う場合があり，往々にしてレピュテーション上のダメージを与えます。トップ指示による粉飾決算や不正行為，トップ自身によるハラスメント行為などの組織内の自浄作用が期待できない事象が，組織の内部者から監督当局やマスコミに告発され，大騒動に発展したケースは数知れません。特に，内部通報制度に無理解な組織ではこの2つが混同されている傾向にあり，本来組織を守るための非常に優れた制度である内部通報制度が残念なことに十分活用されていません。最悪の結果をもたらす「内部告発」を未然に防止するためにも，組織内の不正をいちはやくトップが知り，自ら是正措置を実施できる「内部通報制度」の仕組みを組織全体で活用することが重要です（【図表 2-2-9】参照）。なお，内部通報制度は組織内の不正・不祥事との関係が深いため，本第2部第3章「近時多発している品質不正問題につ

【図表 2-2-9】

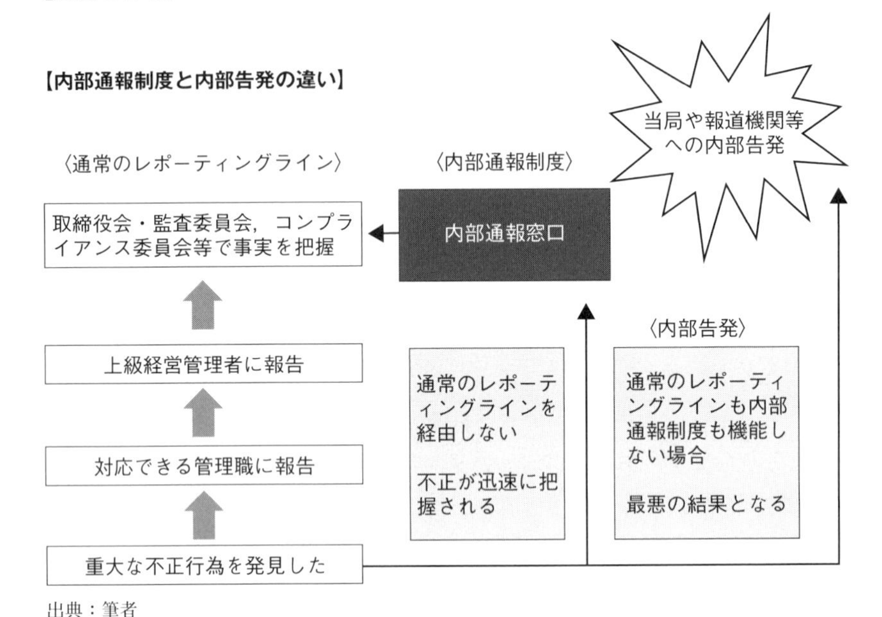

出典：筆者

いての考察」の節内の④情報と伝達の箇所で，前述のガバナンス上の問題を含め再度論じます。

ここで内部通報制度が組織内でどのように運用されるのか，実務の流れを少し具体的に見てみましょう。一般に，内部通報制度において，通報・相談受付，調査，是正，回答の流れは次のようになります（【図表 2-2-10】参照)。

① 通報者が組織内で周知されている窓口にメールや電話などで連絡する
② 通報相談受付担当者（コンプライアンス部門等の所属が一般的）が通報を受け付ける。受付担当者は通報内容が比較的軽微な場合は，直接助言する（電話対応の場合に可能）
③ 受付担当者ないし，別の調査担当者が，通報者の所属する組織の関係者にヒヤリングするなどして事実確認する

【図表 2-2-10】
【内部通報制度の仕組み】

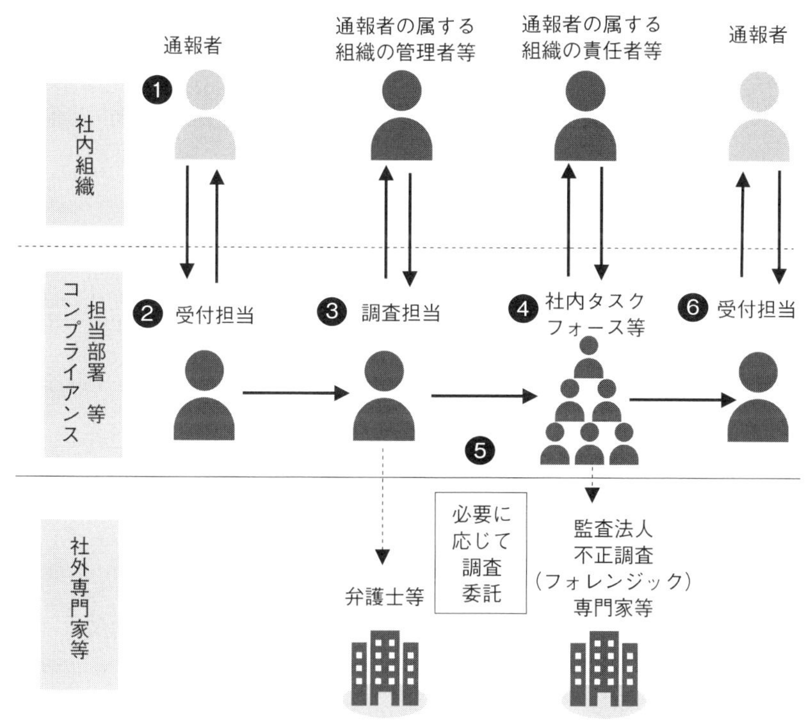

出典：筆者

④　通報・相談内容が不法行為などの重大な事項を含む場合などは社内にタスクフォースを作り，会社全体で対応する

⑤　法律問題がからむ場合は外部の弁護士等，横領等の金額が大きい場合は監査法人の不正調査（フォレンジック）部門に調査を委託することを検討する

⑥　最終的に組織として必要な是正措置を決定し対応するとともに，並行して通報者に調査・対応結果を適宜フィードバックする

以上が内部通報制度の受付・対応実務の流れです。受付手段がメールなど

の記録通信の場合は，「通報」という形になりますが，電話対応の場合「相談」という形をとれます。職場でのハラスメントの悩みなどに対しては，この形が有効に機能します。この間の通報者とのやりとり，最終的な措置と判断根拠などについては適宜正確に記録しておくことが重要です。万が一訴訟となった際に証拠となる可能性があるからです。ただし，会話の録音は相談者の許可を取る必要があります。【図表 2-2-11】に受付と回答手段についての議論をまとめましたので，参照してください。

内部通報制度は，単に形式的に導入したのではまったく意味がありません。通報・相談が不正の予防や早期発見のために実際に機能するためには，通報があった事象を調査し，組織内に不備があれば是正してはじめて制度が役に立ちます。その意味で，内部通報制度の運用では受付けよりもむしろ通報受付後の調査や是正の対応が，より難しいと言えます。まず，顕名で通報があった場合，運用者は通報者に対する守秘義務を常に念頭において的確に対応することが必要です。通報記録は窓口部署で厳重に保管し閲覧者は制限します。通報者の所属する組織の関係者などに事実確認等のヒヤリングする際も通報者が特定されない調査方法を工夫することが必要です。実際，不用意に社内調査を行ったため通報者が特定され不利益を被った事例が多く発生しています。通報者の悩みを解決したいという暖かいハートは重要ですが，それと同じく，またはそれ以上に調査担当者の冷静なマインド，専門知識と経験に裏打ちされた実務スキルが非常に重要です。ハートとスキルのいずれが欠けても機能しません。最低限，この守秘義務が守られなければ，社内で通報制度を利用する者はいなくなります。

また，内部通報制度に関しては「公益通報者保護法」という法律が 2006 年より導入されています。2000 年代初頭，我が国では，食品の産地偽装や自動車のリコール隠しなど，国民の生活を脅かす企業不祥事が相次いで発覚しました。この点については，本書第 1 部第 4 章「会社法内部統制」の導入の箇所に比較的詳しく記載しましたので，ぜひ参照してください。残念なことに，組織内の問題を内部通報した者に対し，組織が解雇や不当な配置転換などの不利益取扱を行う事案が相次ぎました。政府は，不正をただそうとした従業員をそのような不利益取扱から守ること，また，通報を促すことに

【図表 2-2-11】

【内部通報制度の受付手段に関する議論】

受付手段	メリット	デメリット
メール	・通報者とのやり取りが記録される ・通報者と運用者間で事実誤認が比較的少ない	・通報者がインターネットにアクセスができない場合には利用できない
ウェッブフォーム	・メール同様やり取りが記録される	・通報者がインターネットにアクセスができない場合には利用できない ・運用者側でウェッブフォーム受付システムを構築する必要がある
手紙	・容易に導入することが可能	・返信先が明記されていない場合，回答できない
電話	・通報のみならず，相談（対話形式）にも対応することが可能	・高い対話能力を備えた要員を配置する必要があり負担が大きい ・録音しない限り記録が残らない
ファックス	・比較的容易に導入することが可能	・誤送信があった場合，重要情報が外部に漏洩する可能性がある ※運用上のリスクが高いためファックスは利用されないケースが多い

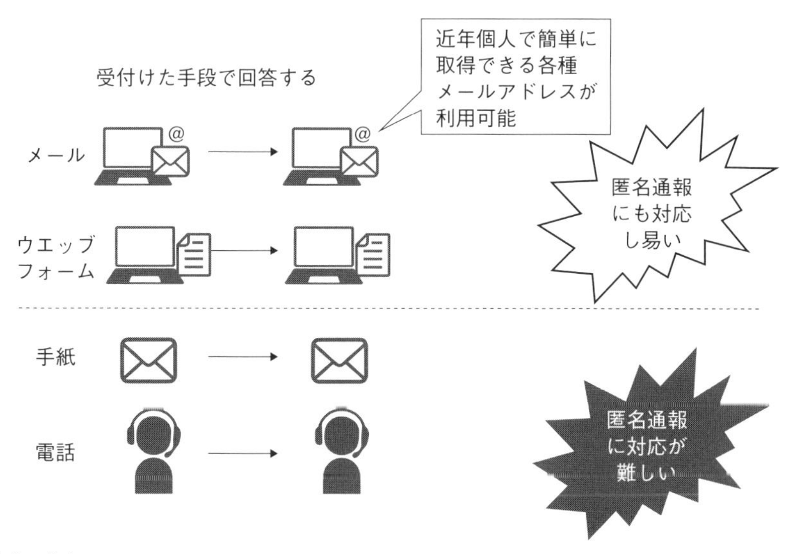

出典：筆者

よって人々の健康や安全を保つために，このような法律を導入したのです。しかし，この法律の施行後も通報者が適切に保護されない事案が相次いだため法律が改正されました。2022 年 6 月 1 日より，主として以下の 2 点（窓口設置の義務，守秘義務）が強化されています[7]。

1）事業者の体制整備の義務化

① 事業者内の「通報窓口の設置」

すべての事業者（ただし従業員 300 人以下の中小企業は努力義務に留まる）は，内部通報に適切に対応するための窓口を設置し，通報者を保護するための体制を整備することが義務となりました。また，事業者は通報を受け付け，その通報内容を調査し，または是正措置を行う担当者を「従事者」として指定しなければなりません。

② 通報者の「不利益な取扱いの禁止」

事業者が，公益通報をしたことを理由として労働者などを解雇した場合，その解雇は無効とされます。また，解雇以外の不利益な取扱い（降格，減給，退職金の不支給等）も禁止されます。

2）事業者の内部通報担当者に守秘義務

① 違反した場合，30 万円以下の罰金（刑事罰）

通報対応業務を行う「従事者」に法律上の守秘義務が課されます。従事者が正当な理由なく守秘義務に違反した場合，刑事罰（30 万円以下の罰金）が科されることになりました。

さて，以上のような法的義務もあり，2022 年 6 月以降はほとんどの会社や公的機関で内部通報制度を形として導入済みであると思います。しかし多くの組織で，導入はしたものの活性化していないというのが実態ではないでしょうか。どうすれば活性化できるのでしょうか。最低限，法律に定められているように，通報者に関する守秘義務に加え，内部通報したことによる報復（配置転換，降格等の人事上の不利益）は絶対起きないという信頼感が組織内の全員に共有されていなければ制度は活性化しません。筆者は，不正・

不祥事が起きた組織に対し，発生した原因の調査，再発防止等のアドバイザリー業務に従事したことがあります。その際は，まず組織を構成する全階層，すなわち派遣社員，アルバイト，有期社員から，管理職，役員それぞれの意識調査から始めます。これまでの経験では，不正・不祥事が長く継続した組織では共通して内部通報制度が機能していなかったという発見がありました。その理由は，そのような組織では，役員を含むすべての階層で内部通報制度を利用して不正を正しても個人的には不利益を被るかもしれないという制度利用に対する怖れがあるからです。信頼感醸成の第一歩は，社長や理事長などの組織トップが「いかなる報復も私が絶対に許さない」と一人称で組織全体に明確なメッセージを送ることです。このトップの明確な姿勢が内部通報制度に関する信頼の前提条件と言えます。

このほかに組織の構成員からの信頼を得るために，弁護士事務所などの専門家による外部の相談窓口を設けることも効果的です。社外の中立的な専門家が関与することで，守秘義務違反や報復など，通報者側の怖れが減り相談件数が増加することが期待できます。ただし，外部に窓口を設置し受付作業を外注しても，得られた情報を調査し，組織内の不正等を是正・改善する責任まで外注することはできません。受付後の対応は，たとえ外部専門家の支援をうけたとしても，あくまで社内の責任と判断で実施することになります。また，通報者本人の不利益のほか，不正を知った者が通報をためらう要素として，通報という他人の不正を暴く行為に対する心理的抵抗感があります。これを払しょくするためには社内教育が効果的です。不正行為者ひとりのために組織全体のレピュテーションが毀損した場合，それ以外の圧倒的多数が不利益を被ります。また，最悪のケースでは属する組織が消滅してしまうかもしれません。これらを再認識してもらい，万が一不正の事実を知った場合はむしろ職場の仲間を守るため積極的に，通報するよう動機付けをすることが重要です。

筆者は，監査法人勤務時代に海外グループ会社へのガバナンス・リスクマネジメント・コンプライアンス（GRC）体制導入などのアドバイザリー業務に従事していました。そのような業務では，日本企業がM&Aで新規にグループに組み入れた海外子会社を訪問し，内部通報制度を含むGRC体制構築支援を多くの国で実施しました。その際感じたのは，内部通報制度に対する捉え方についての各国の違いです。制度に最も抵抗感が少ないのは，筆者の経験では米国でした。一方，旧社会主義圏の東欧諸国や，古くは英国の流刑地であったオーストラリアなどでは，文化的に抵抗感が強いと現地の方々から説明を受けました。実際特にオーストラリアでは，M&A 前は非上場であった会社の現地経営者から導入に強い抵抗にあいました。しかし，我が国の上場会社の一定規模以上の子会社に求められる J-SOX の全社統制の整備には内部通報制度の設置も含まれており，対象の海外拠点には導入に同意してもらう必要がありました。そこで工夫したのは，導入の際の名称・イメージの転換です。内部通報制度は英語では，「Anonymous Hotline（匿名通報の意味）」，「Whistleblower System（警告を発する人のための制度という意味）」と呼ばれ，受け取りかたによっては，確かにネガティブな印象をもたれるかもしれません。そこで工夫して，制度を単に不正に関する通報だけではなく，組織改善のための「Kaizen Hotline」とし，不正に関する通報を含む組織改善のための前向きな制度として導入をお願いしました。そうしたところ，一転してすんなり受け入れられ，安堵した経験があります。製造工場の現場などで行われる日本流のボトムアップの改善活動は「Kaizen」として，英語圏の経営者の中ではある程度認知されていたからです。内部通報制度に関する心理的な抵抗感は我が国も同じです。組織内で，なかなか受け入れられない場合は，まずはこのようにして心理的な敷居を下げて導入し，段階的に活性化していくことも検討に値すると考えます。

報復への怖れや，制度利用に対する心理的抵抗感のほか，制度が活性化しない原因として，利用の仕方が判らないという単純な認知不足の問題があります。定期的にアンケート調査を実施して社員側に理解不足の点があれば，認知度・利用意欲改善に向けた施策を打ち続けることが重要です。内部通報制度は組織内の不正や不祥事の早期発見に最も効果的な「**発見的統制**」手段です。更に，組織内で健全に活性化すれば不正行為に対する抑止効果も期待でき，その意味で「**予防的統制**」にも寄与します。したがって，法律で定められているからという理由で，単に形式的に導入するのではなく，組織内でいかに活性化していくかという点に，より真剣に取り組む必要があります。

この点は，官民を問わず我が国すべての公的組織にとっての重要な課題と言えます（【図表 2-2-12】参照)。

【図表 2-2-12】

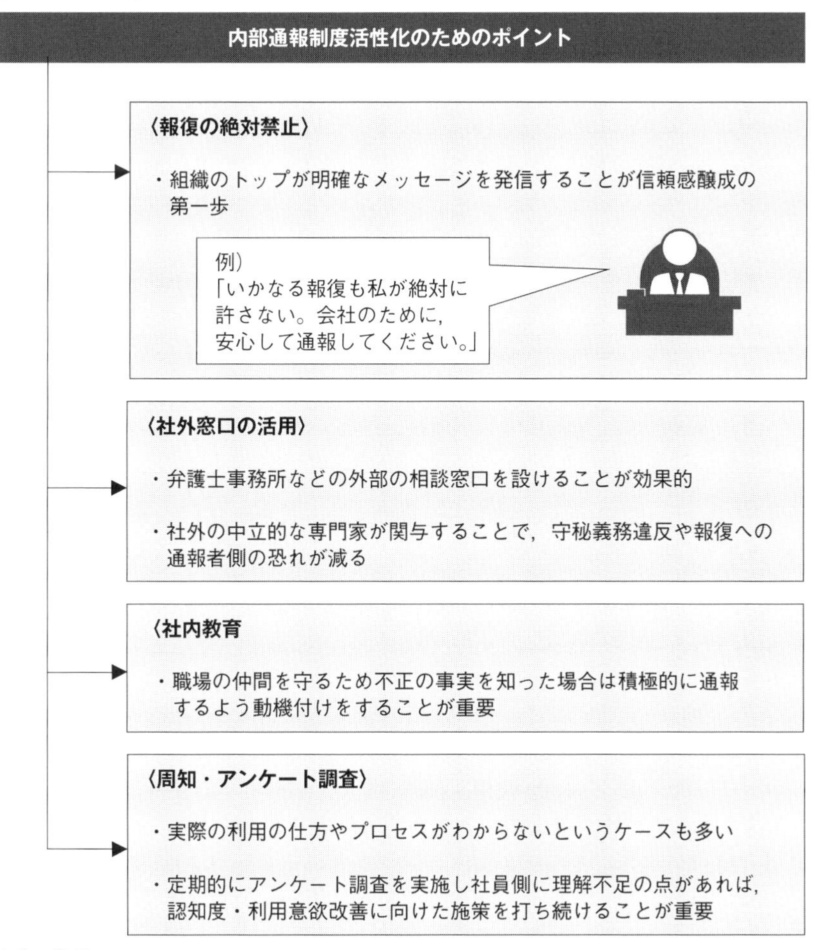

出典：筆者

さて，内部通報制度の解説の最後に，制度導入後ご担当者からよく聞く悩みについても論じておきたいと思います。一般に，通報内容の多くが職場での人間関係の悩みや不満という傾向があるようです。この傾向は電話応対で特に顕著です。また，時には職場で気に入らない上司や同僚などを貶めることが目的の悪意のある通報がもたらされることもあります。しかし，だからと言って通報内容を違法行為や不正などの違法・重要事案だけに限定することは得策ではありません。内容を限定せず通報に対する心理的障壁を低くすることにより，まず通報件数を多くすることです。そして多数の軽微な，時には真実でない通報の中から注意深くスクリーニングして，結果として違法行為や不正に関連する重要な情報を得て，早期発見・是正に役立てることを目指すという姿勢をとることが得策です。その意味で，内部通報制度は砂金探しに似ていると筆者は考えます。砂金探しでは，最初から金だけを採ることはできません。多くの砂のなかに必ず金（放置したら危ない，組織を守るために価値のある情報）が混じっていると信じて，対応を続けることが重要です。

外部伝達の具体例

以上，「a．内部伝達」の具体例として，「規程類の整備」，「企業理念」，「平時および緊急時の報告経路」，「内部通報制度」について解説しました。いずれも，プロセスとしての内部統制を有効に機能させるために必須の要素です。さて，「情報と伝達」のもう１つの重要な要素である「b．外部伝達」について，独法内部統制報告書ではその重要性・必要性を次のように記載しています。

「法令による財務情報の開示等を含め，情報は組織の内部だけでなく，組織の外部に対しても適時かつ適切に伝達される必要がある。また，国民など，組織の外部から重要な情報が提供されることがあるため，組織は外部からの情報を適時かつ適切に識別，把握及び処理するプロセスを整備する必要がある。」

要約すると，b-1 外部への情報発信と，b-2 外部からの情報の取得の両方が重要ということです（【図表 2-2-13】参照）。このポイントは独立行政法

【図表 2-2-13】

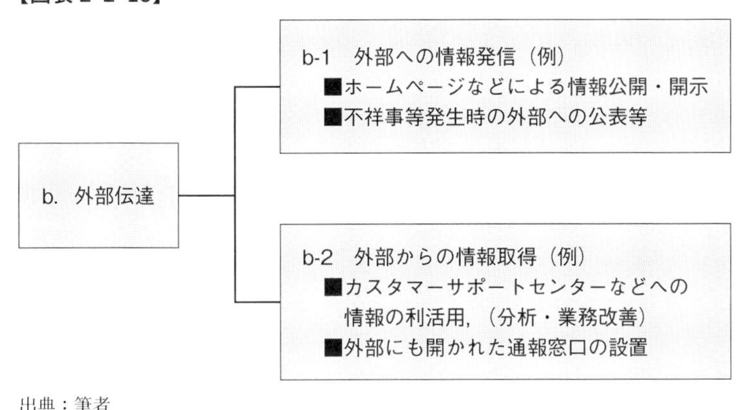

出典：筆者

人のような公的機関に限らず，純粋な民間企業においても基本的な考え方として共通です。

まずb-1外部への情報発信に関しては，民間企業か公的機関かを問わず，外部のステークホルダーに対し法令に基づいて，その財務などの基本情報を開示する必要があります。企業においては会社法や金融商品取引法，証券取引所ルールなどに基づく株主や債権者に対する財務情報開示です。また独法においては，「独立行政法人等情報公開法」に基づき，法人文書の開示，積極的な情報提供が求められています[8]。加えて，企業においても独法においても法人のミッション，提供する業務の内容，組織概要，法人の長（社長・CEOまたは理事長等）からのメッセージ，役員名などの基本情報を分かり易く外部に伝える必要があります。この点は次の節で解説する「ICTへの対応」とも関係しますが，現代社会のICT環境に対応してホームページを極力判り易く作りこみ，誰もが必要な情報に容易にアクセスできる環境を整え，適時に情報を更新する必要があります。

また，このような平時における情報発信・公開のみならず，内部伝達と同様，緊急時や万が一の不正・不祥事等のネガティブな事象が発生した際の体制も整備しておく必要があります。このような場合，速やかに事実を包み隠さず，監督官庁や，国民，利用者の方々に公表することが求められます。この点は本第2章の内部伝達（企業倫理）の箇所で紹介した，米国ジョンソン・エンド・ジョンソン（J&J社）のタイレノール事件の際の対応が参考になります（【図表2-2-7】参照）。不正・不祥事が発生した組織において，このような誠実な公表を行わなかったばかりに，国民をはじめ社会一般の当該組織に対する不信感が増幅し，レピュテーションが大きく傷ついた事例は数多くあります[9]。

次に，b-2外部からの情報の取得ですが，この点においては組織をとりまく外部のステークホルダーの声に謙虚に耳を傾ける姿勢が重要です。例えば，前述の組織のホームページ上に「お問合せ」欄を設けるなどです。特に，企業であれば，製品やサービスの利用者からのフィードバックを積極的に収集し，製品，サービスの改善に役立てることが考えられます。ただ，現実問題としてカスタマーサポートセンターの電話受付対応では，時にモンスター・クレーマー的な人や，ゴネ得をねらった悪意のある問い合わせなどもあることでしょう。それでも内部通報制度同様，砂金探しの要領で，「砂」のなかに必ず「金」（製品・サービスの本質的な欠陥や，重要な要改善事項）が混じっていると信じて，対応を続けることが重要です。

更に，直前に解説した内部通報制度に関連し，ホームページ上に外部からの情報提供を受け付ける「通報窓口」を明示する組織もあります。内部通報制度は本来，文字通り組織内部からの情報提供を想定したものです。しかし，第1部 第1章「内部統制の限界」で述べたように，外部との共謀があった場合，内部統制が有効に機能しません。早期発見のためには，外部からの情報提供が有効です。したがって，このような取り組みは内部統制の限界を意識した補完的な取り組みとして評価できます。この点については重要なので，本章の最終章 である「内部統制の限界を超える補完的仕組み」のなかで，再度解説します。

ICTへの対応

本章の最初のほうに掲載した【図表2-2-2】に関する解説の箇所で示したように，「目的の設定」から「モニタリング」までの一連の要素はPDCAサイクルのなかのステップです。一方，本図内のPDCAサイクルの輪の内側に囲まれた「情報と伝達」，「ICTへの対応」の2つは，内部統制というプロセスを正しく機能させるために必須の，全ステップを通して共通の重要要素です。「情報と伝達」に関しては，前節で「a. 内部伝達」および「b. 外部伝達」の両方について，多面的な視点で解説しました。続いて「ICTへの対応」についても，極力具体的な例をあげて解説したいと思います。ICTへの対応については，独法内部統制報告書に次のような記述（抜粋）があります。独立行政法人に限らず，その他の公的機関，民間企業においても基本的な考え方は共通です。

「ICTへの対応は，内部統制の他の基本的要素と必ずしも独立に存在するものではないが，組織の業務内容がICTに大きく依存している場合や組織の情報通信システムがICTを高度に取り入れている場合等には，内部統制の目的を達成するために不可欠の要素として，内部統制の有効性に係る判断の基準となる。」

同報告書では「ICTへの対応」とは，「i　ICT環境への対応」，「ii

【図表2-2-14】

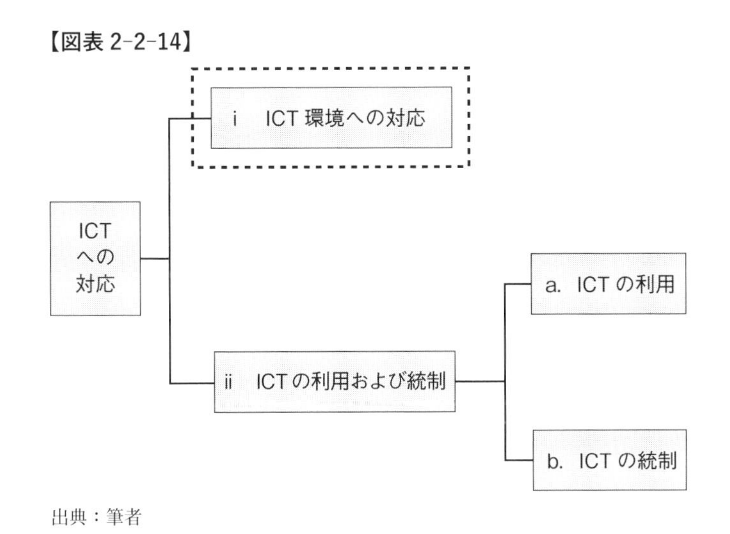

出典：筆者

ICT の利用及び統制」からなるとしています（【図表 2-2-14】参照）。

まず「i　ICT 環境への対応」に関して論じます。これが現代社会において必要不可欠なことは言うまでもありません。1990 年代から始まったインターネット・デジタル技術の進展は目をみはるものがありました。今後もさらに AI（人口知能），IoT（あらゆる機器のネットワーク化）が社会を大きく変えると言われています。ICT 環境に対応した企業は大きく成長し，そうでない企業は淘汰されますので，各企業は生き残りをかけて ICT を事業に活用しようとしています。他方，独立行政法人をはじめとする公的機関の状況はどうかというと，独法内部統制報告書に次のような記述（抜粋）があります。

「公的機関の多くは民間よりも ICT の利用が遅れており，底上げが必要な状況である。」

そして，内部統制の目的に関して以下のように記しています。

「独立行政法人制度の意義にかんがみれば，①業務の有効性及び効率性を最も重要な目的として位置付けることが重要である」

したがって，現時点で ICT 環境への対応が十分でない公的機関，そして教育機関などの非営利組織などにおいても，業務の有効性・効率性向上のために，これまで以上に積極的に ICT 環境への対応が求められます。

次に「ii　ICT の利用及び統制」ですが，この点は，「a. ICT の利用」と，「b. ICT の統制」に大別されます（【図表 2-2-15】参照）。この 2 つを端的に説明すると次のような集約ができます。すなわち，直前の ICT 環境への対応の箇所で述べたように，業務の有効性・効率性の向上を目指して組織内に積極的に ICT を導入していく必要があります。しかし，ICT の導入が進展すればするほど，逆に紙ベースの業務にはなかった例えばデータの大量漏洩, 外部からのハッキングなどの ICT 固有のリスクが増えていきます。したがってこの，時には二律背反する面のある① ICT 利用の促進と② ICT

【図表 2-2-15】

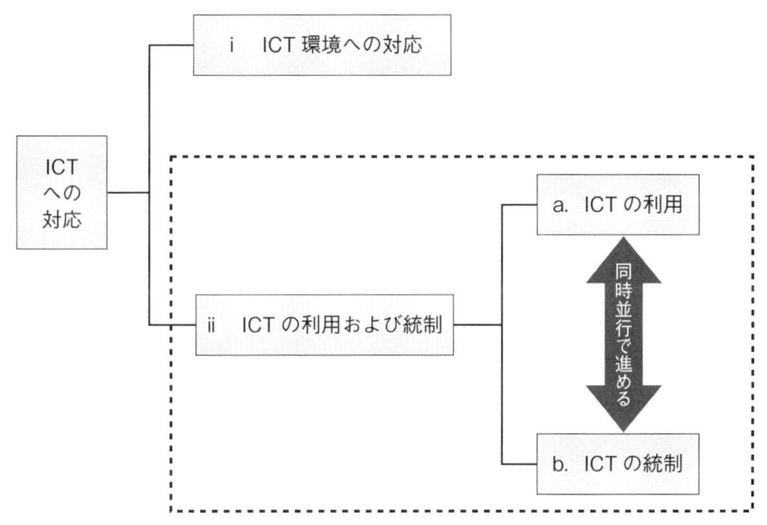

出典：筆者

統制の強化を組織的かつ同時並行的に進めていく必要があることに留意しなければなりません。

因みにここで使われている「ICT」という言葉は，「Information and Communication Technology（情報通信技術）」の略で，情報処理だけではなく，インターネットのような電気通信技術を含む概念とされています。しかし，近年のインターネット環境の進化，クラウドコンピューティング環境の普及などに伴い，情報処理（IT）と電気通信（Telecommunication）は不可分の関係になりつつありますので，本書では ICT と IT を厳密に区別せずに，同義のものとして論を進めます。

a. ICT の利用

組織内で ICT を利活用し同時に業務改革も進めることにより業務の有効性・効率性を向上させようという取組は，近年 DX（デジタルトランスフォーメーション）と呼ばれています。我が国においても，DX が普及するにつれて「IT ガバナンス」という概念が注目されるようになってきました。

その背景には，大金をかけて構築したITシステムが期待する効果をあげられなかったり，意図したとおり動かず社内の混乱や顧客に迷惑をかけたりといった失敗事例が現実に少なくないことがあります。ITガバナンスについては，経済産業省が「システム管理基準（後述）」のなかで以下のように定義しています。

「ITガバナンスとは，組織体のガバナンスの構成要素で，取締役会等がステークホルダーのニーズに基づき，組織体の価値及び組織体への信頼を向上させるために，組織体におけるITシステムの利活用のあるべき姿を示すIT戦略と方針の策定及びその実現のための活動である。そのためには，データの利活用を含むITシステムの利活用により組織体の価値を向上させるサービスや製品，プロセスを生み出し，改善する組織体の能力（デジタル活用能力）が必要となる。また，取締役会等は，ITガバナンスを実践する上で，ITシステムの利活用に係るリスクだけでなく，予算や人材といった資源の配分や，ITシステムの利活用から得られる効果の実現にも十分に留意する必要がある。」

換言すると，ITガバナンスの実践に必要な組織能力の向上なしに，ICTの利用を進めるのはたいへん危険であるということになります。組織の価値を高めるためにIT化を進めたにもかかわらず，意図したのとは逆に組織内外に大混乱をきたし，価値棄損の事態を招いた組織では，そもそもこの組織能力が欠如していたと言えます。

本書第1部では，第3章で内部統制概念に関する事実上のグローバルスタンダードとしてCOSO報告書の内部統制フレームワーク を紹介しました。そして本第2章でも，内部統制の概念的拡張・発展版であり，リスクの評価と対応についてより細かく説明している「COSO ERM」のリスクマネジメント手法をベースに話を進めています。同様に，「ITガバナンス」の概念明確化のための有用なツールとして，COSO内部統制と同じ米国生まれのグローバルスタンダードである「COBIT（Control Objectives for Information and related Technology）」が存在します。COBITとは，筆者も会員として所属している米国の情報システムコントロール協会（ISACA）[10]と，このISACAが設立した別団体であるITガバナンス協会（ITGI）が共同で提唱しているものです。これは，組織体が情報システムを管理するためのガイドラインであり，ITガバナンスの成熟度を測るフレームワークです。COSO内部統制は，ITに関する表記が少ないため，特にITが業務に深く浸透している米国企業では，IT投資の評価，リスクとコントロールの判断，システム監査の基準などにこのCOBITが，COSO内部統制フレームワークを情報技術の面から補完するものとして使われています。ITに特化した非常に有用なフレームワークと言えます。本書では紙幅の関係で，COBITの内容を詳しく説明することは避けますが，最上位の概念である「ガバナンスシステム原理（プリンシプル）」を【図表2-2-16】にまとめましたので参照してください（この原理の下に，より実務的な数々の枠組みが提示されていますが本書では省略します）。なお，COBITは時代の要請に合わせ定期的に更新されます。本書執筆時点での最新バージョンはCOBIT2019です（それ以前のバージョンはCOBIT5と呼ばれるもの）。なお，「IT」ではなく「I&T：Information & Technology（情報と技術）」という用語を使っていますが，本書では，「ICT」，「IT」，「I&T」を同義のものとして，また，「ITガバナンス」と「I&Tガバナンス」を同義のものとして論を進めます。

さて，本書でこれまで紹介したフレームワークであるCOSO内部統制・ERM，COBITは，いずれも米国生まれの概念です。何事も一般化は危険ですが，米国大学院で専門教育を受け，米国に所在する国際機関での勤務経験のある日本人としての筆者の率直な感想は次のようなものです。すなわち，文化的に我が国は製品開発・製造などの個別の作業過程において徹底的に完成度を高めていくミクロの取組や，国民の同一性を活かした暗黙知を前提としたいわゆる「すり合わせ」や「つくり込み」における共同作業が得意と感じます。一方，米国や英国では前述のCOSOやCOBIT，ISO（国際標準化機構）による規格標準化などの，参加者の異質性を前提としたマクロ的汎用的なフレームワーク創造が得意であると感じます。どちらの文化が優れているということではありません。私見としては，企業や公的組織の国際化が求められる我が国において，グローバルに普及しているマクロの視点でのこれ

【図表 2-2-16】

COBIT2019 ガバナンスシステム原理（プリンシプル）		
項目		内容
(1)	ステークホルダーの価値提供	ガバナンスシステムは，ステークホルダーのニーズを満たし，I&T の利用により価値を創出するものである必要がある。事業体は，リスクと便益，必要とするリソースを比較衡量し，実行可能な戦略とガバナンスシステムを構築しなくてはならない。 ※「I&T：Information & Technology」（情報と技術）
(2)	包括的なアプローチ	事業体の I&T に対するガバナンスシステムは，いくつかの要素から構築される。これらの要素はそれぞれ異なる種類のものではあるが，相互に連携して包括的に機能すべきものである。
(3)	動的なガバナンスシステム	ガバナンスシステムは動的であるべきである。もし事業体の基本設計上の要素（例えば戦略上の，あるいは技術上の要素）が変化した場合には，それらの変化が事業体の IT ガバナンス（EGIT：Enterprise Governance of IT）にどのような影響を与えるかを考慮しなければならない。
(4)	ガバナンスをマネジメントと明確に区別	「ガバナンス」と「マネジメント」は，その活動と構造において異なる。 ※ガバナンスは取締役会／理事会の責任である。一方，マネジメントは執行の長（CEO／理事長など）をトップとする執行組織の責任
(5)	事業体のニーズに適応	事業体に適合するガバナンスシステムを作り上げるためには，事業体のニーズを考慮する必要がある。このためには，ガバナンスシステムを適宜カスタマイズし，ガバナンスシステムを構成する要素の優先順位づけを行うが，更にそのためには事業体の基本設計上の一連の要素を考慮する。
(6)	端から端まで(End to End）のガバナンスシステム	ガバナンスシステムは事業体のすべての機能を含むべきである。そして，事業体がそのゴールを達成するために用いる，IT 機能，全ての技術と情報に注力すべきである。

出典：筆者も会員である ISACA（isaca.org）のウェブページに掲載されている COBIT2019 6 principles を筆者が和訳し，解説のための注（※）を付した

らのフレームワークを真摯に学び，組織全体に適用したうえで，我が国の得意技であるミクロの視点で個別の業務にあたれば理想的であると感じます。そうすれば，ここのところ停滞気味の我が国の企業，広義の公的組織の国際競争力は劇的に高まるのではないかと考えます。読者の皆さんはどうお考え

でしょうか。

米国生まれのフレームワークを日本の実情にあわせて修正した我が国固有の枠組みとしては，本書第1部第4章で紹介した企業審議会の「日本版内部統制フレームワーク」がありますが，ここでは構成要素に「ITへの対応」が追加されています。これについて，独法内部統制報告書では，米国COSO版と比較して次のように解説しています【図表2–2–17】参照)。

【図表2–2–17】

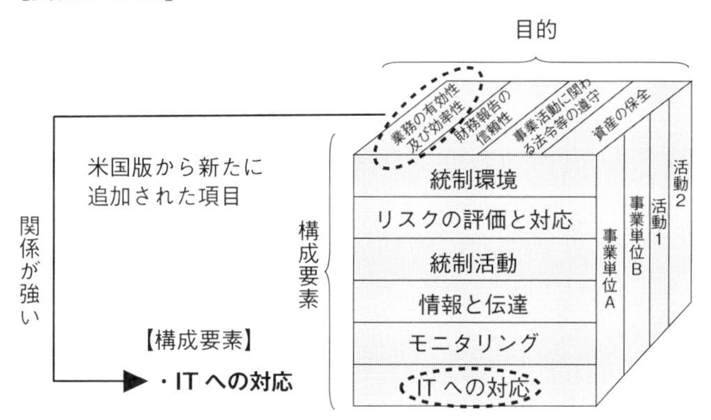

出典：金融庁　企業会計審議会『財務報告に係る内部統制の評価及び監査の基準』「Ⅰ．内部統制の基本的枠組み」（2006年）に記載されている内容を基に筆者が作図，加工した。最新版である2024年版では「財務報告の信頼性」は，単に「報告の信頼性」とされている

「COSO報告書では，内部統制の構成要素を五つ（①統制環境，②リスク評価，③統制活動，④情報と伝達，⑤モニタリング）例示しているが，企業会計審議会基準は，COSO報告書が公表されてから15年以上が経過し，ITの進展と企業におけるITの浸透が広まっていることからITへの対応を追加している。」

以上のことから，我が国において「業務の有効性・効率性」範疇の目的を意識した実効的内部統制活動を展開するためには，「IT（ICT）への対応」，更にIT（ICT）の利用が重要です。しかしこの点では，ITシステムを導入したが業務の有効性・効率性にまったく寄与していない，あるいはステークホルダーの期待に沿っていないといった，現実にあちこちの組織で起きているリスクと隣り合わせです。その意味でITの利用は諸刃の剣です。したがって，ITシステムを導入することにより業務を効率化しようとする場合は，ITガバナンスに関する組織能力の向上が必要不可欠になります。そしてこの組織能力の向上にむけては，内部統制概念をITの専門的な面で補完するCOBITないし，COBITの要素を取り入れて策定されている我が国の基準，例えば経済産業省「システム監査基準」「システム管理基準」[11]などが実務上たいへん参考になります。

b. ICTの統制

さて，前述のようにICTの利用促進が進展すればするほど，逆に紙ベースの業務にはなかった，例えばデータの大量漏洩，外部からのハッキング，ランサムウェアの侵入などのICT固有のリスクが増えていきます。したがってICT統制の強化を組織的かつ同時並行的に進めていく必要があります。この点において特に有用なフレームワークとしては，ISMS（Information Security Management System：情報セキュリティ・マネジメント・システム）があります。ISMSとは，組織マネジメントの一環として，自らリスクアセスメントを実施し，必要なセキュリティレベルを決め，計画を策定し，資源を配分し，更に計画の運用と有効性の評価，継続的な改善といったPDCAをまわすために有用なマネジメントツールです。その意味で，組織内外の要因による情報セキュリティ上のリスクを管理することに特化したリスクマネジメント・システムであると言えます。事実，ISMSを実践するためには，組織体（企業や公的機関）が保有する，従業員や顧客の個人情報，製品やサービスに関する技術情報などをまず洗い出し，その重要度に応じて活動の優先順位を設定するという点で，本書のテーマである内部統制，そしてその延長線上にあるERM（全社的リスクマネジメント）と基本的考え方は同じです。

ISMSにおける活動上の3大要点はCIAと覚えると便利です。すなわち，C：Confidentiality（機密性），I：Integrity（完全性），A：Availability（可用性）の3つです。これら3要素の対策としては技術的・物理的・人的といっ

【図表 2-2-18】

<table>
<tr><th colspan="3">情報セキュリティ</th><th colspan="3" rowspan="3">対策</th></tr>
<tr><th colspan="3">情報セキュリティマネジメントシステム（ISMS）の３要素：CIA</th></tr>
<tr><th colspan="2">要素</th><th>内容</th></tr>
<tr><td>C</td><td>Confidentiality
（機密性）</td><td>情報資産へのアクセス許可のある人だけが情報を利用することができ，許可の無い者は情報の使用，閲覧が出来なくすること</td><td rowspan="3">技術的対策</td><td rowspan="3">物理的対策</td><td rowspan="3">人的対策</td></tr>
<tr><td>I</td><td>Integrity
（完全性）</td><td>情報資産の改ざんや削除が行われておらず，情報資産の内容が正しい状態に保つこと</td></tr>
<tr><td>A</td><td>Availability
（可用性）</td><td>情報資産へのアクセス許可のある人が要求した時に速やかに利用できる状態とすること</td></tr>
</table>

出典：筆者

た，やはり大きく3種類が必要になってきます（【図表2-2-18】参照）。

「C：機密性」とは，情報資産へのアクセス許可のある者だけが情報を利用することができ，許可の無い者は情報の使用，閲覧が出来なくすることです。技術的対策としては，アクセス制御，パスワード認証，暗号化などです。物理的対策としては，セキュリティ区画の立ち入り制限，PC端末の盗難防止ワイヤの設置，PCの持ち出し制限やUSBインターフェース管理などです。人的対策としては，メール添付ファイルの暗号化徹底や誤送信防止などの日常的動作に関する項目を含む情報セキュリティ規程の制定，定期的研修などが考えられます。

「I：Integrity（完全性）」とは，情報資産の改ざんや削除が行われておらず，情報資産を正しい状態に保つことです。技術的対策としては，情報資産の編集・更新・削除する者のアクセス制限や，入力フォームへのバリデーション設定，デジタル署名の活用，データのバックアップなどです。物理的対策としては，重要情報資産を編集・更新・削除の作業は特定のセキュリティールームで2人以上での実施を義務付けるなどが考えられます。人的対策は機密性と概ね同様で，組織に所属する役職員がすべきこと，すべきではないことを具体的に規程で定め，研修を通じて役職員の知識と意識に働きかけることが基本となります。

「A：Availability（可用性）」とは，情報資産へのアクセス許可のある人が要求した時に速やかに利用できる状態とすることです。技術的対策としては，サーバーやネットワーク機器の冗長化（リダンダンシー）を図るなどです。冗長化とは，障害が発生した際にもシステムが継続して動作するように予備の設備やシステムを平常時から2重化しておくことです。物理的対策としては重要情報資産をバックアップしリモートサイトに退避させる，クラウド環境を利用する，情報機器の定期的メンテナンスなどが考えられます。人的対策としては，前述の他の要素と同様に規程で定め，研修で裏打ちすることが基本です。

なお，このマネジメントシステムとしてのISMSは，第三者機関によって情報セキュリティに関する要件を満たしていると判断されると，「ISMS認証」[12]を取得でき，外部への信頼性が増します。紙幅の関係で本書ではカバーしませんが，我が国の法律である個人情報保護法への対応として「Pマーク」[13]の取得があります。これらの認証を取得するか否かは，それぞれの組織で，認証取得にかかわるコストと便益を比較衡量して決定すれば良いと思います。しかし，認証を取得するか否かに関らず，本節で説明した「ICTの統制」を，本書第2部全体の大きなテーマである「リスクマネジメントを活用した内部統制の取組み」のなかの具体的施策として積極的に取り込んでいくことが，あらゆる組織にとってこれから益々重要になってきます。

第2章の最後の節である「ICTへの対応」では，COSO内部統制，ERM，COBIT，ISMSなど，グローバルに有用と認知されている代表的フレームワークと，それらを我が国の実情にあわせて修正した日本版（企業会計審議会）内部統制，経済産業省「システム監査基準」，「システム管理基準」などのマネジメントツールを複数紹介しました。そのエッセンスのみを次々と紹介しましたので，読者によってはすべてが耳新しく，実務のイメージを想起しづらかったかもしれません。しかし，それぞれのフレームワークの特徴は，策定された時代や背景，焦点とする業務の対象などを反映して異なるものの，その考え方の根底には多くの共通点があります。したがって，あまり各フレームワークの細部の議論（枝葉）にとらわれず，その本質・根本原則（根幹）をまず理解していただきたいと思います。そして組織内で各分野の専門家が協力して，必要なフレームワークを適宜組み合わせて包括的に推進していくことをお奨めします。本章の最後として，各フレームワークのポイントを理解し，正しい知識に基づいて実務に落とし込み，各組織の実情にあわせて着実に進めていくことが，実効的内部統制を展開するうえで最も重要であることを強調したいと思います。

COLUMN ⑦　我が国の「失われた 30 年」は IT 環境への対応不十分が原因？

進化論で有名なチャールズ・ダーウィンは，名著「種の起源」のなかで，「生き残る種とは，最も強いものではない，そして最も知的なものでもない。それは，環境変化に最もよく適応したものである」と述べています。歴史を振り返ると，18〜19 世紀に起きた綿織物と蒸気機関がそれまでの手作業を代替した産業革命，その後の石油・電気利用の機械化による大量生産，そして 1970 年代から始まったコンピューター利用による単純作業の自動化などの産業技術革新の環境変化にうまく適応した企業が大きく成長しました。筆者が社会人としてスタートした 1980 年ころの通信手段は電話・ファックスが主流でした。その後 1990 年代には一般市民が利用できる商用インターネット（ISP）サービスが登場しましたが，伝送路はそれまでと変わらず電話用のアナログ回線（銅線）でした。そして，そのうえでのダイアルアップ（都度回線接続），従量課金（1 分間いくらという課金体系）が主でした。その後いまでは常識の，常時接続・定額課金（契約期間内一定料金で使い放題），高速大容量の光ファイバー回線の普及や，公衆無線通信（携帯電話サービス，WiFi）など伝送路の広帯域（ブロードバンド）化がもたらされ，インターネット環境は一気に進展しました。その結果，それまでのすべての常識をぬりかえる，いわゆるインターネット革命が起きました。その間の 30 年間，この環境変化に着実かつ機敏に適応した ICT 基盤サービス事業者，EC 事業者，コンテンツ配信事業者，SNS 事業者などが一躍時代の寵児となりました。これらの企業がごく短期間で巨大企業に成長し，特に米国株式市場においてそれまでの伝統的な企業群を凌駕し遥かに大きな時価総額を占めていることは，読者の皆さんもご承知のとおりです。ひるがえって，我が国企業の時価総額はバブル経済破綻後大きく低下しました。その後 30 年あまりが経過し，本書執筆時点でようやく元の水準近辺に戻ったに過ぎない状態です。この我が国における失われた30年間はちょうど世界的にインターネット革命が進展した時期に重なっているため，我が国と欧米諸国企業の時価総額の差は，この間の企業のIT環境への対応の差，すなわち生産性の差が大きな要因であったのではないかと筆者は考えています。

第2部　第2章注

1）例外（危機対応）について

リスクマネジメントは，本書第2部全体で解説しているような，リスク識別・評価から対応，統制活動，モニタリング等のPDCA的なプロセスである。一方，クライシスマネジメントは，このような**事前の対策としての**リスクマネジメント活動では対応しきれない想定外の危機が発生するとの前提で，そのような想定外の危機が発生した際に被害を最小限に抑えるための**事後の対策として**の行動計画を予め定めておくマネジメント手法である。このような行動計画はCMP（Crisis Management Plan：危機管理計画）と呼ばれる。同じく危機発生後の対応策として隣接する概念として，BCP（Business Continuity Plan：事業継続計画）がある。BCPは「事業継続」に焦点を絞ったクライシスマネジメントと言える。CMPとBCPの違いは次の点にある。すなわち，CMPは組織が定義するなんらかの突発的な危機に遭遇した場合に備え，いずれの場合でも適用できるよう，緊急事態の発生直後から事態が終息するまでの対応を行動計画として予め定めておくものである。危機が発生した際の指揮命令系統，意志決定プロセス，連絡手段などを事前に定義しておくことにより幅広い事象に臨機応変に対応できる。一方BCPは，組織が定義する危機の中でも特定の危機，具体的な被災シナリオにおける特定の事象において，事前に決定しておいた中核事業の復旧を目標時間内に優先的に再開・継続させるための行動計画である。したがって，事前に想定していた被災シナリオに近い事態が発生した場合にはBCPは有効に機能する。しかし，そうでない場合には活用できない。したがって，様々な事態に対して臨機応変に対応できる柔軟性を持たせたCMPをBCPと併用することが必要なケースも出てくる。

2）情報と伝達について

独立行政法人における内部統制と評価に関する研究会「独立行政法人における内部統制と評価について」平成22年（2010年）3月，9頁「④情報と伝達」を参照し，筆者が抜粋，要約した。

3）J&J社のOur Credoと分社分権経営，危機対応について

ジョンソン・エンド・ジョンソン株式会社（日本）のホームページ（https://www.jnj.co.jp/）に現在掲載中，または過去に掲載された記事を参照するとともに，J&J社（米国）およびタイレノール事件に関するその他の参考文献を参照し筆者が編集した。

4）危機発生報告時のガバナンス上の問題

弁護士の竹内朗氏が『月刊監査役』（日本監査役協会発行の月刊誌）に不定期に掲載している「企業不祥事の事例分析」のシリーズ（2016年～）および以下の文献が参考になった。

竹内朗，上谷佳宏，笹本雄司郎『企業不祥事インデックス』商事法務，2015年

竹内氏によると危機発生時のリスク・コミュニケーションの機能不全は【A】執行トップに情報が伝わらない，【B】情報を知った執行トップがガバナンス機関に隠蔽して対応を誤る，【C】情報を知ったガバナンス機関が対応を誤るの3パターン。このうち内部統制の構成要素である「情報と伝達」の問題はパターン【A】のみ。【B】と【C】はいずれもガバナンス上の問題。過去の不祥事例を振り返ると，内部伝達後のガバナンス上の問題のケースで危機対応を誤るケースも多い。この点は内部統制の限界とも関係し，本書の最終章である第2部第4章で論じる。

5）米国多国籍企業の緊急時の報告ライン調査
トーマツ企業リスク研究所主席研究員　毛利正人（筆者），研究員　三好直樹「グローバル経営における不正の早期発見・迅速な報告体制～グローバル内部通報制度と緊急報告体制～」（『季刊　企業リスク』2012年4月号），27頁「図表6緊急報告体制のタイプ」における調査結果をベースに，本書執筆にあたり改めて筆者が図表を編集した。

6）内部通報におけるガバナンス上の問題
過去の不祥事例を振り返ると，制度に関する無理解から通報を行った者に対して人事上の不利益な取り扱いを行っていたケースは少なくない。そのような組織では，その後重大なコンプライアンス上の事案が発生し大きなレピュテーションの棄損に至る傾向があると言える。この点において，内部通報制度の取扱い方針のレベルが組織のガバナンス成熟度のバロメーターになると筆者は考える。この点については以下の消費者庁資料を参考とした。
消費者庁公表資料「企業不祥事における内部通報制度の実効性に関する調査・分析―不正の早期発見・是正に向けた経営トップに対する提言―」令和6年（2024年）3月
内部通報制度は不正の早期発見と極めて関係が深いため，本書第2部第3章内「近時多発している品質不正問題についての考察」の節，および第4章内「内部統制の限界を超える補完的仕組み」の節においても論じる。

7）公益通報者保護法の改正について
法の概要，背景などについては消費者庁ホームページ上の「公益通報者保護法と制度の概要」に掲載されている広報資料が参考になる。このほかにも，政府広報，東京弁護士会などが参考となる資料，ガイドライン，Q&A集などを公表している。

8）独立行政法人等情報公開法
総務省のホームページに掲載されている制度説明資料「情報公開制度」における「独立行政法人等情報公開法」《平成14年（2002年）10月1日施行》を参照した。

9）不正・不祥事発生時の外部への情報公開
不正・不祥事発生時における上場企業等の対応については日本取引所自主規制法人「上場会社における不祥事対応のプリンシプル」（2016年2月）が参考となる。この文書内の「④迅速かつ的確な情報開示」において，原則は以下のように説明されている。

「不祥事に関する情報開示は，その必要に即し，把握の段階から再発防止策実施の段階に至るまで迅速かつ的確に行う。この際，経緯や事案の内容，会社の見解等を丁寧に説明するなど，透明性の確保に努める。」

したがって，万が一の不正・不祥事発生時には，透明性のある外部伝達を第一に心がける必要がある。初期の段階でこの対応を誤ったために，更に事態が悪化したケースは数多い。なお，同自主規制法人は「上場会社における不祥事**予防**のプリンシプル」（2018年3月30日）も策定しており，ホームページに掲載されているので併せて参照されたい。

10）ISACA

ISACA（Information Systems Audit and Control Association：情報システムコントロール協会）は1976年にアメリカで設立された，情報システム，情報セキュリティ，ITガバナンス，リスク管理，情報システム監査，情報セキュリティ監査等に関する国際的専門職業団体である。情報システム・セキュリティ監査に関する国際的資格である「公認情報システム監査人（CISA）」等の資格認定も行っている。因みに，システム監査に関する我が国独自の資格としては，IPA（独立行政法人情報処理推進機構）が実施している国家資格試験「システム監査技術者」が別途ある。

11）経済産業省「システム監査基準」「システム管理基準」

経済産業省ホームページに掲載されている説明資料「「システム監査基準」及び「システム管理基準」について」を参照した。そこで両基準について以下の説明がなされている。

「システム監査制度は，経済・社会において必要不可欠な情報システムに想定されるリスクを適切にコントロール・運用するための手段の1つであり，経済産業省では，システム監査を実施する監査人の行為規範及び監査手続の規則を規定した「システム監査基準」，システム監査人の判断の尺度を規定した「システム管理基準」を策定し，公表しています。」

12）ISMS認証

ISMSとは，Information Security Management Systemの略で，組織の情報セキュリティを管理するための仕組みを指し，第三者機関によって情報セキュリティに関する要件を満たしていると判断されると，ISMS認証を取得でき，取引先や顧客に安心感を与えることができ，組織管理能力をアピールできる。ISMSは，情報セキュリティ（IS）部分とマネジメントシステム（MS）部分とに分けられる。本文で解説したように，ISの3大要点はCIA，すなわち，C：Confidentiality（機密性），I：Integrity（完全性），A：Availability（可用性）。一方，MSは，組織における特定の目的のために適切に組織を管理するための仕組みで，ISとの関係では適切に情報資産を管理する，情報資産のC（機密性）I（完全性）A（可用性）を確保するための組織のルールや体制，その改善の仕組みを指す。

13）Pマーク制度

Pマーク制度とは，日本産業規格のJIS Q 15001「個人情報保護マネジメントシステム―要求事項」に適合して，個人情報の適切な保護措置を講ずる体制を整備している事業者を評価・認証し，事業活動においてその旨を示すP（プライバシー）マークの使用を認める制度を指す。Pマークを取得することにより自社の商品・サービスを利用することの安全性を消費者にアピールできる。一般に，上記の注12）のISMSとの違いとしては，事業活動の中で個人情報を取り扱う場合が多い場合はPマークがより適合し，逆に個人情報は社内情報程度で社外とは機密情報のやりとりが多い場合ISMSの認証取得がより適合するとされる。

第 3 章
リスクマネジメントを活用した取組み（その3）

2 種類のモニタリング

リスクマネジメントを活用した実効的内部統制の，PDCA サイクルの最終ステップは「モニタリング」です（【図表 2-3-1 参照】）。モニタリングには 2 種類があり，独法内部統制報告書では次のように説明されています。

「モニタリングとは，内部統制が有効に機能していることを継続的に評価するプロセスをいう。モニタリングにより，内部統制は常に監視、評価及び是正されることになる。モニタリングには，業務に組み込まれて行われる日常的モニタリング及び業務から独立した視点から実施される独立的評価がある。両者は個別に又は組み合わせて行われる場合がある。」

i　日常的モニタリング

日常的モニタリングは，内部統制の有効性を監視するために，業務管理や業務改善等の通常の業務に組み込まれて行われる活動を言う。

ii　独立的評価

独立的評価は，日常的モニタリングとは別個に，通常の業務から独立した視点で，定期的又は随時に行われる内部統制の評価であり，法人の長，監事，内部監査等を通じて実施されるものである。

以上の記述は COSO 内部統制の考え方をベースにしているため汎用的なもので，独法以外の組織形態をとる公的機関や民間企業においても，基本的な考え方は同じです。単に役職名について，法人の長を例えば社長・

【図表 2-3-1】
リスクマネジメントを活用した一般的な内部統制の取組のイメージ

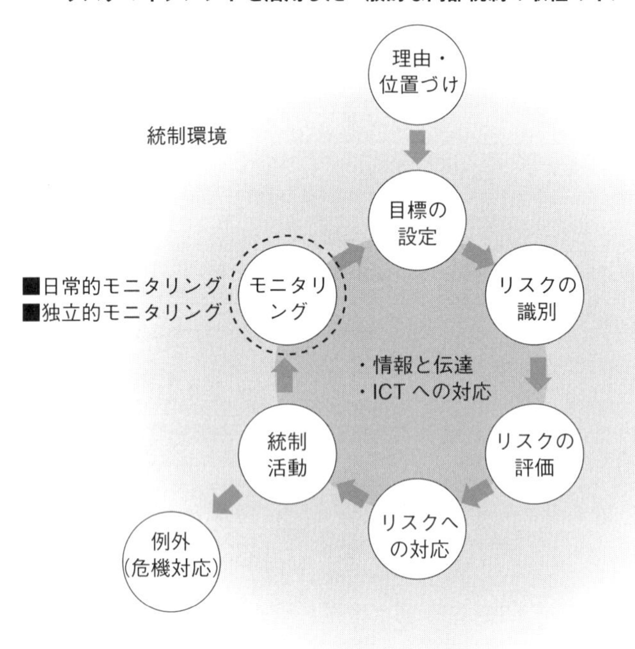

出典：「独立行政法人における内部統制と評価について」15 頁　図表 4
点線とコメントは筆者が加筆

CEO，監事を監査役ないし監査（等）委員である取締役，というふうに読者の方が属する組織の役職名に必要に応じて読み替えて理解してください。

この 2 種類のモニタリングについて COSO 内部統制では，「i　日常的モニタリング」を「Ongoing **evaluations**」，「ii　独立的評価」を「Separate **evaluations**」と表記しており，元々いずれも「**評価（evaluations）**」とされています。その意味で，前者は日常的に行われる業務プロセスのなかに組み込まれてはいるものの，例えば上長による縦の（垂直的な）ラインの承認や決裁，あるいは，職務分離による横の（水平的な）別の担当者による照合や牽制などの統制活動（Control activities）そのものではありません。それらの統制活動の有効性を部門内でより高い視点から日常的・継続的にレビュー・分析・評価する活動になります。本書の読者のなかには，「日常的モニタリング」は通常の業務に組み込まれているという点から，上長の承認・決裁行為が該当すると解釈されている方もいらっしゃるかもしれません。また，そのように解説している書籍なども存在します。確かに，これらも日常的モニタリングの一部を構成してはいます。しかし，これらはむしろ１ステップ手前の「統制活動」に近い内容と言え，その後のステップである「日常的モニタリング」としては，これだけでは不十分と筆者は考えます。なぜなら，本書の冒頭で解説したように，内部統制とは，コントロール（統制活動）そのものではなく，それらが日常業務に組み込まれ有効に機能する「プロセス」だからです。したがって，これらの統制活動の有効性（単純ミスや漏れ，ルール無視や逸脱がないか等）を自部門内で日常的・継続的に「自己評価」ないし「自己点検」を加えることにより，はじめて「日常的モニタリング（「Ongoing evaluations」）として効果を発揮するのではないかと考えます。また，これにより，部門内の統制活動が有効に機能しているという一定の「保証」効果も得られます。

一方，「ⅱ　独立的評価（Separate evaluations）」は，文字通り日常的モニタリングとは別（separate）に，通常の業務プロセスに参加しない者が独立した立場で内部統制の有効性を再評価する活動です。企業においては，一般に内部監査部門が定期的に（例えば１年に１度），ないし随時に（非定期に必要に応じて）行う独立的評価活動になります。独法などの公的機関においては，法人の長ないし監事，または内部監査部門などが，やはり定期的ないし随時にこの任務にあたります。その意味で「日常的モニタリング」における評価を踏まえ，更に独立的な立場から再検証し，その結果が正しければ当該部門内の内部統制が有効に機能していると「再保証」する活動です。「日常的モニタリング」は部門の内部者が行う評価活動であるため，評価に手心を加えるといった評価上のコンシャスまたはアンコンシャス・バイアス（意図的または無意識に行う評価上の片寄り）が懸念されます。また仮にその事実はなくとも，部門外からは当事者が行う評価はそのように見られる面があります。その点で，業務から独立した者が行う客観的評価はそのようなバイアスの懸念が払しょくされ，当該部門の構成員のみならず組織全体に対して，より高い再保証（お墨付き）効果が得られます（【図表 2-3-2 参照】）。この 2 種類のモニタリングを組織内であわせて実施することにより，内部統制の実効性が大きく高まります。

【図表 2-3-2】

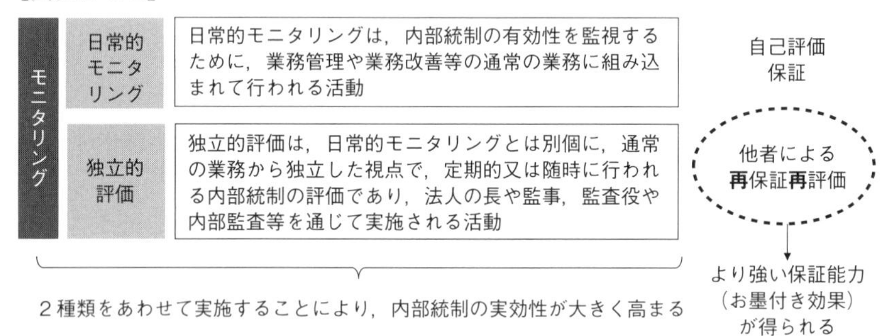

出典：筆者

自己評価（CSA）と内部監査

直前の節で説明した日常的モニタリングの一環として行われる代表的活動に自己評価（Control Self-Assessment：CSA）があります。また，独立的評価の一環として行われる活動が内部監査です。この 2 つの活動について，評価の実務的な側面から，更に具体的に掘り下げて解説を加えたいと思います。

自己評価（CSA）とは，部門内の管理者や担当者が自ら統制活動（Control）の有効性を評価するもので，欧米の組織ではごく一般的な取り組みとして普及しています。前節で，独立的評価のほうがより強い保証能力（お墨付き効果）があるとしましたので，なにも日常的モニタリングの一環としてCSA を実施せずとも，独立的評価だけでも良いのではないか，という疑問がわくかもしれません。しかし，その考えは正しくありません。なぜなら，独立的評価は通常の業務から独立したリソース（要員）が必要になることから，定期的ないし随時にしか行われません。しかし，日常的モニタリングの一環として業務に組み込まれた自己評価（CSA）は，まさにその現場で当事者が継続的（ongoing）に行うことができるからです。また，部門内でまず自己評価することにより，担当者およびその上長である管理者のコントロールオーナーとしての当事者意識と責任感が高まります。更に，他部門に対する説明責任（アカウンタビリティ）の向上につながるというメリットもあります。因みに，欧米では更に一歩進んで，自己評価の対象を統制活動（control）のみならず，リスクの識別・評価・対応までも含めるRCSA（Risk Control Self-Assessment）の取組みも普及してきています[1)]。しかし本書では，現段階では我が国において，より導入し易く今後普及が期待される，CSAとして論を進めます。

リスクとコントロールの関係を評価する際に，筆者が最も重要であると考えるのは**「残余リスク」**という考え方です。残余リスクとは，リスクへの対応（コントロール：統制活動）がまったくない，いわば裸のリスクである固有リスクをベースに，そのリスクに対応した後もなお残っているリスクで

【図表 2-3-3】

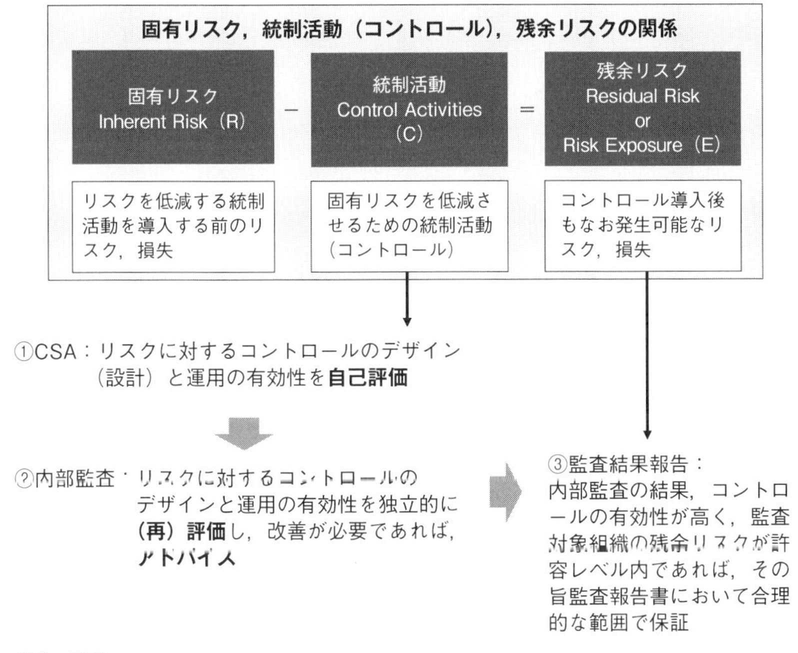

出典：筆者

す。要はR－C＝Eの等式，すなわち，固有リスク（R）－コントロール（C）＝残余リスク（E：Exposureリスクへの露出の意味，RR：Resudial Riskと表現される場合もある）です。残余リスクについては，第2章「リスクの評価（測定・集約」でも解説していますので，必要に応じて参照してください。さて，この残余リスクの概念を使って，CSAと内部監査の関係を整理すると以下のようになります（【図表2-3-3】参照）。RCSAではなくCSAなので，ここでは部門内のリスク事象（R）の識別と（重要性）評価は予め本部等で集中的に評価済みのものとして解説します。

以上のプロセスを，更に評価者の視点で作業レベルまで掘り下げて解説すると下記の①②③の手順になります。

【評価実施例】

① CSA

例として，固有リスクの重要性評価基準が3段階，高（3），中（2），低（1）であり，コントロールの有効性評価基準がやはり3段階，高（2），中（1），低（0）である場合，例えば重要リスク高（3）のリスク事象項目A

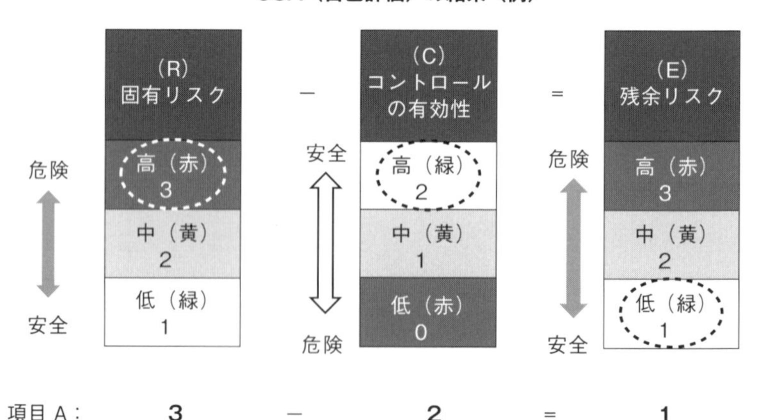

※上記点線で囲まれた評価がリスク項目Aのコントロール，残余リスクに関する部門長の【自己評価結果】を示している。

についての部門内のコントロールの有効性を高（2）と自己評価したケースでは，以下の図のようにR（3）－C（2）＝E（1）として，項目Aの残余リスクの自己評価結果は，低（1）となる。

実務上は，信号機の色のようにリスクの高い（危険な）ものから低い（安全な）ものへと，順に高（赤），中（黄），低（緑）とし，コントロールの有効性は，逆に有効性の高い（安全な）ものから低い（危険な）ものへと順に 高（緑），中（黄），低（赤）とする実務が多くの組織で定着している。本紙では印刷の関係でリスクに対する危険度・安全度を白黒の濃淡で表している。上記に示したように，固有リスク（R）および残余リスク（E）は，リスクの高いもの（危険）から低いもの（安全）へと順に，高（濃），中（中），低（淡）としている。コントロール（C）の有効性は，逆に有効性の高いもの（安全）から低いもの（危険）へと順に高（淡），中（中），低（濃）で表現している。

② 内部監査

定期的な内部監査により，上記①のリスク事象項目Aに対する（C）コントロールの有効性をサンプリングにより独立的に（再）評価する。上記は項目Aという1つのリスク事象項目のみの評価例である。実際の内部監査のフィールドワークでは，チェックリストなどに従い，項目A，項目B，項目C，項目D…というふうに数多くのリスク事象項目に対するコントロールの有効性を項目毎にサンプリングベースで次々と評価していき，監査対象部署のリスクのコントロール状況を総合的に評価する。

③ 内部監査の保証

コントロールのデザインおよび運用状況の評価結果が良好で，コントロールの有効性が自己評価どおり高（2）となった場合，残余リスクも自己評価どおり低（1：3－2＝1）となり，許容レベル内であるとして**合理的な範囲で保証**し，リスク事象の統制レベルに一定のお墨付きを与える。しかしサンプルチェックの結果エラー（違反）が検出され，コントロールの有効性評価結果が自己評価と異なり，低（0）となった場合は**残余リスクが高（3：3−0=3）となる**ので許容レベルを超えることになる（下図参照）。この場合は，被監査部署の部門長などの責任者に対して独立的評価結果を示したうえで指示・提案し，具体的な改善の方法等を必要に応じてアドバイス（コンサルティング）する。

内部監査による独立的評価結果（例）

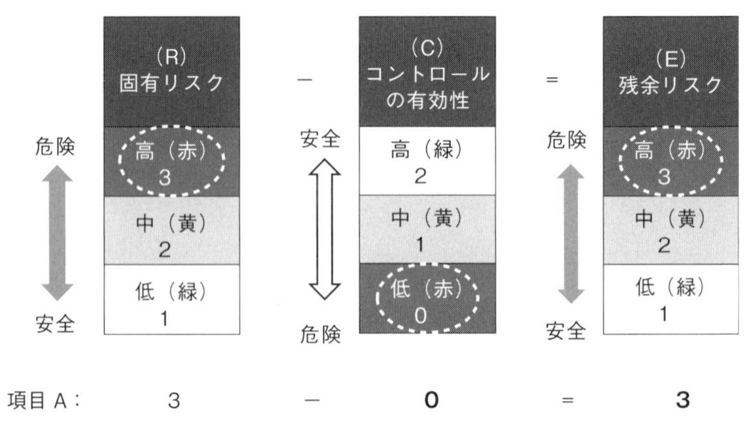

※上記点線で囲まれた評価がリスク項目Aのコントロール，残余リスクに関する内部監査による【独立的評価結果】を示している。

以上①②③が，日常的モニタリングの一環として行われる自己評価（CSA）と，独立的評価である内部監査の具体的なプロセスイメージです。③で自己評価どおりコントロールの有効性が高いと内部監査が評価した場合，「合理的な範囲で保証」するとしたのは，通常内部監査によるコントロールの有効性評価は全件チェックではなく，試査（サンプリング）によって行われるため，試査の範囲で保証する，すなわち絶対的な保証ではないという意味です。一方で，被監査部署による自己評価が根拠なく高いとされている場合は，その事実を示したうえで改善を求め，必要により改善方法をアドバイス（コンサルティング）し，残余リスクを許容レベル未満まで低下させ，組織体の価値棄損を未然に防止し，さらに価値向上に寄与することが内部監査の使命です[2)]。

3本の防衛線モデル

リスク項目に対するコントロールの有効性評価については，前節で残余リスクという概念をベースに，自己評価（CSA）と内部監査の評価者視点で解説しました。次に，企業や公的機関における評価実務に関して，組織内の部署間の連携，情報の流れを解説します。更に，近時製造企業で多発している品質偽装の問題について，その原因，根本的解決策などについて論じたいと思います。

組織における内部統制，内部監査，外部監査について，その特徴をよく表しているものに，内部監査人の専門職業団体，IIA（内部監査人協会）[3]が2013年に公表した「3本の防衛線モデル（Three Lines of Defense Model）」があります。この「3本の防衛線モデル」は，組織トップである経営者の下の組織を事業部門と，それらの事業部門に属さず管理活動を所掌するコーポレート部門の大きく二つに分け，これをリスクに対する第1および第2の防衛線とし，更に事業部門，コーポレート部門のいずれにも属さない独立部署である内部監査を第3の防衛線とする考え方です（【図表2-3-4】参照）。

実際の業務イメージを想起していただくため，製造企業の製品品質管理を

【図表2-3-4】

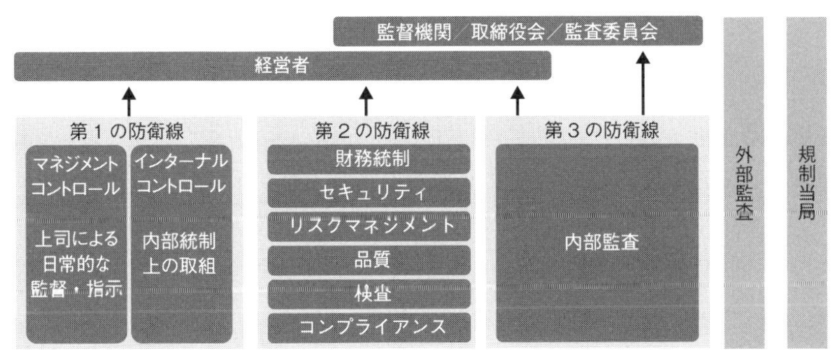

出典：IIA Position Paper：The Three Lines of Defense in Effectie Risk Management and Control, January 2013をベースに筆者が翻訳，加筆

例にとって，このモデルにおける評価実務の組織的な連携の流れを解説しましょう。この場合，製品の品質を管理し一定レベルの品質を確保・保証する第1の防衛線は，いうまでもなく製品を製造する工場にあります。我が国製造現場では，「シックスシグマ（6σ）」などの優れた欧米の品質管理手法が積極的に導入されてきました。また，「Kaizen」として海外においても通用するほど有名となった我が国独自の品質改善活動などもあり，これらの現場レベルでの品質管理・向上活動が我が国製造業の強さの秘密とされてきました。この第1の防衛線組織のなかに更に内部統制の他の構成要素，すなわち品質管理のための直接の「統制活動」のみならず，部門内の「統制環境」分析や，「リスク評価と対応」，「情報と伝達」，「IT への対応」の実務がしっかりと根付き，それを「モニタリング」として自己評価（CSA）で確認していけば，非常に効果的な防衛線となります。

次の第2の防衛線は，これを更に補強すべく実施される，コーポレート部門などの間接部門における品質検査などです。第1の防衛線と第2の防衛線の間に協力関係や情報共有は必要ですが，原則として同じレポーティングラインには属しません。それぞれが経営者まで報告する独立した2本の防衛線であることが重要です。その意味では，第1の防衛線と第2の防衛線が同じ事業本部（BU：Business Unit）内で完結し，最後は同じ BU 長に報告され，そこから経営者まで報告される組織形態よりは，BU とコーポレートというふうに，それぞれの部門長が独立したレポーティングラインで最終的に経営者に直接報告する形態のほうが，防衛線の有効性は高くなります。

そして最後の3本目の防衛線が独立的な評価部隊である内部監査部門です。内部監査は，第1の防衛線組織である工場等の事業部門，第2の防衛線組織であるコーポレート部門のいずれにも属さない，独立性の高い組織形態とすることが非常に重要です[4)]。内部監査人は監査計画に応じて，第1の防衛線組織，第2の防衛線組織に往査に赴き，例えば品質管理に関するリスクに対する複数の統制活動（コントロール）が有効に整備（デザイン）されているか，運用されているかについて，独立的な立場で再評価します。それらのコントロールがすべて有効に機能していれば，残余リスクは許容レベル範囲内である（リスクがコントロールされている状態）という「おすみつき」

を与え，その旨監査報告書等を通じて組織のトップに報告します。また，不備があれば改善推奨案を提示する等の助言（アドバイス）を行い，やはりその旨監査報告書等を通じて組織のトップに報告します。これら一連の流れを整理し，前掲の【図表 2-3-3】で解説した CSA と内部監査の概念図と「3 本の防衛線モデル」【図表 2-3-4】を統合した図が【図表 2-3-5】です。なお，3 本の防衛線モデルの図表の右端に位置する外部監査や規制当局の検査も，組織をとりまく利害関係者にとっては，ある種の防衛線の機能を果たします。しかし，これらは図に示されたとおり組織外であるため 3 本の防衛線には含まれません。組織における重要リスクについては，あくまで組織自身の中に 3 本の防衛線をしっかり構築し運用する必要があります。

【図表 2-3-5】

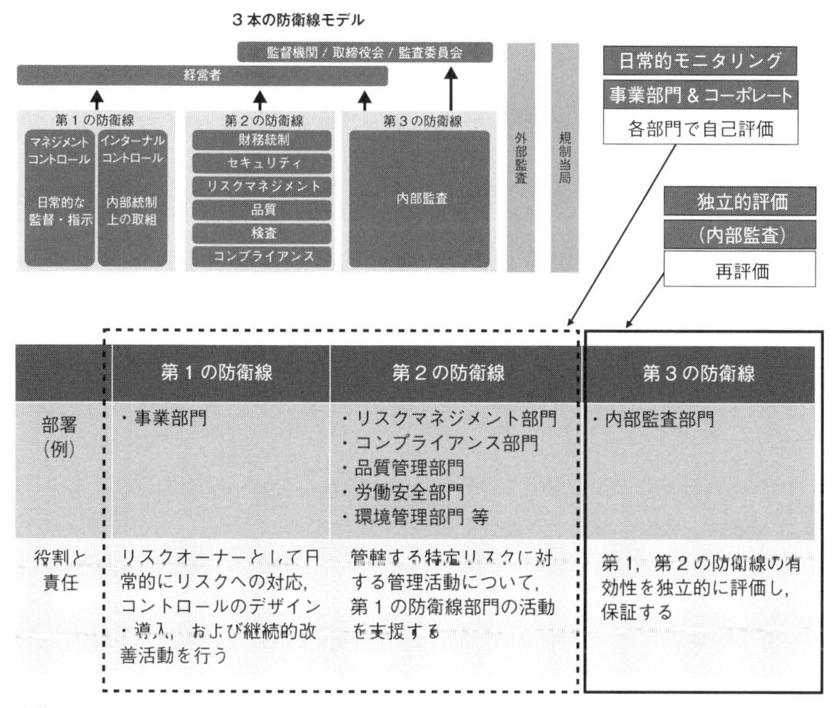

	第 1 の防衛線	第 2 の防衛線	第 3 の防衛線
部署（例）	・事業部門	・リスクマネジメント部門 ・コンプライアンス部門 ・品質管理部門 ・労働安全部門 ・環境管理部門 等	・内部監査部門
役割と責任	リスクオーナーとして日常的にリスクへの対応，コントロールのデザイン・導入，および継続的改善活動を行う	管轄する特定リスクに対する管理活動について，第 1 の防衛線部門の活動を支援する	第 1，第 2 の防衛線の有効性を独立的に評価し，保証する

出典：IIA Position Paper：The Three Lines of Defense in Effective Risk Management and Control, January 2013 をベースに筆者が翻訳，加筆

さて，ここで自己評価（CSA）と独立的評価（内部監査）の役割を再確認していただくため，読者の皆さんに簡単なクイズを出したいと思います。

【質問】

以下は製造企業で識別された2種類の重要なリスク事象です。項目Aは製品検査の正確性，項目Bはハッキング対策等の情報セキュリティ体制です。第1の防衛線である事業部門のコントロールの有効性に関する自己評価（CSA）結果を以下に示しました。内部監査部門がリスクベースの内部監査（リスクの高い項目から優先的に監査する手法）により，往査して独立的評価を実施する場合，優先すべきはリスク事象項目Aでしょうか，リスク事象項目Bでしょうか？　ここでも印刷の関係で白黒の濃淡で表現していますが，本文では視覚的な効果を喚起する目的で信号機の赤黄緑という表現を用いて説明します。

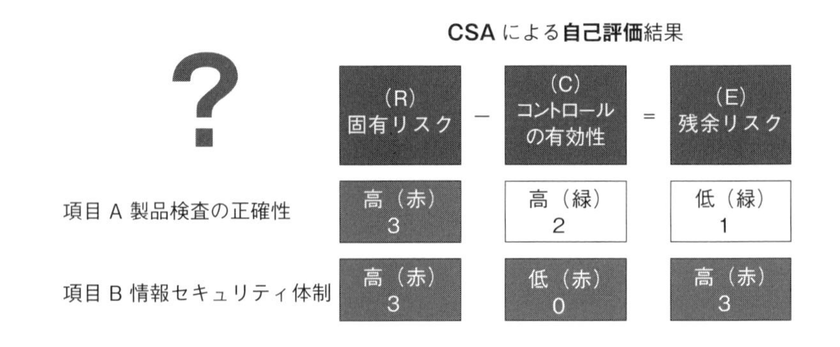

【解答】

正解は項目Aです。何故，残余リスクが高い（赤：危険な）とされた項目Bでなく，低い（緑：安全な）項目Aなのでしょうか？　それは，リスク項目A，項目Bの残余リスク評価結果は，当該事業部門による自己評価（CSA）に過ぎないからです。内部監査の使命は独立的評価により，組織体の価値向上に寄与することです。仮に監査対象の事業部門が海外子会社など遠隔地に所在する場合，往査に多額の出張費用がかかります。当該事業部自身がコントロールの有効性は低（赤）と評価している項目に対し，わざわざ現地往査してサンプリングテストにより，やはり自己評価どおりコントロールの有効性は低（赤）でしたと再評価しても，なんら価値を産まないからです。そして項目Bは組織にマイナスの影響を与えかねない重要リスクです。したがって，この自己評価結果が第1の防衛線のレポーティングラインから経営者まで報告されたら，経営者が速やかに現場に改善指示すべきです。もし当該事業部門に改善のノウハウがないとしたら，第2の防衛線であるコーポレート部門（この場合は情報セキュリティ部門）の専門家を派遣するなどして支援すべきです。これは独立的評価部隊であり，執行者ではない内部監査部門の仕事ではなく，経営者（組織トップ）が執行の責任において通常のレポーティングラインを通じて実施すべきです。

一方，項目Aは第1の防衛線である事業部門の責任者が，コントロールの有効性は高（緑）と自信をもっている項目です。内部監査で，このコントロールの整備（デザイン）は効果的か，運用も属人的なばらつきなどがなく組織的に実施されているか，サンプリングテストなどで本当に有効に機能しているかを客観的かつ専門的に判断する必要があります。仮にテストにエラーが発見された場合は，コントロールの有効性は低（赤）となります。そしてその結果，残余リスクは高（赤）となり，事業部門長は重要リスクに対するコントロールを過信していた，または虚偽の申告をしていたことになります。事業を所掌している当事者が自部門の残余リスクが低く安全だと主張していた重要なリスク項目が，実際は非常に危険な状態，赤信号であったわけです。その客観的事実を事業部門の責任者に自覚させ，改善を求めることが内部監査の仕事です。また，評価結果を伝える際に必要に応じて改善の方向性をアドバイスします。そして，監査報告書により，組織トップ（社長，CEO，理事長など）ならびに取締役会，監査役（会），監査（等）委員会，監事などのガバナンス機関に報告し現状を再認識してもらう必要があります。

以上が，3本の防衛線における自己評価（CSA）と内部監査のプロセスイメージです。このシステムを有効に運用すれば，内部監査の効率化にも貢献します。なぜなら上記の設問での項目Bのような当該部門長自ら対応不足を認めているような項目は試査（サンプリングテスト）の優先順位を下げる，ないし，まったくテストしないという選択が可能になるからです。ただし，このためにはまず第1と第2の防衛線の部門長がCSAを通じて自部門でリスクをコントロールできているところ，できていないところを把握し，正直に報告することが前提です。そうでなければ内部監査は結局すべての項目をテストする必要があります。このことから，米国企業などでは，CSAの評価結果と内部監査の評価結果に著しい乖離があり，それが繰り返された場合には，部門責任者としての当事者能力なし（リスク感覚なし）として更迭するというように厳しく運用しているところもあります。ここまでやれば自己評価の正確性に関して健全な緊張感がうまれ，3本の防衛線モデルが効率的・効果的に機能します。

因みに，この3本の防衛線モデルは米国で生まれたものですから，内部監査部門からのレポーティングライン（図表中では矢印）は，経営者に対してのみならず，取締役会，監査委員会にも伸びており，合計2本になっています。レポーティングラインについては，前章の内部伝達の箇所でも解説しましたが，下位者から上位者への「報告」のみならず，上位者から下位者への「指揮命令・承認」も含まれます。この内部監査からの2本のラインは米国では一般的な形態で「内部監査のデュアルレポーティングライン（Dual Reporting in Internal Audit)」と呼ばれています。多くの米国企業がこの形態をとっている背景には，米国における内部統制は本書第1部第2章で解説したように，巨大会計不正事案発生後の反省の下に発展した経緯があります。これらの不正は組織トップが主導していたという背景があるからです。このような不幸な場合には特に，また一般論としても，潜在的に不正を主導する可能性がある（少なくとも無いとは言えない）組織トップのみに直属し，トップからのみ指示をうける形態では内部監査が有効に機能しない可能性をふっしょくできません。したがって執行経営者（CEO）に対する監督機関である取締役会，監査委員会にも矢印で示されたレポーティングラインがあるのです。さらに米国の近年の傾向としては，内部監査部門の**監査機能上**の主たるレポーティングライン（**Functional** Reporting Line），すなわち監査計画の承認，監査報告などは委員会に対してであり，CEOへのレポーティングラインは，経費支出承認等の**部門運営上**の副次的なレポーティングライン（**Administrative** Reporting Line）に留まるケースが多いと言えます。このようなケースでは多くの場合，主たるレポーティングラインは**実線**の矢印（Solid Line），副次的なレポーティングラインは**点線**の矢印（Dotted Line）で示されています（【図表 2-3-6】参照）。

【図表 2-3-6】
第３の防衛線

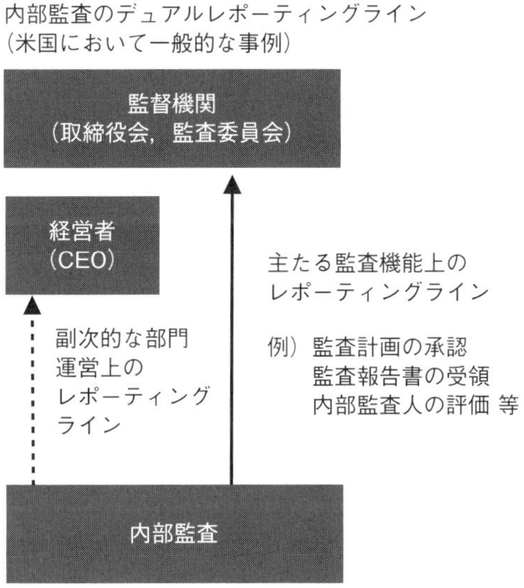

内部監査のデュアルレポーティングライン
（米国において一般的な事例）

監督機関
（取締役会，監査委員会）

経営者
（CEO）

主たる監査機能上の
レポーティングライン

例）監査計画の承認
監査報告書の受領
内部監査人の評価 等

副次的な部門
運営上の
レポーティング
ライン

内部監査

出典：筆者

一方，我が国では，内部監査部門は組織のトップである経営者（社長，CEO），理事長などに直属し，トップから監査指示を受け結果報告する形態（図表中の実線の矢印が経営者への１本のみ）で，監査担当役員（監査役，監査（等）委員会，監事など）には情報共有のみ（指揮命令関係にないため**点線の両矢印**で示される）という形態が目下のところ主流であると思います（【図表 2-3-7】参照）。ただしこの点は，わが国においても変わりつつあります。企業業績の開示に関しては，2023 年 1 月 31 日付で「企業内容等の開示に関する内閣府令（以下，開示府令）」が改正され，2023 年 3 月期の有価証券報告書より，コーポレート・ガバナンスに関する開示の一環として，

【図表 2-3-7】

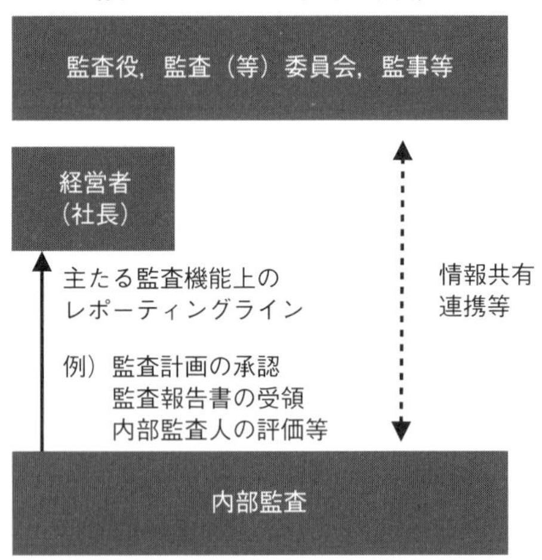

出典：筆者

デュアルレポーティングの有無を含む，内部監査の実効性を確保するための取組を分かりやすく，具体的に開示することが求められることになりました[5)]。開示府令はデュアルレポーティングを「内部監査部門が代表取締役のみならず，取締役会並びに監査役及び監査役会に対しても直接報告を行う仕組み」と表記しています。このことから，我が国組織においても米国の後を追い，今後まずは企業から，それに続き公的機関においても徐々に，内部監査のデュアルレポーティングが普及していくものと筆者は考えます。

なお，IIA（内部監査人協会）は 2020 年 7 月に「3 ラインモデル（Three Lines Model）」として，防衛（Defense）の文字を取り去った改訂版を発表しています（【図表 2-3-8】参照）。これは，COSO 内部統制がマイナスの事象を防止することのみならず，組織目標達成に貢献できるように ERM（全社的リスクマネジメント）へと進化したのと同じように，この 3 ラインモデルを防衛だけでなく組織体のプラスの目標達成に使えるフレームワークとしたいという意図があると筆者は考えます。そしてレポーティングラインにつ

【図表 2-3-8】

IIA の 3 ラインモデル

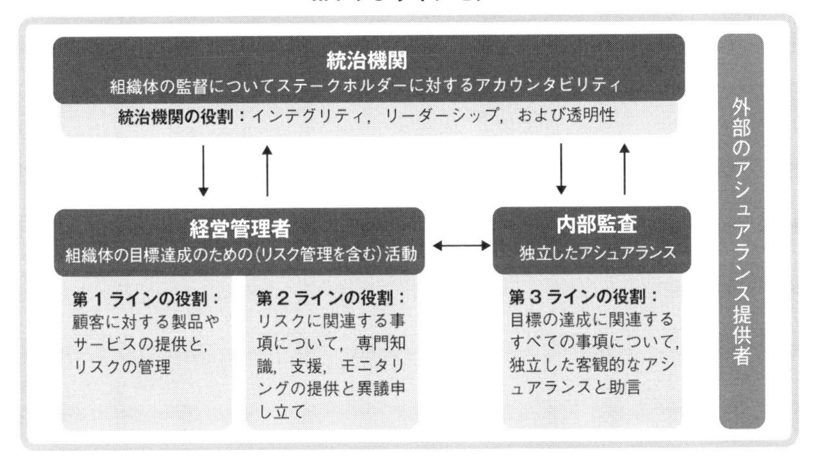

出典：「IIA の 3 ラインモデル　3 つのディフェンスラインの改訂」内部監査人協会（IIA），2020 年 7 月，4 頁

いては，第 1 と第 2 ラインはこれまでどおり経営者の責任下にあり，そこから「統治機関（ガバナンス機関：取締役会，監査委員会）」へと，報告し，監督を受けるという意味で双方向に伸びています。しかし，第 3 ラインの内部監査は統治（ガバナンス）機関にのみ報告，指揮命令を受けるという意味で双方向に伸びており，経営者へのラインは廃されています。経営者と内部監査の間は，連携・協議のコミュニケーション・ライン（両矢印の調整ライン）にとどまっています。この点は，前述のように多くの米国企業における内部監査の監査機能上の主たるレポーティングライン（Functional Reporting Line）すなわち監査計画の承認，監査結果報告などは，経営者ではなく監査委員会となっていることがベースにあります。そして経営執行と監督・監査が厳密に分離されている米国型コーポレート・ガバナンス体制がこれまで以上に反映された結果と考えます。一方我が国の場合は，【図表 2-3-7】で示したように，現時点では多くの組織で内部監査は組織執行トップ（社長・CEO ないし理事長）に専ら報告しています。今後は，我が国において

も段階的に内部監査のデュアルレポーティングの体制が普及していくと筆者は予想していますが，少なくとも現時点では，多くの組織でそのような状態になっていません。したがって，我が国の実務においては，従来の「3本の防衛線モデル」のほうが少なくとも当面は，より適用し易いのではないか，米国型ガバナンス機関を前提とした「3ラインモデル」は我が国の多くの組織においては，まだ適用しにくいのではないかというのが筆者の現時点での見解です。したがって，本書のこの後の節においても従来の「3本の防衛線モデル」を用いて論を進めます。ただし，指名委員会等設置会社などの米国型のガバナンスシステムを導入している，あるいは内部監査を「守り」の役割のみならず，目標達成と企業価値「創造」のための役割であると明確に位置付けている先進的日本企業等では，今後はこの新たな「3ラインモデル」のほうを採用し，実務を設計してもよいでしょう。

近時多発している品質不正問題についての考察

最近我が国製造業における品質不正・偽装の問題が頻発しており，大きな社会問題となっています。免震ゴム性能の偽装，マンションの耐震性能偽装，金属製品の検査データ改ざん，自動車の燃費・排出ガス検査データ改ざん，自動車用ブレーキ品質データ偽装，自動車認証試験不正，等々きりがありません。いずれも，納入先である企業への多大な影響のみならず，生活者である個人の生命や安全にかかわる深刻な問題です。これまではモノづくり大国である我が国において，製品品質は絶対的な強みであり，利用者側にも日本製であれば大丈夫という信頼がありました。製造企業もそこにプライドをもっていたはずです。いったい何故，我が国製造企業の製品不正報道が日常化するような事態になってしまったのでしょうか。

第1部第4章の「我が国企業への内部統制の導入」のなかの「会社法内部統制」でも論じましたが，そもそも我が国において企業に内部統制構築の法的義務が課されたのは，2000年ころに多発した食品メーカーの食中毒や虚偽表示などの不祥事，自動車メーカーによるリコール隠しなどの不正の連鎖が契機でした。これらの企業不正・不祥事により，国民の生命安全が脅かされる事態を防止するために，内部統制が会社法に組み込まれて導入されていたはずです。しかし，それから20年以上が経過した今，再度品質不正，検査データ偽装などの企業不正・不祥事が頻出しています。これらの不正を起こした企業では，法制度としての内部統制は形式的に遵守されていても，実質機能していなかったと言えます。不正が発覚した後の経営者の謝罪の席では，不正を見過ごす企業文化や風土が原因であり，今後企業文化の改革を行いたいというような声明をよく耳にします。無論，それも重要です。しかし，永年組織のなかにしみ込んだ文化や風土を変えていくには多くの労力と長い時間が必要です。品質不正を起こし，社会問題化した企業にそのような時間的余裕はありません。再発した場合には，組織の存在そのものが否定され消滅するリスクがあるからです。したがって，企業文化・風土改革といった進捗の測定が難しい抽象的な対応ではなく，本書の第2部を通してこれまで論じてきたリスクマネジメントを活用した「実効的内部統制」を，システムとして導入し日常業務のなかに組み込み，組織全体に展開していくことが最も効果的・効率的であると筆者は考えます。

近年品質不正を起こした企業においてはいずれも「実効的内部統制」が構築されていなかったことは明らかです。では，具体的に何が欠けていたのか，どのようにすれば改善できるのか。こういった点について，本書第2部を通して解説した内部統制の構成要素ごとの実践知をベースに，前節で解説した「3本の防衛線モデル」を用いて筆者の考えを示したいと思います。この点は，製造企業のみならずサービス業など，その他のインダストリーに属する民間企業，そして事業運営を担う公的機関，国民生活に影響が大きい社会インフラを提供する公共機関（公共企業を含む），病院などの医療機関，大学などの教育機関など，広義の公的組織全般にとって多くの学びがあると考えます。なお，品質不正は近年多発していますので，考察にあたっては，どこか特定の会社1社のケーススタディではなく，多くのケースに共通する要素を念頭に論じていきます。また，品質不正，データ改ざん・偽装等いろいろなケースがありますが，ここでは一律に「品質不正」として論を進めます。

まず，品質不正を起こす部署は言うまでもなく事業部門です。第一の防衛

【図表 2-3-9】

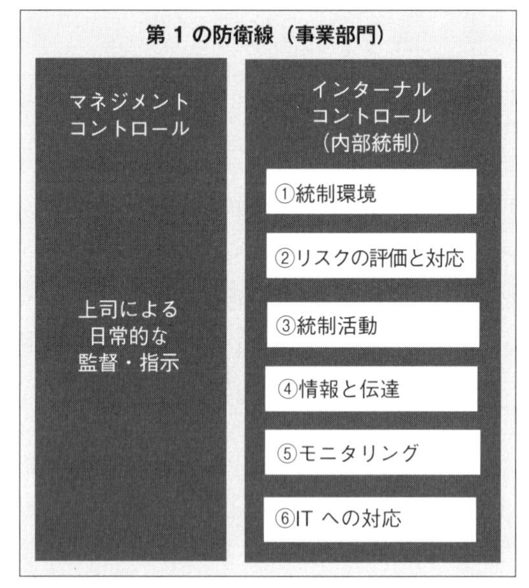

出典：筆者

線である事業部門の内部統制がなぜ機能しなかったかを構成要素ごとに見てみましょう（【図表 2-3-9】参照）。

① 統制環境

まず統制環境ですが，筆者は近時多発している品質不正問題の原因の多くはここにあると考えています。日本の製造企業の多くが新卒一括採用，終身雇用，年功序列型のいわゆるメンバーシップ型の人事制度を採用しています。永年同じ会社に勤務した者から部門長や役員に昇格する者が選抜される仕組みです。このような組織は，よく言えば組織としての一体感が強く，悪く言えば，いわゆる「村意識」が強くなり，所属する各人が職場の慣習に抗わずに踏襲することが求められる場合があります。そして，率直な疑問や異論を表明しづらい閉鎖的な組織に陥りかねない危険があります。次に，品質不正を起こした事業部または子会社は，事業損益が採算ギリギリ，または赤字の状態であることが多いと言えます。事業損益とは，言うまでもなく売り上げと費用の差です。したがって，採算の悪い事業部門では当然費用を低減しようとするベクトルが働きます。そして，そこからルール通りに品質検査を行えば費用が増加して赤字になるかもしれないというプレッシャーが生まれます。損益以外にもまた，開発や製造の納期が極端に短いなどの場合もプレッシャーになります。このような場合，部門がつぶれてしまうかもしれない，納期に間に合わないかもしれない，そうなれば職場の仲間や会社全体に迷惑がかかるといった「部門のため，職場の仲間のため，会社のため」という誤った考えから，これまで通り検査不正を続けるということになります。更に，この方針に異論をさしはさめば，自分は組織から排除され，報復的な人事異動が行われるかもしれないといった怖れも手伝って，永年不正が継続してしまうと考えます。米国の犯罪学者ドナルド・R・クレッシーが提唱した「不正のトライアングル」という理論があります。すなわち，不正は「動機・プレッシャー」，「機会」，「正当化」の３つの要因が揃ったときに発生す

【図表 2-3-10】

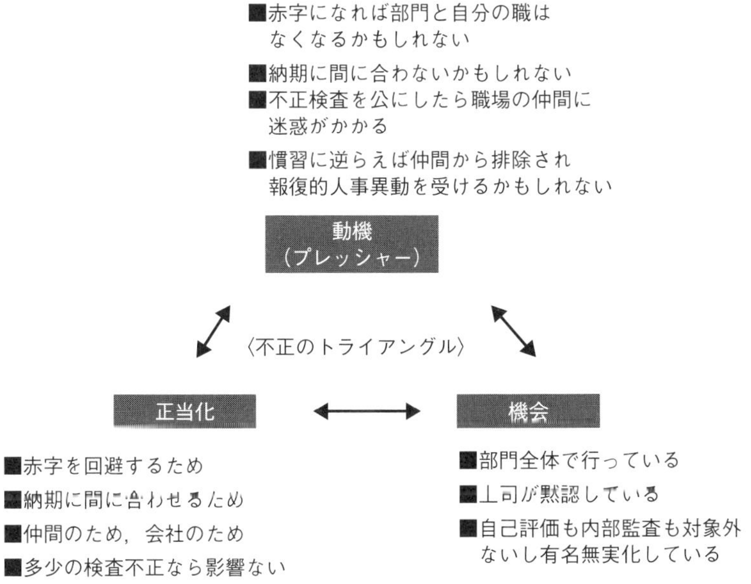

■赤字になれば部門と自分の職はなくなるかもしれない
■納期に間に合わないかもしれない
■不正検査を公にしたら職場の仲間に迷惑がかかる
■慣習に逆らえば仲間から排除され報復的人事異動を受けるかもしれない

動機（プレッシャー）

〈不正のトライアングル〉

正当化

機会

■赤字を回避するため
■納期に間に合わせるため
■仲間のため，会社のため
■多少の検査不正なら影響ない

■部門全体で行っている
■上司が黙認している
■自己評価も内部監査も対象外ないし有名無実化している

出典：筆者

るというものです。製造部門における品質不正をこの理論で整理すると【図表2-3-10】のようになります。

統制環境とは本書第2部第1章で解説したように「組織の気風を決定し，組織内のすべての構成員の意識に影響を与えるとともに，リスクの識別・評価等の，その他の基本的要素に影響を及ぼす基盤」のことです。したがって，新卒一括採用，終身雇用，年功序列型のいわゆるメンバーシップ型の人事制度，組織をとりまく固有のビジネス基盤が抜本的に変わらない限り，不正発覚後に企業文化・風土改革を行うといっても容易ではありません。まずはこのような統制環境であるということを組織全体で認識のうえ，他の構成要素（②リスク評価と対応以降の各要素）に活かすことが重要です。どのような組織にも適応できる各要素の取組み原則は，本第2部を通じて既に詳細に解説しています。したがって，極力重複を避け製造企業またはその他の広義の公的組織において，如何に品質不正を予防または早期発見し，是正すべきか，という点にのみ焦点をあて「3本の防衛線モデル」を用いて筆者の考えを示します。

②　リスクの評価と対応

製造企業または事業を行う公的組織においては，リスク識別時には組織内に品質不正が潜在的に存在している，ないし近い将来必ず起こりうると想定してリスクマネジメントプロセスを回すことが重要と考えます。これまで多くの企業で品質不正が発生し組織の屋台骨を揺るがすほどの影響があったので，どこの組織でも品質不正に関するリスクの重要性評価は「高（赤信号）」と判断されるでしょう。しかし，「我が社は大丈夫」，「我が部門は問題ない」と不正の発生可能性を「低（緑信号）」として，その掛け算である総合的なリスク評価が「中（黄色信号）」となり，その後の③統制活動への対応が後回しになってはいないでしょうか。新聞紙上をにぎわせている品質不正事例を対岸の火事とせず，他山の石として，自組織にも潜在的に必ず不正の芽は存在するとし，品質不正リスクの評価を無条件で「高（赤信号）」として，コントロール（統制活動）を設計し運用することが推奨されます。

③　統制活動

品質不正に関する統制活動については，まず第1線の事業部門が日常の事業運営のなかで解決可能な施策，そして事業部門に属さない品質検査部門などの第2線のなかで実施可能な施策があります。リスクへの対応は「低減」，「移転」，「回避」，「受容」の4種類がありますが，品質不正は最重要リスクですから当然「低減」が必要となります。また，統制活動には「予防的統制」と「発見的統制」がありますが，この場合は両方の統制手段を組み合わせて万全の対策をとる必要があります。例えば，第1線では製品に対してサンプリングではなく全件検査を義務付け，検査不合格のものは再加工等により必ず合格水準としてから出荷する等，さまざまな対策が必要です。また，第2線では事業部門から独立した立場で品質検査を実施し，万が一不良品があった場合には出荷停止を指示し，事業部門と連携しながら原因究明や改善の支援をするといったことが考えられます。この際，第2線が同じ事業部内にあった場合には，前述の統制環境の理解から，製造部門から独立した2番目の防衛線とならない可能性があることには十分留意する必要があります。

以上が第1線，第2線の部門が日常の事業運営のなかで解決可能な施策例です（対策はケースにより様々です）。しかし，事業部門の不採算，工期遅延などに構造的な問題があり，現場部門の日常的な工夫や改善ではどうすることもできない場合があり得ます。その場合は，第1線，第2線のレポーティングラインの最終報告先である経営者（社長，理事長等の組織トップを含むマネジメント層）が取り組むべき，より抜本的な戦略的課題になります。設備投資をして効率性を向上させる，取引先と協議して出荷価格を上げる，現実的な納期を設定するなどです。それでも外部要因によりどうすることもできない場合は「回避」すなわち当該事業から撤退し，リソースを他に振り向けることを検討する必要があります。確かに，この決断と実行は容易なことではありません。また，事業部門がグループ内で製造を担う独立した子会社などの場合，グループ内の事業再編となり更に高いハードルになります。しかし，それを決断し，実行するのが経営であると筆者は考えます。外部環境の変化や構造的問題で現場ではどうすることもできない事業課題に対し，現場部門に対して「チャレンジ」，「ストレッチ」と上からプレッシャーをかけても，不正のトライアングルの箇所で解説したように不正の発生を助長するだけです。我が国企業における近時の品質不正頻出問題は，現場の問題もありますが，外部環境の変化に迅速に対応しない経営戦略課題であることも多いと筆者は感じます。しかし，この点については内部統制の枠を超えて，コーポレート・ガバナンス領域の課題を含むため，次章の「両輪として機能する内部統制とコーポレート・ガバナンス」の節において，改めて論じたいと思います。

④　情報と伝達

ここで最も重要なのは，上記の予防的・発見的統制手段（コントロール）を規程やマニュアルに落とし込み，それが例外なく現場で遵守されるよう，事業部門のトップが本気で繰り返し部門の各員に伝えることです。赤字回避や納期優先のために多少の品質不正があってもいたしかたないと上司が思っていたとしたら，そして組織内で不正は絶対に許さないというメッセージを積極的に発していなかったとしたら，部下は敏感にそれを感じとり「空気を読んで」不正を行います。もし，現場でギリギリまで努力してもルールを徹底したら赤字が出る，納期が守れないという状態であれば，事業部門長から第１の防衛線のレポーティングラインで経営課題として経営者（組織トップ）に率直に現状を伝える，または第２の防衛線である品質管理部門と抜本的な解決策を見出すために協議するといった，縦と横のコミュニケーションを活性化することが重要です。自由闊達な議論ができず，１つの事業部門で閉じた閉鎖的な環境では，①統制環境で論じたような「会社のため」，「部門のため」という誤った考えから品質不正が継続してしまいます。品質不正が起きた組織ではこの点が弱かったものと思います。

しかしながら，現実には組織の閉鎖性から縦と横のコミュニケーションが機能せずに，事業部内の公然の秘密として不正が常態化している場合もあるでしょう。このような場合に最も有効なのが「内部通報制度」です。内部通報制度の本質は，通常のレポーティングラインでの報告が機能しない場合に，是正権限のある経営者に直接不正の存在を伝え，事態を改善するためのものです。例えば，不正の慣習に染まっていない新たに配属された新入社員，配置転換された社員がおかしいと感じたことを，内部通報制度を通じて報告すれば不正は早期に発見できます。この際最も重要なのは，通報した者の秘密を厳密に守り調査を進めることです。また組織の裏切り者として報復的な人事措置を行わないことです。この点が守れない組織では，内部通報制度が機能せず，内部告発という形で外部に向けて告発される，ないし監督当局に先に不正が発見され，組織としては存続の危機を含む厳しい状況になることは，多くの実事例が教えるところです。このような事態を防ぐためには，内部通報制度に寄せられた情報は経営者のみならずガバナンス機関（取締役会，監査役（会），監査（等）委員会，監事など）の非執行・外部役員とも共有し，議論の透明化を図ることが重要です。この点に関しては，前章の第２章において情報と伝達として論じていますので，必要に応じて内容を再確認してください。

⑤　モニタリング

この点は，本第３章内の少し前に解説した日常的モニタリング（CSA）と，独立的評価（内部監査）の活用につきます。内部監査は本来事業部門にもコーポレート部門にも属さない独立した組織ですから，ルール通りに検査を実施したら赤字になるかもしれない，納期に間に合わないかもしれない，といった懸念にとらわれることなく仕事ができる（また，そのような態度で仕事をすべき）唯一の部署です。客観的に品質不正という重要リスクに対する予防的・発見的統制（コントロール）がルール通りに実施されているかをテストします。リスクに対するコントロールの手段が定義され，規程やマニュアルの形で文書化されており，それが組織的に承認されていれば，実は内部監査のテストはそれほどの熟練を要しません。淡々と，できている，できていないをチェックすればよいからです。この際，被監査部署によるCSA結果があれば前述したように，それをサンプリングテストなどで再評価するだけです。その結果を監査報告書にとりまとめて報告すれば良いのです。しかし，重要リスクに対するコントロールが定義されていない，文書化されていない状態の部門を監査する場合は事情が異なってきます。監査人が，あるべきコントロールのデザインと運用状況を想定したうえで，実態と比較しギャップを識別する等の評価手続きを実施する必要が出てきます。これには品質管理に関する十分な知識と経験が必要になります。監査の結果，不備が発見された場合にもあるべきコントロールが定義されていないので，効果的かつ現実的な推奨改善案を提示し，被監査部署の責任者と討議する必要があります。このためには高い見識を要します。したがって，第3の防衛線の内部監査のリソース負担や往査における業務負担は第1および第2の防衛線の整備の状況に大きく左右されるのです。製造企業のみならず，我が国の多くの組織において内部監査のリソースは十分でないという現実があります。この解決策としては，モニタリング機能を第3の防衛線である内部監査部門にのみ集中させずに，第1および第2の防衛線を充実させることです。すなわち組織内で日常的モニタリング（CSA）と，独立的評価（内部監査）のバランスをとることが効果的であると言えます。

また本節の最初に述べたように，我が国企業に一般的な統制環境から，内部昇格の歴代の経営者（組織トップ）も事業部門において永年勤務しており，品質不正の存在を知っていて黙認している，いわゆるトップまで関与した組織ぐるみの不正というケースがないとは言えません。このようなケースで不正を正そうとしたら，内部通報制度の関連でも解説したように，組織トップが最終通報先である内部通報制度は機能しません。通報が握りつぶされてしまうからです。したがって，ガバナンス機関（取締役会，監査役(会)，監査（等）委員会，監事など）とも内部通報制度であがってきた情報を共有する仕組みを作っておくことが非常に重要です。

⑥　ICT への対応

最後の要素である ICT に関しては③統制活動（コントロール）と関係しています。品質検査不正や試験データ改ざんというのは，人間の手を介した手続きで起きます。この点は不正のトライアングルで論じた「動機（プレッシャー)」と「正当化」に関係します。この2つの要素があったとしても，検査プロセスを自動化し，人間の手を極力介在しないようにすれば，不正の「機会」を減らすことができます。不正は「動機」,「正当化」,「機会」の3要素が揃った時に初めて実際に発生するからです。したがって，この ICT

の活用を積極的に導入していけば品質不正のリスクを大きく低減できるものと思います。

以上「3本の防衛線モデル」を用いて，なぜ組織内で品質不正が起きてしまうのか，どのようにしたら品質不正を予防，早期発見できるかという点について，内部統制の構成要素ごとに筆者の考えを述べました。製造企業のみならずサービス業など，その他のインダストリーに属する企業，そして事業運営を担う公的機関，国民生活に影響が大きい社会インフラを提供する公共機関（公共企業を含む），病院などの医療機関，私立学校などの教育機関など，広義の公的組織全般とも共通する点が多々あると思います。また品質不正に限らず，他の種類の不正にも応用できると考えますので，参考にして実務に落とし込んでいただければと思います。

COLUMN ⑧　不正事案調査におけるフレームワークの有用性

本書では，第1部で内部統制に関する概念的枠組み，第2部でそのうちのリスクマネジメントのフレームワークを活用した具体的取組を解説しています。読者のなかに第1部の解説が，理論に偏って実務への応用という点で有用性が低いのではないかと感じられた方もいらっしゃるのではないかと思います。そこで，フレームワークの有用性に関する筆者の経験を共有したいと思います。筆者は監査法人勤務時代に公的使命を有する企業など広義の公的組織に内部統制，リスクマネジメント，ガバナンス体制導入などの業務を提供していました。その際，内部統制・リスクマネジメントの隣接領域であるフォレンジック（不正調査）部門と密接に連携して多くの業務を実施しました。例えば，企業不正・不祥事を起こした企業が自ら組成した第3者委員会の調査委員の実務補助者として，何故そのような事案が発生してしまったのか，今後どうすれば再発が防止できるのかという点に関して，第3者委員会調査報告書の該当部分をドラフトしました。このような調査業務では，不正・不祥事を起こした企業の役員や数多くの幹部職員にインタビューし，膨大な量の関連資料を読み込み，情報を整理分類，理解したうえで不正の発生原因，再発予防策をごく短期間のうちにポイントを押さえ簡潔に事実と，あるべき論をまとめる必要があります。このような業務に最初に従事した際，筆者は与えられた時間の短さと，処理する情報量の多さ，今後の再発予防策提言に関する責任の重圧に圧倒されました。しかしその際，これらを内部統制の目的，例えば「財務報告の信頼性」，「法令遵守」の目的に沿って，「統制環境」，「リスクの識別」，「統制活動」などの構成要素別に情報を整理した結果，何が欠けていたのか，再発予防のためには何を補強すべきか，という点が非常に効率的・効果的に思考を整理でき，期限内にドラフトを提出することができました。この経験を通じて，限られた時間内で組織における複雑な事象を整理・分類し，あるべき論を論じる際には，内部統制関連の各フレームワークがいかに有用かという点を実感しました。したがって，本書の読者の方も，ぜひこれらの優れたフレームワークを活用して，効率的に実効的内部統制の構築や監査の実務にあたっていただければと思います。

第2部　第3章注

1）RCSA について

RCSA の欧米における普及については，以下の書籍が参考となる。RCSA の概念的な説明にとどまらず，実務の観点からも丁寧に解説しており，参考となる。

プロティビティ LLC「リスク・コントロール・アセスメント―組織を強くするリスクマネジメントと内部統制浸透の推進ツール―」同文舘出版，2015 年

2）内部監査の使命および定義

内部監査に関する国際的職業団体である IIA（下記注 3 参照）による内部監査の国際的なフレームワーク（International Professional Practice Framework：IPPF）によると内部監査の使命および定義は以下のように記述されている。

【内部監査の使：Mission of Internal Audit】
リスク・ベースで客観的なアシュラランス，アドバイス，見識を提供することにより，組織体の価値を高め，保全する。（To enhance and protect organizational value by providing risk-based and objective assurance, advice, and insight.）

【内部監査の定義：The Definition of Internal Auditing】
内部監査は，組織体の運営に関し価値を付加し，また改善するために行われる，独立にして，客観的なアシュアランスおよびコンサルティング活動である。内部監査は，組織体の目標の達成に役立つことにある。このためにリスク・マネジメント，コントロールおよびガバナンスの各プロセスの有効性の評価，改善を，内部監査の専門職として規律ある姿勢で体系的な手法をもって行う。（Internal auditing is an independent, objective assurance and consulting activity designed to add value and improve an organization' s operations. It helps an organization accomplish its objectives by bringing a systematic, disciplined approach to evaluate and improve the effectiveness of risk management, control, and governance processes.）

3）IIA（内部監査人協会）について

IIA は 1941 年に米国で発足した歴史のあるグローバルな職業団体である。世界各国に代表機関を設置しており，日本においても「一般社団法人日本内部監査協会」として，グローバルの知見をベースにしつつ，我が国の組織文化に根差した内部監査の研

究や啓もう活動を展開している。IIA は内部監査に関する国際的資格である「公認内部監査人（CIA)」等の資格認定も行っている。

4）内部監査の独立性

内部監査の国際的なフレームワーク（International Professional Practice Framework：IPPF 上記注 2 参照）において，内部監査を実施する組織や個人の属性に関する基準は「属性基準（Attribute Standards)」に定められており，以下の記述がある。

1100―独立性と客観性

内部監査部門は，**組織上独立していなければならず**，内部監査人は，内部監査の業務（work）の遂行に当たって客観的でなければならない。

5）内部監査のレポーティングに関する開示布令

金融庁ホームページに掲載された説明資料『「企業内容等の開示に関する内閣府令」等の改正案の公表について』中の『【2】コーポレートガバナンスに関する開示（第二号様式 記載上の注意「(54) コーポレート・ガバナンスの概要」，「(56) 監査の状況」』を参照した。この箇所に「内部監査の実効性（デュアルレポーティングの有無等について，記載を求めることとします。」と記載されている。※筆者が原文から内部監査以外の箇所の記述を一部削除した。

第4章
内部統制の限界を超える補完的仕組みとガバナンス

内部統制の限界を超える補完的仕組み

本書第2部ではこれまで，実効的内部統制の構築と展開のための，リスクマネジメントを活用した取組について，第1部で解説した内部統制のフレームワークをベースとして，筆者がこれまでの調査研究などから学んだ方法論・具体例を解説しました。また，筆者が過去の実務経験から得た実践知の中から，多くの組織に適用が可能と考えるノウハウを共有しました。民間企業にとっても，独立行政法人等の公的機関，そしてより幅広い広義の公的組織全体にとって有用であると考えますので，ぜひ各組織で実務に応用して頂きたいと思います。本第2部第4章が本書全体の最終章になります。ここで，第1部第1章の「内部統制の限界」のなかでお約束したように「内部統制の限界を超える補完的仕組み」について論じたいと思います。内部統制の4種類の限界項目ごとに，その限界を超える補完的仕組みについて論じます。ただし，これらの仕組みに関する基本的考え方については，本書の随所で解説していますので，ここでは重複を避ける意味で，極力簡潔に述べます。そして読者の方に，本書内の情報を改めて参照していただけるよう，キーワードと該当箇所を記します（【図表2-4-1】参照)。

(1) 判断の誤り，不注意，複数の担当者による共謀

① 判断の誤り

内部統制が「組織内のすべての者によって遂行されるプロセス」すなわち人の手を介して行われるプロセスである以上，判断の誤りを完全に排除することはできません。しかし，内部統制の構成要素である「情報と伝

【図表 2-4-1】

【内部統制の定義】 内部統制とは，組織運営上の目的が達成されているとの合理的な保証を得るために，業務に組み込まれ，組織内のすべての者によって遂行されるプロセスである。 【内部統制の限界】 （1）内部統制は，判断の誤り，不注意，複数の担当者による共謀によって有効に機能しなくなる場合がある。 （2）内部統制は，当初想定していなかった組織内外の環境の変化や非定型的な取引等には，必ずしも対応しない場合がある。 （3）内部統制の整備及び運用に際しては，費用と便益との比較衡量が求められる。 （4）経営者が不当な目的の為に内部統制を無視ないし無効ならしめることがある。 ※いわゆるマネジメント・オーバーライド

出典：（金融庁）内部統制基準「Ⅰ．内部統制の基本的枠組み」中の「3．内部統制の限界」（8 頁）を引用し，アンダーラインおよび※のコメントは筆者が付した

達」を徹底することによりリスクを低減することができます。具体的には「規程類の整備」を進め，重要な事項から優先的に組織を構成する全員の「知識」レベルのみならず「意識」のレベルまで浸透するよう，研修などを通じて教育することです。特に，当初想定していなかった状況に際しては，直接該当するルールがなくとも各組織構成員が正しい判断を行い，正しい行動がとれるよう，最重要なルールとして，企業理念（組織理念）や行動規範（コードオブコンダクト）を組織トップから繰り返し発信することが重要です。

【キーワードと本書該当箇所】
・規程：第 2 部第 2 章　内部伝達の具体例–1（規程類の整備）
・企業理念：第 2 部第 2 章　内部伝達の具体例–2（企業理念）

② 不注意

上記「判断の誤り」同様，人の手を介して行われるプロセスは，不注意によるミスを完全に排除できません。しかし重要な手続きに関しては，一人の人間に任せるのではなく，複数の人間で確認するいわゆる Four Eyes

Principle（4つの目，すなわち2人によるチェック原則）によるダブルチェックを義務付けることにより，リスクを低減することができます。この場合上司による縦の牽制（承認），職務分離された者による横の牽制（例：出納と記帳の分離など）が考えられます。

【キーワードと本書該当箇所】

・内部牽制：第1部第2章　「内部牽制」から「内部統制」へ

・統制活動：第2部第2章　リスクへの対応と統制活動

③　複数の担当者による共謀

組織内にこの「複数の担当者による共謀」が存在した場合，不正が行われていても容易に発見することはできません。たとえば上記の Four Eyes Principle を導入していたとしても，上司と部下，または出納担当者と記帳担当者が共謀することによって，上記の内部牽制や統制活動を簡単に無効化することができます。組織ぐるみの不正はこの極端なケースです。これは，まさに内部統制（牽制）の限界です。しかし，不正が永年継続すると，例えば顧客からのクレーム，財務諸表上の歪み（例：貸し倒れの増加や利益率の極端な変化等）などの客観的事実として不正の兆候が表れることがあります。また，不正行為者の行動に兆候（例えば，派手な生活，年次休暇をとらない等）が表れることがあります。このような場合，組織のなかでこれらの兆候に気づいた者が警告を発することができる内部通報制度を導入し，制度活用のバリアを下げれば早期発見することも可能です。特に，外部との共謀は更に発見が難しくなりますので，その場合は組織のホームページなどに通報受付窓口を設置し外部からの通報を受け付ける等の工夫が必要になります。また，不正のトライアングルなどの不正に関するある程度の知識をベースに，不正の存在を念頭に入れた内部監査を実施することも重要です。

【キーワードと本書該当箇所】

・内部通報：第2部第2章　内部伝達の具体例-4（内部通報制度）

・内部監査：第2部第3章　自己評価（CSA）と内部監査
・不正のトライアングル：第2部第3章　近時多発している品質不正問題についての考察

（2）組織内外の環境の変化，非定型的な取引等

①　組織内外の環境の変化

リスクマネジメントを活用した実効的内部統制活動の第1歩は，内部統制の最初の構成要素である統制環境（内的要因，外的要因）の把握です。新たな環境では新たなリスクが発生します。内的要因としては例えば，業務の大半が組織内で完結しており，組織内の固定的メンバーを対象とした統制活動は，組織外に業務を委託している状況に適合しません。新たな外的要因としては例えば，情報漏洩リスクに対して，紙ベースの業務プロセスにおける統制活動は，リアルタイム・オンラインなどのシステム化されたプロセスには必ずしも適合しません。環境は日々変化します。したがって，最新の内部および外部統制環境の変化をよく分析したうえで，新たな環境でのリスク識別・評価，統制活動の設計が必要です。

【キーワードと本書該当箇所】
・統制環境の分析：第2部第1章　統制環境（内的要因）
・統制環境の分析：第2部第1章　統制環境（外的要因）

②　非定型的な取引等

内部統制は，同じ環境下の定型的・反復的な業務プロセスに対しては効果的に働きます。長い業務経験から，リスクがある程度想定でき，それに対するコントロールをデザインし，導入できるからです。しかし，前述のような環境の変化や，突発的な非定型的な取引等には，リスクやそれに対するコントロールの経験値がなく，有効に機能しないことがあります。このような取引には，知識と業務経験が豊富で不測の事態にも柔軟に対処できる者を配置するなどの対応が必要です。更に，規定されていない事象が起きたときの経営者への緊急報告方法などを予め定めておき，柔軟に対応

できるようにしておくことも重要です。

また，取引とは異なりますが，事業運営においては危機が突発的に発生し，受動的かつ緊急に対応する必要に迫られることがあります。このような時に備えて，一般的なリスクマネジメントの取組の例外として，別途クライシスマネジメントの対応が必要です。例えば，想定外の危機や，災害などの緊急事態に際し，損害を最小限に抑えるために事前に危機発生時の行動計画である CMP（Crisis Management Plan：危機管理計画）を策定する，事業の継続や早期復旧を図るために BCP（Business Continuity Plan：事業継続計画）を策定するなどです。また，突発的に発生したレピュテーションリスクに対しては非常時の指揮命令系統や対応方針を予め明確にしておくなどの緊急時の広報体制を準備しておくことが重要です。

【キーワードと本書該当箇所】

・**リスクマネジメント**：第 2 部第 2 章　リスクへの対応と統制活動

・**クライシスマネジメント**：第 2 部第 2 章　統制活動の例外（危機対応）

・**緊急連絡体制**：第 2 部第 2 章　内部伝達の具体例-3（平時および緊急時の報告経路）

・**緊急時の広報体制**：第 2 部第 2 章　外部伝達の具体例

(3) 費用と便益との比較衡量

利潤を追求すべき企業においても，予算制約のある公的機関においても，統制活動からもたらされる便益（リスク予防効果等）より，大きな費用をかけて内部統制の整備・運用はできません。これは現実世界における内部統制の限界です。したがって，リスクの高い項目によりコストをかけて優先的に内部統制を構築・運用します。更に，それらのリスクの高い項目には，より多くの内部監査のリソースを投入し，発生した際に最もダメージの大きいリスクに対するコントロールが確実に低減され，残余リスクが許容レベル未満であることを確認することが重要です。これをリスクベースの内部統制・内部監査と呼びます。一般に内部監査のリソースはどこの組織も潤沢ではありません。したがって，組織内の限られた内部監査リソースを最大限に活用し独立的評価の充実を図るという目的においても，被監査部署である事業部門，およびコーポレート部門自身による日常的モニタリングの充実，すなわち定期的自己評価（CSA）の制度的導入が非常に効果的です。

【キーワードと本書該当箇所】
・リスクの評価：第2部第1章　リスクの評価（測定・集約）
・最重要リスク：第2部第1章　最重要リスクの決定
・残余リスク：第2部第3章　自己評価（CSA）と内部監査
・リスクベースの内部監査：第2部第3章　3本の防衛線モデル

(4) マネジメント・オーバーライド

内部統制の最終的な責任者は組織のトップ（社長，CEO，理事長等）です。責任が大きい分，組織内の権限も絶大です。したがって，いかに精緻な内部統制システムが整備されていようと，組織トップはその統制を無視，無効化することができます。これをマネジメント・オーバーライドと言います。事実国内国外を問わず，これまで明らかになっている大型の会計不正（粉飾決算）は例外なく経営者が主導しています。これは組織トップが責任と権限を有する内部統制の大きな限界と言えます。したがって，組織トップをけん制するための，別の枠組みが必要になります。これがコーポレート・ガバナンス・システムです。この点は内部統制システムの枠を越える，深い議論が必要になりますので，次の節でより紙幅をとって論じます。

【キーワードと本書該当箇所】
・デュアルレポーティングライン：第2部第3章　3本の防衛線モデル
・コーポレート・ガバナンス：第2部第3章　近時多発している品質不正問題についての考察

両輪として機能する内部統制とガバナンス

本書の第1部第1章の「内部統制とは何か」で，筆者は組織を船舶に，そして内部統制をその船舶の運航システムに例え，活動の最終的な責任者は船長であるとしました。そして船長の指揮のもと，すべての乗員がそれぞれの持ち場で役割を果たすことにより，はじめて船舶が安全に運航し予定日時に予定した目的地に到着できるとしました。したがって，船長は船舶の上では絶大な権限を有しており，すべての乗員を従えます。しかし，いかに有能な船長であっても常に万能ではありません。永年の経験を過信し，誤った判断をするかもしれません。例えば，予定日時の到着を優先するあまり，あるいはそのプレッシャーにより，安全運航という本来の最優先事項に対するリスク認識が弱まり，対応が疎かになってしまうなどです。たとえこのような場合でも，幸運にも何事も起こらないこともあります。しかし運行環境（例えば，氷山の出現）によっては，悲惨な結果になりかねません。第1章で例としてあげたタイタニック号の事故がまさにそのケースであったと考えます。

船長は，企業でいえば経営者（社長，CEO など）であり，独立行政法人のような公的機関においては理事長などです。いかに経験豊富で優秀な者でも，組織トップとしての過去の成功体験に基づく過信から，新たな環境変化に気づかず経営判断を誤ることがあります。また，最初は誠実かつ謙虚な者でも，永年組織トップの座に君臨した結果，絶大な人事権などを背景に組織内の絶対権力者と化し，専横的な組織運営をすることがあります。このような場合，他の者が意見を言いにくい息苦しい風土となり，不正や不祥事に発展しがちです。更に極端なケースでは，自身の利益のために権力を乱用，あるいは自身に都合のよい，しかし全体の利益にならない誤った方向に組織を導くことがあります。そのようなことを防止し，組織本来の目標の達成をより確実にするために必要なセイフティ・ネットのシステムがガバナンスです（【図表 2-4-2】参照）。

企業におけるガバナンスはコーポレート・ガバナンスと呼ばれます。企業組織の機能としては事業運営を担当する「執行」が重要ですが，そのほかに執行を「監督」し（取締役会の責任），「監査」する機能《監査役（会）ないし監査（等）委員会の責任》も必要です。コーポレート・ガバナンスにおける「監督」の機能は，英語で「Oversight」と言います。筆者が尊敬するある経営者は，企業における取締役会の「監督」のイメージは，野球の監督で

【図表 2-4-2】

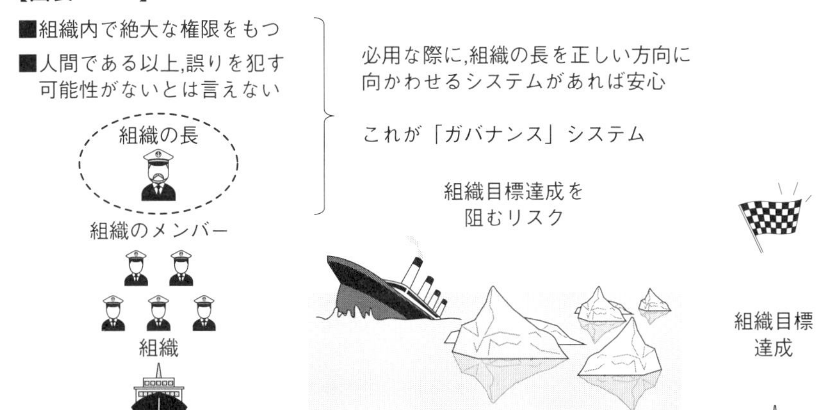

出典：筆者

はなく，ラグビーの監督に近くあるべきだと言っておられました。ラグビーの監督は，野球の監督のようにベンチから直接選手にバントや盗塁などの個別の指示はしません。試合中はベンチに入らず，個別の判断は基本的に選手たちのリーダーであるキャプテンに任せます。そして，少し離れた高い位置のスタンドからゲーム全体の流れを見渡しています（Oversight）。しかし，本当に重要な局面には選手交代などの指示をします。同様に，企業運営では執行の長である社長・CEO に事業運営を任せていても，大きな判断の誤り，公私混同などの兆しが見られた時には「No」と言える「監督」機能を有するのが取締役会です。近年のコーポレート・ガバナンスは，このような「守り」の役割のみならず，いわゆる「攻め」のコーポレート・ガバナンスも必要とされてきています。例えば，経営環境が大きく変化し既存事業の継続だけでは先細りが明らかな場合，新規分野への進出や積極的な投資等，経営者の迅速かつ果断な意思決定（リスクテイク）を促し，企業（株主）価値向上を目指すことが求められています。あるいは，時代や外部環境に適合しない回復の見込みのない事業セグメントからは，たとえそれがこれまで屋台骨として支えてきた祖業であっても思い切って退出，ないし外部に売却するなどの意思決定が必要です。競争社会ではリスクのないところにリターンはないため，成長のために必要なリスクはとらなければなりません。検討を重ね，成長機会のある分野でリスクテイクし，そのリスクを確実にコントロールすることによって目標（株主価値向上）を達成することが求められます。これに加えて近年は，ESG（環境，社会，ガバナンス）やサステナビリティという言葉に代表されるような，環境や社会に対する責任を果たし，株主以外のステークホルダーへの貢献も重要になってきています。更に，社内の人材や，人材が持つ能力を資本として捉えて経営にあたる「人的資本経営」の考え方も必要とされてきています。特に，外部への説明責任と経営に透明性が強く求められる上場企業にとっては，これらの環境や人的資本に関する取り組み内容を非財務情報として，財務情報と併せて社外に開示することが義務とされる近年の流れがあります[1)]。したがって，これらの取組において，もし経営者に真摯な姿勢がみられず対応が後ろ向きであれば，その背中を押してESGや人的資本経営を促すことも新たな「監督」機能として期待されています。

企業運営におけるもう１つの機能である「監査」は，執行機能が適法かつ適切に運営されているかをモニターする仕事です。まず財務情報が（近年は，非財務情報も）正確に記録され，適時，適切に開示されているか，組織外部の会計監査人（公認会計士）と連携し監査する役割，すなわち会計監査を担います。これに加えて，業務監査の役割も担います。近年では特に３本の防衛線モデルの箇所で論じたように，取締役である監査（等）委員や監査役といった監査担当役員が組織内部の監査人である内部監査部門を直接指示，または連携することにより，リスクが有効にコントロールされ，残余リスクが許容範囲内におさまっているかについて評価することも期待されています。その意味では，企業価値の棄損を未然に予防しつつ企業価値を継続的に向上させるための「執行」の機能が正しく働き，更に「監督」と「監査」の機能が健全に働く，実効性のあるコーポレート・ガバナンスが益々重要になってきています。

コーポレート・ガバナンスが，以上の役割を果たすためには「監督」「監査」を担当する役員が「執行」の長である社長・CEO に対して精神的に従属せずに，独立した立場で業務にあたることが重要です。また，個々の役員の資質，能力が重要なことは言うまでもありません。上場企業などでは，各役員が保有するスキルを一覧表の形でまとめた「役員スキルマトリックス」が公表されています。最低限のスキルとして本書の主題である，組織の価値棄損を予防し目標達成のための仕組みとしての内部統制の本質を役員全員が理解していることが必要です。資本と経営が分離した近代経営では，企業の所有者ではあるものの企業の外にいて日常的に経営に口出しできない株主が，株主総会において取締役（ないし監査役）を選任します。したがって，株主から選ばれた取締役（ないし監査役）が，執行経営者をモチベートし，時には牽制することにより，株主や顧客，従業員そのほかのステークホルダーの期待に応えるべく方向づけることが重要です。

内部統制に関連して，企業は様々な切り口で分類できます。たとえば会社法上の「大会社」とそれ以外，または上場企業とそれ以外（非上場企業）の2区分，あるいは，会社機関設計の違いによる主たる3区分《監査役（会）設置会社，監査等委員会設置会社，指名員会等設置会社》などです。制度としての内部統制，コーポレート・ガバナンスはそれぞれの組織区分ごとに求められるものが異なります。しかし，前述の組織目標達成をより確実にするためのセイフティ・ネットとしてのガバナンスシステム，すなわち「執行」，「監督」，「監査」機能についての基本的な考え方，根本原則は概ね共通であると言えます。

続いて，純粋な民間企業以外の幅広い組織形態をとる広義の公的組織のガバナンスについて論じたいと思います。これらの組織においても，純粋民間企業同様に様々な区分があります。まず，本書第1部で解説したように，企業組織に次いで内部統制制度が導入された独立行政法人，国立大学法人など，次いで導入された地方自治体があります。更に，政府出資の特殊法人（会社組織をとる「特殊会社」を含む）があり，公益法人や社会福祉法人などの組織形態もあります。加えて，多くの税金が補助金として投入されているという意味で，私立大学などの学校法人については，そのガバナンスの在り方が問われており，2025年4月施行の私立学校法改正によって制度としての内部統制が導入されます。これら学校法人も，教育・研究機関として社会の期待に応えるために今後質の高いガバナンスの導入が必要な公的組織といえます。企業組織におけるガバナンスの根本原理が会社の区分を超え概ね共通であるのに対し，これらの公的機関，公共機関の組織はバライティに富んでおり，そこにおけるガバナンスシステムは組織区分によって大きく異なり，一口でまとめることは極めて困難です。したがって，ここではまず公的機関としては内部統制制度の歴史が最も長く，それゆえ内部統制と両輪で機能するガバナンスについてもこれまで討議されてきている独立行政法人のガバナンス構造を，公的機関の代表として概観してみたいと思います（【図表2-4-3】参照）。

【図表 2-4-3】

〈独立行政法人におけるガバナンス構造（イメージ）〉

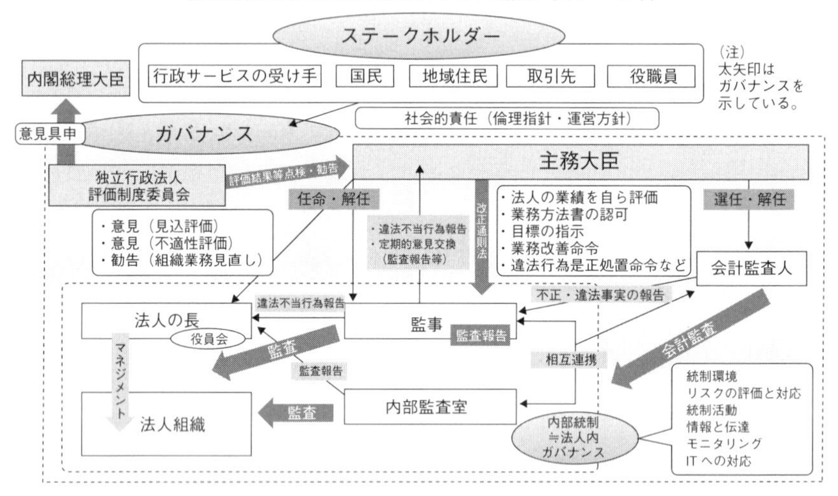

出典：「独立行政法人評価制度の運用に関する基本的考え方～独立行政法人の政策実施機能の最大化のために～」令和4年（2022年）4月8日独立行政法人評価制度委員会決定，3～4頁に掲載された図表「〈参考〉独立行政法人におけるガバナンス構造（イメージ）」より

改めて言うまでもありませんが，独立行政法人とは，公共上の見地から確実に実施されることが必要な事務・事業のうち，国が直接実施する必要はないが民間にゆだねると実施されないおそれのある業務などを実施する法人で

す。国の機関の一部を切り出して，あるいは特殊法人から移行して設立されています。特徴としては，質の高い行政サービスを国が直接提供するよりも柔軟に提供できるよう企業的な経営手法を取り入れている点があげられます。例えば，運営交付金による財源措置として，使途の内訳は特定せず翌年度に繰り越すことが可能であり，更に法人の特性に応じて人事・給与制度を柔軟に決めることができます。また，民間人登用を含めた適材適所の役員人事が可能です。そして，役員（理事）の任免権などの権限を法人の長（理事長）に集中させ，そのリーダーシップのもと柔軟な業務運営を行うことで，それぞれの法人のミッションを達成することが期待されています。一方ガバナンスについても，企業会計原則による会計処理の透明性を確保している点，業務・財務運営に関する事項の公表と，一定規模以上の法人について会計監査人による監査を義務付けている点，企業における「社外監査役」に相当する「外部監事」を設置する点，などの企業と部分的に共通する仕組みが導入されています。これらのガバナンスの仕組みは，独立行政法人に内部統制の導入が義務付けられた 2013 年（平成 25 年）閣議決定の改正通則法による独法改革により強化されています[2)]。ここで，独立行政法人におけるガバナンスの仕組みを，企業組織のそれと対比する目的で分かり易く，違法行為等不祥事予防のための「守り」のガバナンスと，組織ミッション達成のための「攻め」のガバナンスにあえて別けて考えてみたいと思います。この場合，筆者は独法改革における主な施策を大きく以下のように整理できると考えています。

1）守りのガバナンス（法人の内部ガバナンス強化）

■法人内における独立機関である監事機能を以下のように強化

- 監事および会計監査人の調査権限の明確化
- 役員の不正行為等についての主務大臣等への報告および監査報告作成を義務化
- 主務大臣と監事との定期的な意見交換を実施
- 監事と会計監査人および第 3 者機関（独立行政法人評価制度委員会）との連携強化

・監事を補佐する体制の整備 等

2）目標達成のための攻めのガバナンス（外部から点検する仕組み導入）

■法人が政策実施機能を発揮するうえで以下の PDCA サイクルを強化

・主務大臣が責任をもって法人に対して的確・明確なミッションを付与

・主務大臣自ら毎年法人に対し行政評価を実施

・主務大臣による評価の客観性や政府全体としての整合性を確保するため，第 3 者機関（独立行政法人評価制度委員会）が点検し，必要な場合主務大臣に対して意見を述べる仕組みを導入 等

上記の要約から判断するに，独立行政法人のガバナンスシステムは企業の仕組みとは異なり，組織目標達成のための「攻め」のガバナンスは，主として法人外の，主務大臣と政府唯一の第三者機関である独立行政法人評価制度委員会[3)]が担っていると言えると筆者は考えます。一方，違法行為の防止等の「守り」のガバナンスは主として法人内の独立機関である監事が担っており，この点は企業組織の監査役に似ています。また，公的機関としての独立行政法人にとって，企業の株主にあたるステークホルダーは納税者であり，企業の顧客にあたるのは当該の独立行政法人が提供する行政サービスの利用者である国民全体になります。したがって，組織が国民全体の利益に叶う行動をとるためには，法人のミッションを有効かつ効率的に果たすため法人の長（理事長）が組織内に整備・運用する仕組みとしての「内部統制」がまず必要です。そして，法人外の主務大臣と法人内の監事を中心とした「攻守の」「ガバナンスを両輪として機能させる必要があります。これが機能せず，ミッションを果たせないばかりか，違法行為が起きてしまうような法人は消滅の結果となりかねないということは歴史が示すとおりです。

次に，2025 年 4 月施行の私立学校法改正により導入される私立学校法人のガバナンス構造について，公共機関におけるガバナンス改革の事例として概観してみたいと思います[4)]。本書第 1 部第 5 章の最後の節で述べたように，今回の私立学校法の改正は，2021 年以降相次ぎ発生し，世間を騒がせた私立大学の不正・不祥事，例えば理事長による横領・背任などの法人トッ

プによる逸脱行為などを背景として，特に私立大学法人のガバナンス強化が喫緊の社会的重要課題とされてきたことが背景にあると筆者は考えています。その意味で，ガバナンスをあえて「守り」と「攻め」の２種類に区分した場合，今回の私立学校法改正によるガバナンス改革は，「守り」のガバナンスの要素が強いと言えます。文部科学省の説明資料によれば，具体的には『「**執行と監視・監督の役割の明確化・分離**」の考え方から，理事・理事会，監事及び評議員・評議員会の権限分配を整理し，私立学校の特性に応じた形で「建設的な協働と相互けん制」を確立』という点がポイントです（【図表2-4-4】参照）。この「執行と監視・監督の役割の明確化・分離」という考え方は，先に解説した民間企業におけるガバナンス，すなわちコーポレート・ガバナンスの基本思想と同様です。

【図表 2-4-4】

私立学校法の一部を改正する法律の概要

趣旨

我が国の公教育を支える私立学校が，社会の信頼を得て，一層発展していくため，社会の要請に応え得る実効性のあるガバナンス改革を推進するための制度改正を行う。
幅広い関係者の意見の反映，逸脱した業務執行の防止を図るため，理事，監事，評議員及び会計監査人の資格，選任及び解任の手続等並びに理事会及び評議員会の職務及び運営等の学校法人の管理運営制度に関する規定や，理事等の特別背任罪等の罰則について定める。

概要

「執行と監視・監督の役割の明確化・分離」の考え方から，理事・理事会，監事及び評議員・評議員会の権限分配を整理し，私立学校の特性に応じた形で**「建設的な協働と相互けん制」**を確立。

出典：文部科学省説明資料「私立学校法の改正について」４頁の図表「私立学校法の一部を改正する法律の概要」から筆者が分割抜粋

更に具体的には，以下の変更が求められています（【図表2-4-5】参照）。

上記の改正により，従来は法に違反しない限り当該法人の裁量で比較的自由に「寄付行為」で定めることができていたものが，今回の私立学校法の改正により役員等の資格・選解任の手続等について，「理事選任機関を寄附行為で定める。理事の選任にあたって，理事選任機関はあらかじめ評議員会の意見を聴くこととする。理事長の選定は理事会で行う。」というふうに変更

【図表 2-4-5】

概要

「執行と監視・監督の役割の明確化・分離」の考え方から，理事・理事会，監事及び評議員・評議員会の権限分配を整理し，私立学校の特性に応じた形で**「建設的な協働と相互けん制」**を確立。

1．役員等の資格・選解任の手続等と各機関の職務・運営等の管理運営制度の見直し

①理事・理事会

●理事選任機関を寄附行為で定める。理事の選任に当たって，理事選任機関はあらかじめ評議員会の意見を聴くこととする。（第 29 条，第 30 条関係）

●理事長の選定は理事会で行う。（第 37 条関係）

②監事

●監事の選解任は評議員会の決議によって行い，役員近親者の就任を禁止する。（第 31 条，第 45 条，第 46 条，第 48 条関係）

③評議員・評議員会

●理事と評議員の兼職を禁止し，評議員の下限定数は，理事の定数を超える数まで引き下げる。（第 18 条，第 31 条関係）

●理事・理事会により選任される評議員の割合や，評議員の総数に占める役員近親者及び教職員等の割合に一定の上限を設ける。（第 62 条関係）

●評議員会は，選任機関が機能しない場合に理事の解任を選任機関に求めたり，監事が機能しない場合に理事の行為の差止請求・責任追求を監事に求めたるすることができることとする。（第 33 条，第 67 条，第 140 条関係）

④会計監査人

●大臣所轄学校法人等では，会計監査人による会計監査を制度化し，その選解任の手続や欠格要件等を定める。（第 80 条～第 87 条，第 144 条関係）

2．学校法人の意思決定の在り方の見直し

●大臣所轄学校法人等においては，学校法人の基礎的変更に係る事項（任意解散・合弁）及び寄附行為の変更（軽微な変更を除く。）につき，理事会の決定に加えて評議員会の決議を要するこことする。（第 150 条関係）

3．その他

●監査・会計監査人に子法人の調査権限を付与する。（第 53 条，第 86 条関係）

●会計，情報公開，訴訟等に関する規定を整備する。（第 101 条～第 107 条，第 137 条～第 142 条，第 149 条，第 151 条関係）

●役員等による特別背任，目的外の投機取引，増収賄及び不正手段での許可取得についての罰則を整備する。(第 157 条～第 162 条関係）

出典：文部科学省説明資料「私立学校法の改正について」4 頁の図表「私立学校法の一部を改正する法律の概要」から筆者が分割抜粋

となりました。学校法人の「寄附行為」とは，民間企業の定款や独立行政法人における業務方法書に相当する法人基本文書です。各学校法人では法改正に伴い，理事・理事会，監事及び評議員・評議員会の権限分配を整理し，寄付行為の変更を検討し，実効的ガバナンスシステムを構築することが求められます。また，大臣所轄学校法人等では会計監査人（公認会計士）の設置義務，および内部統制システムの整備義務が生じました。更に，特に規模の大きい大臣所轄学校法人等では常勤監事の選定義務も生じています。ただし，文部科学省による法改正説明資料中の「私立学校法改正に関る基本的な考え方」においてガバナンス改革の目的は以下のように記されています。

【ガバナンス改革の目的】
ガバナンス改革は，**学校法人自らが主体性をもって行わなければならない**。ガバナンス改革は「手段」にすぎず，それ自体が「目的」ではない。ガバナンス改革は，私学助成や基金などの他の政策手段とあいまって，**私立学校の教育・研究の質を向上させるための１つの手段である**。

【図表 2-4-6】

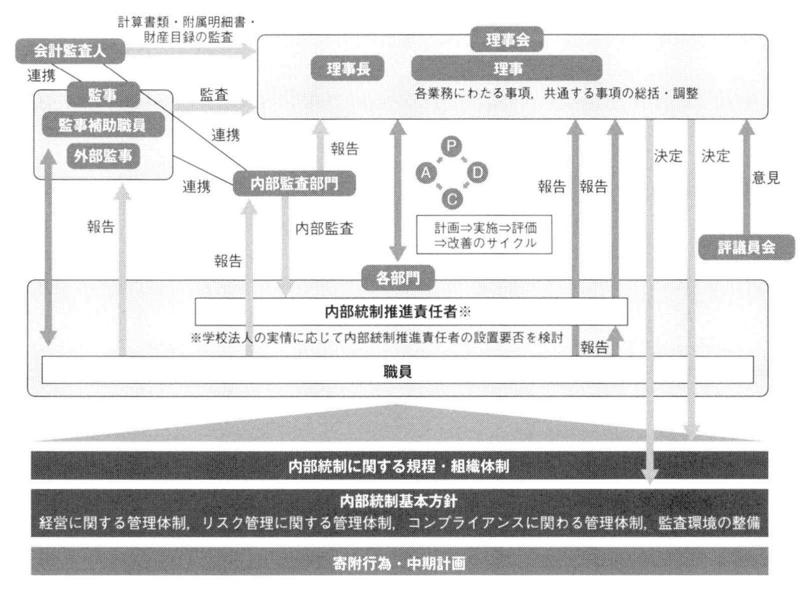

出典：文部科学省説明資料「内部統制システムの整備について」8 頁の図表より

したがって，各学校法人においては 2025 年 4 月施行の法改正に伴う**当面の対応**として，理事・理事会，監事および評議員・評議員会の権限分配を整理し，寄付行為の変更を検討することが求められますが，**より長期的な対応**も必要です。それは，各学校法人がそれぞれ固有の建学の精神に立ち返り，不祥事等予防のみならず，より長期の視点で教育・研究機関としての本来の目的・目標達成を妨げる重要リスクを識別し，それに対するリスクマネジメントとしての PDCA サイクルを回していくことであると筆者は考えます。換言すると，教育・研究機関として一層の組織価値向上に資する仕組みとしての「攻守」の両要素を兼ね備えた健全なガバナンスシステムを構築し，実効的な内部統制システムとあわせ，両輪として機能させていくことが重要であると考えます（【図表 2-4-6】参照）。

本章の最後に本書全体のまとめとして，企業，公的機関，公共機関などの広義の公的組織において内部統制活動を形骸化させず実効的なものとして組織目標達成に役立てるためには，本第 2 部を通して解説したリスクマネジメントを活用した取組を，組織トップが先頭にたち本気で活動を推進することが最重要である点をまずあげたいと思います。次に，内部統制にはマネジメント・オーバーライドという固有の限界があるため，それを補完する健全なガバナンスシステムの存在が必要不可欠であることをあげたいと思います。したがって，この 2 つが両輪として機能して初めて，組織の価値棄損を予防し目標達成のための仕組みとしての内部統制がその機能を実効的に発揮できるということを，改めて強調して本章，および本書全体の結びとさせていただきます。（【図表 2-4-7】参照）

【図表 2-4-7】

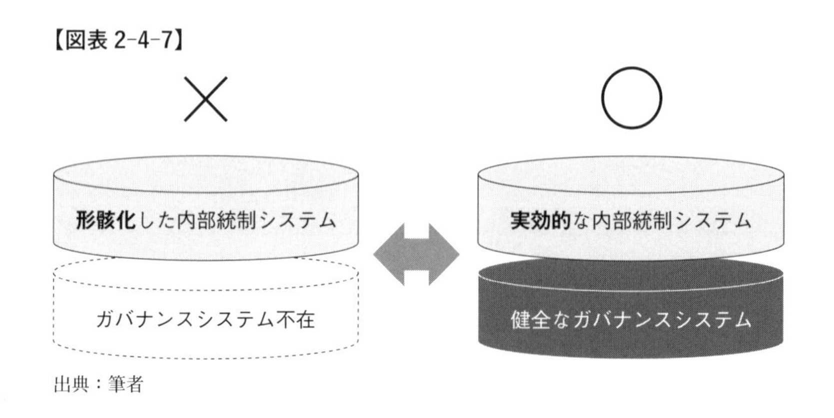

出典：筆者

第2部　第4章

1）サステナビリティおよび人的資本に関する開示義務

金融庁ホームページに掲載された説明資料『「企業内容等の開示に関する内閣府令」等の改正案に対するパブリックコメントの結果等について』別紙7「記述情報の開示に関する原則（別添）を参照した。サステナビリティ情報については「サステナビリティに関する考え方及び取組は，企業の中長期的な持続可能性に関する事項について，経営方針・経営戦略等との整合性を意識して説明する」とされており，人的資本については「人的資本，多様性に関する開示に当たって，女性管理職比率，男性の育児休業取得率，男女間賃金格差といった多様性に関する指標については，投資判断に有用である連結ベースでの開示に努めるべきである」とされている。

2）改正通則法による独法改革

内閣官房行政改革推進本部事務局「独立行政法人制度改革関連法案の骨子」《平成26年（2014年）4月》を参照した。

3）独立行政法人評価制度委員会

総務省ホームページでは「独立行政法人評価制度委員会は，政府唯一の第三者機関として，主務大臣が行う目標策定や業績評価をチェックする重要な役割を担っています。」されており，根拠法令は「独立行政法人通則法第12条」であるとされている。

4）私立学校法人のガバナンスと内部統制

文部科学省ホームページに掲載された説明資料「私立学校法の改正について」《令和6年（2024年）7月8日更新》，および「内部統制システムの整備について」を参照した。

おわりに

本書を最後までお読みいただきまして誠に有難うございました。本書では，第1部で内部統制の概念的枠組み，その源流から発展，洋の東西を問わず世間を騒がせた不正・不祥事を契機として内部統制が法制度化された経緯などを解説しました。そして第2部では，その概念的枠組みのなかから特にリスクマネジメントのフレームワークを活用した具体的な内部統制活動の取組内容を，理論面からだけでなく筆者の過去の実務家としての経験を踏まえて論じました。また第2部の最後で，組織の執行の長による積極的な活動推進が重要である内部統制に内在する，マネジメントオーバーライドという限界を補完するための仕組であるガバナンスについても論じ，内部統制とガバナンスが両輪として機能することが重要であることを強調しました。

本書の「はじめに」で述べたように，本書が元々読者層として想定していたのは，会計検査院が主催する「政府出資法人等内部監査業務講習会」に参加される法人，すなわち独立行政法人，国立大学法人，政府出資のある（特殊）法人などの組織に所属される方々でした。しかし，我が国において内部統制制度が導入されてから約20年が経過した現在においてもなお，企業や公的機関，教育機関など様々な組織における不正，不祥事が日常的に報道される昨今の現実に鑑み，その他の広義の公的組織，すなわち何らかの形で公的使命を帯びている，私立学校や病院，社会インフラを担う公共企業などの幅広い「公的組織」を対象とすることにしました。その結果，より幅広い読者の方々の参考となる本となったと思う反面，特に各組織の制度としての内部統制を解説した第1部において当初の予定を大幅に超過した頁数となってしまいました。本書が，様々な組織に属されている読者の方々にとって，ご自身の組織に求められる内部統制を理解されることのみならず，更にその他の組織に求められる制度を参考としていただき，内部統制全般に関する理解を深めていただける機会となったとしたら，筆者としては大変嬉しく思います。また，その第1部の理解を踏まえ，第2部で論じた各組織に概ね共通の具体的な活動内容を参考として，組織が価値棄損を予防し，目標達成するための仕組としての本来の内部統制を，各組織の実情にあわせてしっかりと構築していただくお役に立てるとしたら筆者としては望外の幸せです。

本書の出版にあたり，忙しいスケジュールのなかで筆者の原稿を読んでいただき貴重なアドバイスをいただいた公認会計士の久保惠一氏，弁護士・公認会計士の神庭 雅俊氏，本書出版の英断をいただいた白桃書房の社長大矢栄一郎氏，ごく短期間での編集に尽力いただいた同書房の編集者佐藤円氏に心よりお礼申し上げます。また，執筆中に筆者を励まし最後の校正をサポートしてくれた筆者の家族にも感謝の意を表したいと思います。

2024 年夏　毛利正人

参考文献一覧

※本書執筆にあたり参照し，参考とした主な書籍，論文等の文献を第１部第１章から本書での順に配列した。文献によっては複数の章で参照しているが，その場合は最初の章において記し，それ以降の章において同じ文献の重複記載はしていない。

第１部

【第１章】

（金融庁）企業会計審議会　内部統制部会「財務報告に係る内部統制の評価及び監査の基準のあり方について」2005年12月6日

（金融庁）企業会計審議会「財務報告に係る内部統制の評価及び監査の基準並びに財務報告に係る内部統制の評価及び監査に関する実施基準の設定について（意見書）」2007年2月15日

文部科学省「内部統制システムの整備について」文部科学省ホームページ掲載，2024年6月更新

【第２章】

トレッドウェイ委員会組織委員会（鳥羽至英・八田進二・高田敏文訳）『内部統制の統合的枠組み（理論編）』，白桃書房，1996年

柿崎環「内部統制の法的研究」日本評論社，2005年

鳥羽至英『内部統制の理論と制度―執行・監督・監査の視点から』国元書房，2007年

ベーカー＆マッケンジー法律事務所（外国法共同事業），デロイト トーマツ ファイナンシャルアドアドバイザリー（株）フォレンジックサービス編『海外進出企業の贈賄リスク対応の実務―米国FCPAからアジア諸国の関連法まで』中央経済社，2013年

日本取締役協会編『監査委員会ハンドブック』商事法務，2006年

藤田勉『日本企業のためのコーポレートガバナンス講座』2015年，東洋経済新報社

丸山真弘「エンロン・ワールドコムの事例に学ぶ企業の内部統制とコーポレート・ガバナンス」『安全工学』（Vol.45 No.4），2006年

高巌「コンプライアンスの知識（第２版）」日本経済新聞出版社，2010年

千代田邦夫「アーサーアンダーセンの崩壊は何を教えているのか？」『早稲田商学』（第

434 号，2013 年 1 月）

【第 3 章】

COSO, Enterprise Risk Management – Integrated Framework – Executive Summary and Framework, 2004 の原文，および，その翻訳書である以下。COSO（八田進二監訳，中央青山監査法人訳『全社的リスクマネジメント　フレームワーク篇』東洋経済新報社，2006 年

毛利正人『図解　海外子会社マネジメント入門―ガバナンス，リスクマネジメント，コンプライアンスから内部監査まで―』東洋経済新報社，2004 年

経済産業省「先進企業から学ぶ事業リスクマネジメント　実践テキスト―企業価値の向上を目指して―」平成 17 年（2005 年）

ラリー・E・リッテンバーグ（八田進二監訳，堺咲子訳）『COSO 内部統制の統合的フレームワーク―内部監査に活かす原則主義的実践ガイド―』一般財団法人日本内部監査協会，2014 年

The Committee of Sponsoring Organizations of the Treadway Commission (COSO), "Enterprise Risk Management – Integrating with Strategy and Performance", Executive Summary, 2017 の原文と，その翻訳書である以下。

◇ COSO（一般社団法人日本内部監査協会，八田進二，橋本尚，堀江正之，神林比洋雄監訳，日本内部統制研究学会 COSO-EEM 研究会訳）『COSO 全社的リスクマネジメント―戦略およびパフォーマンスとの統合―』同文舘出版，2018 年

◇ポール・J・CIA，QIAL，CRMA（八田進二監訳，堺咲子訳）『「COSO」新 ERM フレームワークの活用』一般財団法人日本内部監査協会，2018 年

神林比洋雄『今さらきけない内部統制と ERM』同文舘出版，2020 年

【第 4 章】

Diamond ハーバード・ビジネスレビュー 2005 年 10 月号『内部統制の時代「日本版 SOX 法」の衝撃』ダイヤモンド社，2005 年

『季刊　企業と法創造』第 3 巻第 3 号（2006 年 12 月）「特集・内部統制」，早稲田大学 21 世紀 COE《企業法制と法創造》総合研究所，2006 年

伊藤真『会社コンプライアンス―内部統制の条件―』講談社，2007 年

齊藤憲監修『企業不祥事事典―ケーススタディ 150―』紀伊国屋書店，2007 年

竹内朗，上谷佳宏，笹本雄司郎『企業不祥事インデクス』商事法務，2015 年

安岡孝司『企業不正の研究　リスクマネジメントがなぜ機能しないのか？』日経 BP 社，2018 年

鈴木芳治「戦後日本の内部統制の制度導入に関する考察─内部統制と会社財務不正事件を中心に─」（埼玉大学）『経済科学論究』（第 10 号　2013.4）
河合正二「グループ経営における内部統制システムの構築と運用（Ⅰ）─内部統制システムの法的性質を中心として─」『金沢星稜大学論集』第 43 巻第 1 号（2011 年 8 月）
高橋均『企業集団の内部統制　実効的システム構築・運用の手法』学陽書房，2008 年
高橋均『グループ会社リスク管理の法務　第 2 版』中央経済社，2015 年
弥永真生編著『企業集団における内部統制』同文舘出版，2016 年
下谷政弘「持株会社解禁　独禁法第 9 条と日本経済」中公新書，1996 年
下谷政弘『持株会社の時代　日本の企業結合』有斐閣，2006 年
下谷政弘『持株会社と日本経済』岩波新書，2009 年
發知敏雄，箱田順哉，大谷隼夫著『持株会社の実務（第 9 版）ホールディングカンパニーの経営・法務・税務・会計』東洋経済新報社，2021 年
（大和総研）『ディスクロージャー & IR』（2023/11 vol.27）「持株会社化の近時動向」

【第 5 章】

内閣官房行政改革推進本部事務局「独立行政法院制度改革関連法の骨子」平成 26 年（2014 年）6 月
総務省報道資料「独立行政法人における内部統制と評価について─独立行政法人における内部統制と評価に関する研究会報告書の公表─」平成 22 年（2010 年）3 月 23 日
独立行政法人における内部統制と評価に関する研究会「独立行政法人における内部統制と評価について」平成 22 年（2010 年）3 月
縣公一郎，原田久，横田信孝『検証　独立行政法人「もう一つの官僚制」を解剖する』勁草書房，2022 年
「独立行政法人・特殊法人　総覧（令和 3 年度版）」一般財団法人行政管理研究センター，2023 年
総務省　報道資料《平成 29 年（2017 年）12 月 25 日（月）総務省自治行政局行政課）》「地方自治法等の一部を改正する法律について」
総務省「地方公共談台における内部統制制度の導入・実施ガイドライン」平成 31 年（2019 年）3 月
総務省『「地方公共団体における内部統制制度の導入・実施ガイドライン」に関する Q&A』平成 31 年（2019 年）10 月
駒林良則「内部統制制度の自治体への導入について」『立命館法学』2016 年 1 号（365 号）
石川恵子『地方自治体の内部統制─少子高齢化と新たなリスクへの対応─』中央経済社，2017 年

有限責任監査法人トーマツ　パブリックセクター・ヘルスケア事業部（編著）『Q&Aでわかる！自治体の内部統制入門』学陽書房，2018 年
久保直生・川口明浩（編著）『地方公共団体の内部統制の実務―制度解説と先行事例―』中央経済社，2020 年
清水涼子『地方自治体の監査と内部統制―2020 年改正制度の意義と米英との比較―』同文舘出版，2019 年
文部科学省説明資料「私立学校法の改正に関する説明資料」《令和 6 年（2024 年）7 月 8 日更新》
文部科学省説明資料「内部統制システムの整備について」

第 2 部

【第 1 章】

経済産業省「先進企業から学ぶ事業リスクマネジメント　実践テキスト―企業価値の向上を目指して―」平成 17 年（2005 年）
ピーター・バーンスタイン著（青山護訳）『リスク―神々への反逆―』日本経済新聞社，1998 年
COSO（八田進二監訳，みすず監査法人訳）『全社的リスクマネジメント　適用技法編フレームワーク篇』東洋経済新報社，2006 年
有限責任監査法人トーマツ，デロイトトーマツリスクサービス『リスクインテリジェンス・カンパニー』日本経済新聞出版社，2009 年

【第 2 章】

竹内朗『月刊監査役』における「企業不祥事の事例分析」のシリーズ（2016 年～）に掲載の各事例
竹内朗，上谷佳宏，笹本雄司郎『企業不祥事インデックス』商事法務，2015 年
トーマツ企業リスク研究所『季刊　企業リスク』（2012 年 4 月号）
消費者庁公表資料「企業不祥事における内部通報制度の実効性に関する調査・分析―不正の早期発見・是正に向けた経営トップに対する提言―」令和 6 年（2024 年）3 月
日本取引所自主規制法人「上場会社における不祥事対応のプリンシプル」（2016 年 2 月 24 日）
日本取引所自主規制法人「上場会社における不祥事予防のプリンシプル」（2018 年 3 月 30 日）
経済産業省「システム監査基準」《令和 5 年（2023 年）4 月 26 日》
経済産業省「システム管理基準」《令和 5 年（2023 年）4 月 26 日》

【第 3 章】
一般社団法人日本内部監査協会「内部監査の専門職的実施の国際基準」2017 年版
プロティビティ LLC『リスク・コントロール・アセスメント―組織を強くするリスクマネジメントと内部統制浸透の推進ツール―』同文舘出版，2015 年
International Professional Practice Framework：IPPF
金融庁ホームページに掲載された説明資料『「企業内容等の開示に関する内閣府令」等の改正案の公表について』

【第 4 章】
金融庁ホームページに掲載された説明資料『「企業内容等の開示に関する内閣府令」等の改正案に対するパブリックコメントの結果等について』別紙 7「記述情報の開示に関する原則（別添）
内閣官房行政改革推進本部事務局「独立行政法人制度改革関連法案の骨子」《平成 26 年（2014 年）4 月》
文部科学省ホームページに掲載された説明資料「私立学校法の改正について」《令和 6 年（2024 年）7 月 8 日更新》，および「内部統制システムの整備について」

〈著者略歴〉

毛利 正人（もうり・まさと）

米国公認会計士，公認内部監査人，公認情報システム監査人
東洋大学国際学部 教授，GRC アドバイザリー 毛利正人事務所　代表

早稲田大学政治経済学部卒業，米国ジョージワシントン大学修士課程（会計学）修了。国内大手企業経営企画部門，国際機関（在ワシントン DC），大手監査法人を経て 2017 年より現職。
監査法人ではエンタープライズリスクサービス部門のディレクターとして，海外子会社を含むグループ全体のコーポレートガバナンス体制の構築やクロスボーダー M&A 後の統合（PMI），内部監査・リスクマネジメント活動高度化支援などのプロジェクトを世界各国で実施した。その後大学教員・研究者に転じ，会計学，コーポレートガバナンスなどのビジネス科目を中心に学部と大学院で教えている。また，2017 年より会計検査院研修所において，非常勤講師として内部統制および内部監査に関する講座を担当している。
著書として『リスクインテリジェンス・カンパニー』（共著，日本経済新聞出版社），『内部監査実務ハンドブック』（共著，中央経済社），『図解海外子会社マネジ メント入門』（単著，東洋経済新報社）がある。

公的組織への実効的内部統制の導入と展開
形骸化から脱するためのフレームワークと実践知

発行日――2024年10月16日　初 版 発 行　〈検印省略〉

著　者――毛利 正人
発行者――大矢栄一郎
発行所――株式会社　白桃書房
〒101-0021　東京都千代田区外神田5-1-15
☎03-3836-4781　FAX 03-3836-9370　振替00100-4-20192
https://www.hakutou.co.jp/

印刷・製本――藤原印刷

ISBN 978-4-561-44187-8 C3034　Printed in Japan